新興国マーケット進出戦略

「制度のすきま」を攻める

タルン・カナ　クリシュナ・G・パレプ
上原裕美子［訳］

Winning in Emerging Markets

日本経済新聞出版社

新興国マーケット進出戦略

――「制度のすきま」を攻める

Winning in Emerging Markets
by
Tarun Khanna and Krishna G. Palepu

Published by arrangement with Harvard Business Review Press, Massachusetts
through Tuttle-Mori Agency, Inc., Tokyo

装幀　金澤孝之
本文デザイン　ガイア・オペレーションズ

序文

この本に収めた研究は、一五年前に端を発している。当時、われわれはハーバード・ビジネススクールのエグゼクティブ・プログラムで、「中国とインドのグローバルな機会を制する」という講座を受け持っていた。受講者は、欧米の多国籍企業の幹部や投資家たちで、急成長する中国市場や、新たに自由化されたインド市場などのビジネスチャンスに関心を寄せていた。講座では、ゲストにタタ・サンズの会長ラタン・タタを招き、インド市場におけるタタ・グループの戦略について語ってもらった。新たな市場の開拓を目指すタタの野心的な計画に対して、欧米の企業幹部が示した反応に、われわれは驚いた。欧米の市場で経験を積んだ彼らは、多種多様な子会社が数十も連なるタタのような新興国市場のビジネスグループを、統制のとれていない時代遅れの企業形態だとみなしていたのだ。早急に組織を再編し、一つか二つのコアビジネスに絞らなければ、絶滅の道を歩むだけだと。要するに、ラタン・タタのような新興国市場のベテラン・リーダーと、エグゼクティブ・プログラムを受講する欧米の多国籍企業のリーダーたちとの間で、考え方が大きく食い違っていたのだ。新興国の市場を制するには、いかなる戦略を運用すべきか、われわれは大いに興味をそそられた。

新興国市場のビジネスはどうあるべきかという認識の食い違いは、われわれの講座だけの話ではなかった。さらに調べてみると、多国籍企業の幹部、研究者、コンサルタントの多くが、成熟した欧米市場のデータに基づいて戦略や実行案を策定しており、欧米市場で効果的な手法は新興国市場でも有効だと思い込んでいた。それゆえ彼らは、なぜ新興国市場は成熟市場が苦労して手にした教訓を手本にしないのか、なぜ成熟市場のベストプラクティスをそっくりそのまま取り入れようとしないのか、首をひねっていた。一方、新興国市場のビジネス・リーダーや起業家たちは、現場で培った経験から、新興国市場は成熟市場とは異なる存在だと直感的にとらえていた。いったい、どちらが正しいのか。新興国市場のビジネスに対する認識は、なぜこれほど食い違うのか。欧米の多国籍企業の幹部や投資家に、そして新興国市場のビジネス・リーダーや起業家に、新興国市場を制するためのアドバイスをするとしたら、どんな内容が有益なのか。この疑問を出発点として、一五年に及ぶ研究と講義の旅が始まったのである。

この旅で、われわれは多くの企業を調査した。世界レベルの企業を興そうとする新興国市場の起業家、台頭しつつある大きな市場で新たな機会を追求する多国籍企業、双方の資金調達を支える投資家など、さまざまな切り口から数十にのぼるケーススタディを執筆した。調査対象となった多国籍企業は、中国に進出したゼネラル・モーターズ（GM）、インドに進出したロレアル、ブラジルに進出したモンサント、ロシアに進出したマクドナルド、チリに進出したホーム・デポ、アルゼンチンに進出したテトラパック、中国およびインドに進出したマイクロソフトとGEヘルスケア、ロシアと中国とインドに進出したメトロキャッシュアンドキャリー（メトロＣ＆Ｃ）など。新興国市場で生まれた企業からは、中国の海爾集団《ハイアール・グループ》、インドのタタ・グループ、トルコのドウシュ・グループ、メキシコのセメックス、ポーランドのアゴラ、フィリピンのジョリビー・フーズ、南アフリカのサウス・アフリカン・ブルワリーズ、香港での利豊《リー&フォン》、インドのブルー・リバー・キャピタルなどを調査対象とした。一〇以上の新興国市場と、その地で事業展開する数百の企業データを入手し、企業戦略、経済、金融の専門誌に一〇本以上の論文を発表した。『ハーバード・ビジネス・レビュー』誌にも、「集中戦略は、なぜ新興国市場で機能しないのか」「新興国市場における複合企業体再編成の正しい方策」「制度分析で読み解くＢＲＩＣｓ攻略法」「新興国市場で成長する企業の条件」など、われわれの発見と提案を示す論文を何本か寄稿した。また、ハーバード・ビジネススクールや世界各地の企業で、数百人の幹部やＭＢＡ受講生を前に講義を行ってきた。

　本書の主たる狙いは、新興国市場の性質および成熟市場との違い、また、それぞれの新興国市場の違いを考える新しいフレームワークを提示することである。いわゆるＢＲＩＣｓ経済圏――ブラジル、ロシア、インド、中国――はアメリカ、イギリス、日本とは異なる存在だが、一方で新興国市場同士でも大きく異なっている。われわれはそれを具体的に考察し、特にソフトおよびハードの制度的インフラに注目して、違いを明らかにするフレームワークを作り上げた。先進国に住むわれわれが当然と受け止めている物事が、新興国市場では欠けている。本書では、その状態を「制度のすきま」と表現して――新興国市場では、それがはびこっている――、「すきま」に対応していくためのソリューションを提示していく。

本書は、われわれの胸躍る探求、知の旅の集大成であり、今もなお続いている。新興国市場が今ほど注目を集めていなかった時代に研究を始めたのは、ある意味で幸運なことだった。おかげで時間をかけ、深く掘り下げ、確実と思える考察を深めることができた。幸いなことに、現在では多くの企業幹部、研究者、経営学を学ぶ学生が新興国市場に関心を寄せている。欧米で発生し、全世界に影響を与えた先の金融危機により、新興国市場はこれまで以上に無視できない存在となった。それには二つの理由がある。第一に、企業や政府関係者の多くが、これから数十年の成長は新興国市場に支えられる部分が大きいと確信していること。第二に、先進国の消費者がこれまで以上に価格と価値に敏感になっている中で、金融危機でも機会を手にしている新興国市場を見て、欧米の成熟市場が、新興国で生まれる知識やイノベーションに注目せざるを得なくなったこと。時間をかけた調査に基づくわれわれの見解を、タイムリーな話題として提示できるのは、この上ない僥倖と感じている。

本書の執筆にあたっては、多方面から計り知れない協力をいただいた。まず、ハーバード・ビジネススクールは、研究に集中する知的環境と、一五年にわたる研究に必要な資金と組織的リソースを提供してくれた。加えて、われわれの考察を、数百人のＭＢＡやシニア・エグゼクティブ・プログラムの受講生に示す機会を作ってくれた。心からの感謝を伝えたい。また、学生や受講生、ビジネススクールの同僚らのおかげで、研究の質を高めることができた。次に、本書で紹介した多くの事例をまとめるにあたり、取材に応じていただいたビジネス・リーダーたちにも深くお礼を申し上げる。彼らが快く知識と経験を語ってくれなければ、本書の考察は生まれなかっただろう。さらに、三年にわたって調査研究員を務め、研究の完成と執筆を支えたリチャード・バロックに感謝する。彼は今も昔も変わらぬ貴重なパートナーだ。最後に、『ハーバード・ビジネス・レビュー』誌にわれわれの論文を掲載し、本書が世に出る機会を生み出してくれたハーバード・ビジネス・パブリッシングに感謝したい。特に、研究の完成度を高めるべく辛抱強く助けてくれた同誌の編集者、デビッド・チャンピオンとアナンド・ラマンにお礼を申し上げる。また、この研究プロジェクトの立ち上げに貢献した編集者のキルスティン・サンドバーグ、完成までを支えた編集者のジャクリーン・マーフィンの励ましとサポートも大きかった。その他、このプロジェクトにかかわった同誌のチームメンバー、デビッド・ゴーリン、アニア・ワイココウスキー、ステファニー・フィンクス、アリソン・ピーターにも感謝したい。名だたる出版社のプロフェッショナルたちと仕事ができたことを、本当にありがたく思う。

われわれはボストンを拠点にしているため、新興国市場でフィールドワークをするために、何千マイルもの空の旅をしなければならなかった。家族の支えがなければ本書は完成しなかっただろう。理解ある子供たちと、いつも協力的な妻に、深い感謝の気持ちを贈りたい。

二〇〇九年一一月　マサチューセッツ州ボストンにて

タルン・カナ

クリシュナ・G・パレプ

目次

第2章 「制度のすきま」を特定する 46

第2部　成功企業の具体例

第3章「制度のすきま」をビジネスにする　83

第4章　多国籍企業が新興国市場に進出する場合　123

はじめに

世界は、新興国市場《エマージング・マーケット》に注目している。(1)経済としてはまだ未成熟だが、その自由化と成長性と国際化に対し、ここ二〇年間で多大な関心、機会、懸念が集まるようになった。一般家庭にしてみれば、新興国市場とは安価な一般消費財が作られる場所のことだ。コンピューターのトラブルに遭遇した人にしてみれば、それはサポートを求めてかけた電話がつながる土地のことだ。多国籍企業の幹部にしてみれば、先進国経済の景気停滞と金融危機のさなかに見られる成長のポテンシャルであると同時に、新しく強力な競合企業の本拠地だ。

二〇〇九年の上半期に、ＦＴＳＥ国際新興国市場指数は四一・一％伸びた。先進国市場指数の伸びは、同時期に七・二％。先進国が金融危機からの回復に苦しむ一方で、中国、インド、ブラジルといった国々が着実かつ大きな成長を見せていたのである。(2)金融危機の影響にあえぐ企業にとって、こうした市場は、資本と成長を生き延びさせる救命ボートとなった。イノベーションを試す実験と開発の場として、新興企業にとっても、安定した大手企業にとっても、新興国市場の存在感は高まりつつある。当の新興国市場に住む起業家、ビジネス・リーダー、市民にとっては、こうした国際的立場の変化が大きな誇りとなっている。

だが、先進国の労働者から見れば、新興国市場は職の安定を脅かす存在だ。特に先進国市場が金融危機と不況に見舞われて以来、その不安はいや増している。一方で、たとえばアメリカの金融危機で居場所を失ったウォール街の投資銀行家にとっては、新興国市場は新たな機会を期待できる希望の地となる。新興国市場に住む新卒の若者、社会に出てまもない若者にも、自国の経済成長は絶大な機会をもたらしており、キャリア追求に野心を燃やす風潮が戻ってきている。

では、先進国の政治家や学者にとってはどうだろうか？　彼らは新興国市場のことを「仕事のオフショア先」として軽視しながらも、自国の革新的製品の買い手、環境保護技術に群がるであろう顧客予備軍として、魅力的な存在と見ている。財政という面から考えれば、新興国市場を利用することで得られるコスト削減が、先進国政府の赤字の緩和につながる。世界各国の政治家の視点から考えれば、新興国市場とは主に国際貿易と多国間問題のことを指すだろう。環境保護団体や労働組合に言わせれば、こうした国々で生じる急速な工業化と安全対策の未整備は、深刻な懸念要因だ。

新興国市場は重要であり特殊である、という認識は強まっている。それを象徴するささやかな、しかし明らかなサインとして、経済誌『エコノミスト』が一九九四年から、巻末に新興国市場の経済・財務指標を掲載するようになった。編集者によると、このコーナーを設けた理由は、実に単純な前提に基づいていた。

「豊かな工業国は、過去のようには世界経済を支配していない(3)」

そして二〇〇七年、『エコノミスト』誌はこのコーナーを廃止し、世界の主な経済圏の指標をまとめて一つの表で示すようになった[4]。それなりの理由があったのか、それとも単に紙面節約のためだったのか、いずれにしても世界経済における新興国市場の立場は一三年間で劇的に変わったと言えるだろう。

『エコノミスト』誌に新興国市場の動向を示す指標が登場した一九九四年、同誌にはほかにも象徴的なコンテンツがいくつか掲載された。その週のニュースを要約する一月八日版の記事では、北米自由貿易協定（NAFTA）の成立について触れる中で、新興国市場であるメキシコを、アメリカやカナダなど先進国市場とほぼ同じ扱いで考察している[5]。また、同じ号の別の記事では、インド経済についてこう予測している。

「(インドは) 自国近隣においては強力な存在となる。しかし、経済の弱さと、ヒマラヤ山脈側と海側との物理的断絶のせいで、(世界の主勢力の前で) 国際的競争に参加するのはほぼ不可能だろう[6]」

さらにページをめくると、台湾企業数社が合同で出稿した見開きの広告が出てくる。そこでは「ウォール街の数字を処理し、その性能が評価されているコンピューターの多くは、台湾製です。そう、台湾なのです」と謳っている[7]。

こうしたコンテンツが出たあと、NAFTAと同種の合意が次々と成立し、多くの新興国市場で貿易障害が撤廃された。インド経済は爆発的に成長。それを支えたのは、「物理的断絶」のさまざまな課題を霧散するグローバルな通信技術の発達だ。台湾が高性能なコンピューターを造れないというのは誤りです、と訴えていた広告は、今となってみれば笑いを誘う。現在、受託製造されるパソコンの

五台に四台が、台湾企業によって生産されている。(8)

新興国市場とは何か?

経済のグローバル化によって貿易や投資の障壁が下がり、遠く離れた国々が世界をまたがるサプライチェーンを通じて結びつき、新興国市場が「豊かな先進国」に合流しはじめたと見られる昨今、新興国市場と先進国市場との区別は以前ほど重要ではないと思えるかもしれない。だが、われわれはそうは見ていない。本書では大前提として、企業は今も新興国市場を区別して考えるべきだと提唱する。新興国市場全体としても、個々の市場としても、区別して考えるべきだ、と。

だが、そもそも新興国市場とは何だろうか。「新興国市場（emerging market）」という言葉は一九八一年、発展途上国を対象とした投資信託を初めて売り出した国際金融公社（ＩＦＣ）のエコノミストが作った表現だ。(9) 以来、メディア、外交政策や貿易に関する討議、投資信託の目論見書、多国籍企業の年次報告書などで言及されないことはないというほど広まった。だが、この言葉の定義には大きな揺れがある（図表０‐１参照）。

新興国市場（エマージング・マーケット）とは、まだ「台頭した（エマージド）」状態ではないがゆえに今「台頭しつつある（エマージング）」市場のことだ、という堂々巡りの言葉遊びに陥ることも少なくない。しかし新興国市場を理解するためには、どのように台頭しつつ*あるのか*、どの程度市場として成立しているのか、慎重に考えてみる必要がある。

図表0-1　新興国市場の定義

カテゴリー	主な説明
貧困で定義する	低・中所得国 平均生活水準が低い 工業化されていない
資本市場で定義する	資本市場の対GDP比が低い 株式売買高が低い、上場株が少ない 国債の格付けが低い
成長のポテンシャルで定義する	経済が自由化された 国外投資がしやすい 直近の経済成長

出典：S&P、IFC、EMTA、J. Mark Mobius, *Mobius on Emerging Markets* (London: Pitman Publishing, 1996), 6-23.

カンファレンスに集まった企業幹部を前に、新興国市場と先進国市場との差異について問いかけると、議論はたいてい三つの方向に進む。第一の切り口は、当然ながら、「ブラジル、中国、インド、ロシアといった市場が、近年の急速な経済成長により台頭している」という話題だ。過去二〇年で、こうした広大な経済圏がグローバルな資本、技術、人材へと開かれ、その経済およびビジネス環境は劇的に変化した。結果として、ブラジル、中国、インド、ロシアのGDP成長率は先進国市場と呼ばれる国々をはるかにしのぎ、膨大な数の人々が貧困から脱し、新たな中産階級が生まれ、それがさらに一般消費財やサービスの巨大な市場を創出している。一方、大規模で、賃金が安く、しかし教育レベルの高まりつつある労働人口が、製造という面で新興国市場の絶大な競争優位となると同時に、ITのおかげで企業もこれまでにない方法で新興国市場の労働力を活用できるようになった[10]。

第二の切り口として、新興国市場を新たな競争相手と考える意見も出てくる。マクロなレベルで言えば、二〇〇三年にゴールドマン・サックスが発表したレポートに、ある重大な予測が掲載された。ブラジル、中国、インド、ロシアを合わせた経済圏が、二一世紀半ばまでに、G6（アメリカ、日本、イギリス、ドイツ、フランス、イタリア）よりも大きな経済に変わる、という予測だ[11]。ジャーナリストのファリード・ザカリアは、これを、グローバルパワーの分布における地殻変動的シフトとみなし、「〝その他〟の勃興（rise of the rest）」と表現した[12]。すでに、こうした国々に拠点を置く企業は、先進諸国に拠点を置く多国籍企業に挑みはじめている。それは新興国市場の国内とは限らない。二〇〇四年には中国の聯想《レノボ》がＩＢＭのＰＣ部門を買収、二〇〇八年にはインドのタタ・モーターズがジャガーとランドローバーを買収した。新興国企業による国際的Ｍ＆Ａは増える一方で、レノボやタタはほんの一例にすぎない。二〇〇八〜〇九年にかけての金融危機が分岐点となって、こうした市場が国際経済の主勢力として立ち上がりはじめたのだ、という業界観測筋の意見もある。

さらに議論が深まると、第三の切り口として、新興国市場でビジネスを行う際の頭痛の種が次々と挙げられる。こうした市場では金融危機が起きやすい、とカンファレンスに参加した幹部たちは言う。知的財産権に対する意識も低い。非効率的な政府の手続きをクリアするのも困難だ。製品品質は信頼できない。地元で十分な人材がそろわない。顧客の確かな与信評価も難しい。流通を阻むさまざまな障害を解決するのも、ストレスの溜まるプロセスだ。投資機会の調査や、提携を検討する相手のデュー・ディリジェンス（資産査定）を行っても、往々にして確実な理解が得られず、結局は推測するほかない。また、新興国市場では汚職が蔓延しているので、見込まれる利益よりもリスクのほうが単純に大きすぎる、という意見も出る。

こうした特徴を踏まえたうえで、それでも新興国市場は他の市場とことさらに違うわけではない、と考える向きもあるだろう。単にスタートのベースが低いだけで、今急速に追いついてきている最中なのだ、と。ニューヨーク証券取引所に上場する新興国市場の企業の数が増えつづけている点や、『フォーブス』誌に毎年掲載される長者番付で新興国の富豪の順位が上昇しつづけている点など、さまざまな指標がこの主張を裏付けている。[13] だが、それらにはもっと複雑な背景がある。こうした経済圏に拠点を置く企業は、なぜ海外で上場を目指すのか。番付に載る富豪たちは、多くの面でまだまだ貧しい発展途上国で、なぜそれほどの財を成すことができたのか。

機会を示唆するものにしろ、不満の原因にしろ、このような状況が新興国市場を理解するための重要な特徴であることには変わりない。だが、それを知ったからと言って、一つの経済市場を台頭させる条件を解明することにはならないし、新興国市場がもたらす影響を把握したい企業にとって格別に助けになるわけでもない。これらの特徴は、新興国市場の市場構造に共通する重要かつ厄介な差異——先進国経済の市場構造との差異——を強調する症例にすぎない、とわれわれは考えている。

本書の根本にある前提は、「新興国市場の定義とは、買い手と売り手を容易に、あるいは効率的に引き合わせて取引させる環境が整っていないことである」という考えだ。[14] 理想としては、どの経済でも、市場の機能を支える各種制度が整っていることが望ましい。だが発展途上国の場合、多くの面で、それが不十分なのだ。[15] 制度の整わない領域、すなわち「制度のすきま（institutional void）」が、市場を発展途上《エマージング》な状態にしている。新興国市場で取引コストが高くなるのも、業務がさまざまな障壁に阻まれるのも、この「制度のすきま」が主たる原因だ。企業マネジャーは、表面的な数字で市場を評価するので、新興国市場の仕組みが先進国市場とはどのように違うのか、具体的に見ていない。たとえば国民一人当たりのGDPでは、アラブ首長国連邦（UAE）がトップクラスの先進国と言えるかもしれないが、市場構造という面で見ればUAEは明らかに新興国だ。

企業マネジャーは直感的には、新興国市場での事業運営が先進国市場とは異なるとわかっている。その差異は単なる各国事情ととらえられやすい。たしかに、どんな国でも固有の歴史、政治、法律、経済、文化的要因が市場構造を形成している。だが、新興国市場には必ず「制度のすきま」がある。具体的なすきまの組み合わせや深刻性が市場によって異なっているのだ。

戦略立案に役立つフレームワーク

新興国市場のもつ特異性が、その経済圏におけるビジネスチャンスと課題を形成している。本書はその様子を具体的に考察するとともに、企業マネジャーが新興国市場の制度環境を把握するための実用的なフレームワークを提示する。さまざまな特徴を並べるだけでリスク評価とするのではなく、根本的な市場構造を細かく理解していけば、新興国市場における戦略とその実行方法を調整し、失敗を回避して競合他社の先を行くことができる。本書が提示するフレームワークを学び、ツールキットのチェックリストを確認していけば、次に挙げる重要な問いに答えられるはずだ。

・自社が選んだ市場において、どの市場制度が機能し、どの制度が欠如しているか。
・自社のビジネスモデルの中で、その国の「制度のすきま」によって不利になるのはどの部分か。
・既存の能力を土台に、いかに競争優位を構築し、「制度のすきま」を切り抜けていくことができるか。
・「すきま」を埋める機会を特定し、「市場仲介者」の役割を果たすことによって、いかに新興国市場の現状の構造を有利に活用できるか。

本書の第1部では、新興国と呼ばれる経済圏の制度の成り立ちを考察し、新興国市場の構造に関するわれわれの定義を明らかにする。第2部では、新興国市場にかかわるさまざまな主体が制度環境に関して直面する課題について、われわれが開発したフレームワークをあてはめて考えていく。新興国市場にかかわる主体とは、仲介者として「すきま」を埋めようとする企業、先進国市場に拠点を置く多国籍企業、そして新興国市場に拠点を置く現地企業——本書ではこれを「エマージング・ジャイアント」と呼ぶ——である。

もちろん、企業は多種多様だ。しかし、新興国市場で「制度のすきま」に対応しようとすれば、どの企業も似たような戦略的岐路に立たされることになる。

第一の岐路は**再現か、適応か**である。新興国市場でビジネスモデルを実行に移そうとすれば、必ず「制度のすきま」が壁として立ちふさがる。既存のビジネスモデルのうち、どの部分を新興国市場でも再現できるか、どの部分は現地に適応させて「すきま」を埋めていくべきか、その範囲を決めなくてはならない。多国籍企業なら、先進国市場で培ったビジネスモデルを「制度のすきま」がはびこる新興国市場にどれだけ移転できるか、どれだけ現地事情に合わせなければならないか、検討する必要がある。一方、海外展開を狙う現地企業は、先進国の多国籍企業のビジネスモデルから学んでいくこともできるが、母国市場の「制度のすきま」に対する深い理解に基づいて独自のビジネスモデルを開発し、ローカルな知識を活用していくこともできる。

第二の岐路は**独力で競争するか、協働するか**だ。先進国市場の多国籍企業と新興国市場の企業は、それぞれに新興国市場で活かせる競争優位をもつが、協働（コラボレーション）によって双方がメリットを得る可能性もある。多国籍企業はブランド力、資本、人材、その他のリソースを新興国に持ち込むことができるが、過去の実績を見る限り、必ずしも成功しているわけではない。「制度のすきま」という荒波の中で首尾よく舵を取っていくためには、ローカルな知識がきわめて貴重な資産だ。だが、それを現地企業との協働という形で得るのが得策かどうか、判断しなくてはならない。協働とは双方向なものなので、どちらか一方が得をするだけでは成立しない。ローカルな知識を得られるメリットと、知識と経験を獲得したライバルに変わるかもしれない企業を支えるというリスクについても、よく検討する必要がある。「制度のすきま」を巧みにくぐり抜ける力をもつ現地企業のほうは、その力を多国籍企業に対抗する競争優位として活かすことができるが、一方で外国企業と手を組んで技術力や評判の恩恵にあずかることもできる。

第三の岐路は**市場環境を受容するか、改革を試みるか**という問題だ。新興国市場に展開するビジネスには、現状の制度環境を甘受する道もあるし、「すきま」を埋めることによって積極的に改革を試みる道もある。先進国市場の多国籍企業なら、「制度のすきま」を可能な限り避けてもいいし、自社の事業を支える形で「すきま」を埋める努力をしてもいい。だが、法的制約やその他の政治的配慮から、多国籍企業が「すきま」を埋めること自体が難しい場合もある。その点で現地企業はもともと「すきま」をかいくぐる腕に長けているものの、避けるのではなくローカルな知識を活かして自ら「すきま」を埋め、外国企業の参入や拡大を阻むという選択肢もある。第3章で見ていくが、「すきま」を埋める仲介ビジネスにとっては、市場環境の改革がチャンスとなりうる。

そして第四の岐路は、**参入するか、待つか、撤退するか**である。企業は「制度のすきま」を調査し、その評価に基づいて、新興国市場に参入するのか、あるいは時機をうかがいながら別の場所でチャンスを探すのか、判断しなくてはならない。すでに市場に参入している場合は、撤退するという選択肢もある。多国籍企業なら、新興国市場にグローバル・ケイパビリティ（組織能力）を持ち込んで踏みとどまることもできるだろう。「制度のすきま」が突きつける課題があまりに大きな脅威なら、今は時機ではないと判断してもいい。競うべき場所を選び、別の市場にリソースを移す余裕のある多国籍企業にとって、待つのは比較的簡単な選択肢だ。一方で新興国に拠点を置く現地企業にとって、「参入しない」という選択肢は存在しないものの、撤退するという選択肢はある。母国市場の環境では報われないケイパビリティをもつ企業が、「ここではない」と判断して、創業初期の段階で母国を離れる例もある。だが、新興国の創業まもない企業は、往々にして海外展開に必要な資本をもたないため、この選択肢を選ぶのは容易ではない。複数の産業に手を広げているのなら、「制度のすきま」が深刻な障壁となる業界への参入はいったん控え、ほかの業界でビジネスを展開するのが得策となる場合もある。

本書の構成

第1部（第1章および第2章）では、あらゆる市場における市場仲介者の重要性を解説し、新興国市場の「制度のすきま」を特定するツールキットを提示する（図表0-2参照）。第2部の冒頭、第3章では、「すきま」を起業機会とみなす方法を考察するとともに、新興国市場で仲介ビジネスを構築する際の課題を考えていく。次に第4章および第5章で、さまざまな業界、さまざまな背景で展開する先進国の多国籍企業とエマージング・ジャイアントに注目。先に挙げた新興国市場の戦略的岐路にどう対応したか、その経緯を理解する。第6章では、新興国市場の制度環境がエマージング・ジャイアントのグローバル化の道のりをどのように形成するか、具体的に見ていきたい。結論となる第7章では、新興国市場に合った戦略を開発・採用するため、企業が考えるべき課題をまとめていく。

図表 0-2　本書の構成

	序　章
第1部 新興国を 理解する	第1章 「制度のすきま」とは何か
	第2章 「制度のすきま」を特定する
第2部 成功企業 の具体例	第3章 「制度のすきま」をビジネスにする
	第4章　多国籍企業が新興国市場に進出する場合
	第5章　エマージング・ジャイアント――母国で競う場合
	第6章　エマージング・ジャイアント――海外に進出する場合
	第7章　勃興する世界

第1部

新興国を理解する

第1章　「制度のすきま」とは何か

市場のスキル、プロセス、テクノロジーがグローバルに広まり、世界は収斂しつつある——というのが世間一般の通念だ。発展途上の経済圏と先進国の経済圏の差は急速に縮まりつつある、と見られている。(1) 特にハイテク業界におけるグローバルなサプライチェーンの発達と、専門サービスのオフショア化の進行を受けて、こうした楽観的な見方が支持されている。しかし、市場の変化や台頭は、政策立案者や企業トップなどが期待するよりもはるかに時間がかかるものなのだ。たしかに新興国市場ではポテンシャルが萌芽し、投資環境の自由化が進んでいるかもしれないが、誕生まもない市場指向型経済では、それを支える制度インフラも「発展途上」の段階だ。

制度の発達とは、複雑で時間のかかるプロセスである。制度はその国の歴史、政治、社会システム、そして文化によって形成される。政府の介入を廃絶し、国際貿易と投資の障壁を取り除けば市場の発達を加速させられるかもしれないが、それで即座に機能的な市場が成立するわけではない。トーマス・フリードマンが主張したように世界がフラット化しているとしても、こと新興国市場の展望に関しては、連綿と続いている非効率的な制度の状態に今も強く縛られたままだ(2)。

新興国市場に詳しい観測筋の多くは、新興国市場が完全に発展するためには物理的インフラの整備が重要だと言う。物理的インフラとは、道路、橋、通信ネットワーク、水道や衛生施設、そして発電所などのことだ。たしかに十分な物理的インフラがなければ、製品市場、労働市場、資本市場の関係者は効率的に機能しない。だが、市場機能を支える制度的発展の重要性のほうは、あまり理解されていないのではないだろうか。

売り手と買い手を効率的に引き合わせて取引を成立させられるかどうか――これが、いかなる市場においても最重要のポイントである。先進国市場にはさまざまな専門分野を担う仲介者が存在し、必要な情報を提供したり、取引完了に欠かせない契約を履行させたりしている。発展途上の市場のほとんどは、この機能が欠けているのだ。市場がスムーズに機能するために必要なインフラが、物理的だけでなく制度的にも未発達なのである。投資家も企業も、すぐにそれに気づかされる。制度インフラが未発達な市場では、買い手と売り手をマッチングさせる情報が入手しづらい。財・サービスの品質評価も難しい。衝突が生じても、調停のような方法で正当にトラブルを解決する手段は限られている。たとえばインドの法廷で労働争議を解決しようとしても、過去の未解決事件が膨大に溜まっているせいで、結審までに五〜一五年もかかる(3)。「ここで訴訟を起こせば、息子と娘がその訴訟を相続する」という冗談もあるほどだ(4)。そんな厄介事に備えなければならないのも、ビジネスにとっての障害である。こうした市場仲介者の不在または機能不全によって生じる穴を、本書では「制度のすきま」と呼ぶ(5)。

具体的に「制度のすきま」を理解するため、休暇で新興国を訪れたアメリカ人の個人旅行者を思い浮かべてみよう。言語、文化、通貨の異なる環境で過ごす大変さはもちろんのこと、一介の観光客であっても、ビジネス習慣の違いという難局に直面する。オンライン旅行予約サイトのエクスペディアやオービッツやトラベロシティで飛行機を予約し、信頼性の高いカスタマーレビューを気軽にチェックしてホテルを選び、ＡＡＡ（全米自動車協会）でドライブ計画のヒントを調べ、すべての買い物にクレジットカードを使い、規制基準を満たし法的に有効な保証を備えた商品を購入し、タクシーに乗れば規定料金に沿って支払いをし、携帯メールで飛行機の運航情報を受け取り、電話案内でレストランの番号を知ることに慣れている観光客が、新興国市場ではまったく異なる環境に適応しなければならない。ヨーロッパや日本といった先進国市場であれば、形式こそ異なるものの、おおむねアメリカと同じ旅行市場インフラが整っている。しかし新興国市場では、旅行産業をはじめとするホスピタリティ業界の制度的体制が根本的に異なっているのだ。

インターネットによる航空券販売、ユーザーレビューの公開、電話番号案内、クレジットカード決済システムといった形で旅行産業と消費者を結ぶ仲介者は、それぞれがビジネスとしてその仕事を行うと同時に、アメリカの市場インフラを構成する一部になっている。こうした仲介者が、旅行サービスの買い手と売り手を引き合わせる。ＡＡＡのような非営利団体も市場仲介者の役割を担うし、政府も規制当局や公共サービスを通じて仲介機能を担っている。

先進国の企業は、このようなさまざまな外部機関の手を借りて、市場の失敗要因を最小限に抑えている。新興国市場でもそうした機関が育ちつつあるとはいえ、実際には仲介者の不在によって市場の失敗が起きやすい。そのため多くの新興国市場では、仲介者の役割を果たす非公式な仕組みが発達している。たとえばインドでは、テレビやラジオ、新聞が普及していない村で商品を宣伝するために、出張販売員を雇っているブランドが多い。販売員が村まで赴き、トラックの荷台の上で通販番組のように実演して商品を説明し、寸劇や軽快なやりとりで観衆を楽しませる。『ウォール・ストリート・ジャーナル』紙の記事によれば、あるセールスマンは月に八〇〇〇キロメートル以上も移動し、村から村へと回っては、歯磨き粉から携帯電話までさまざまな品物を売り歩いている(6)。

ただし、こうした非公式の制度は往々にして条件が公平ではない。先進国市場における仲介者の代理の役割を果たしているように見えたとしても、実際には特定の現地企業だけに利する場合が多い。地元の融資業者がベンチャー・キャピタル業界の代理になるかもしれないが、それは企業の実績と事業計画を正しく審査できると仮定しての話だ。非公式な市場仲介者が、市場参加者の全員に対して真の意味で開放されていることは滅多にない。

「制度のすきま」はさまざまな形で生じ、新興国の資本市場、製品市場、労働市場の形成に大きな影響を及ぼしている。特に「市場情報の欠如（または、情報を信頼できない）」「不明確な規制環境」「非効率的な司法制度」の三大要因が市場の失敗につながりやすく、国内外の消費者、労働者、投資家の意欲をそぐ。新興国市場でビジネスを展開するなら、企業がこの三つの機能を自ら果たさなければならない場合が多い。

しかし「制度のすきま」は、必ずしも進路をふさぐ障害物ではないのだ。「すきま」を埋める事業の構築を目指す起業家精神をもった国内外企業にとって、それは大きな機会ともなる。旅行業界の例に戻って説明しよう。中国では、旅行予約サイトの代表格としてシートリップ・ドット・コム（Ctrip.com）が生まれ、エクスペディアやオービッツやトラベロシティに似たサービスを提供するようになった。一九九九年に誕生したシートリップは、ホテル予約と航空チケット情報を集約し、料金やスケジュールを提示し、オンラインで予約できるプラットフォームを提供して、「制度のすきま」を埋めている。旅行代理店という仲介者のネットワークが十分に発達していない市場において、シートリップは非常に大きな存在だ。[7] 二〇〇八年九月末の決算では、利益率三一・八％、収益二億一〇九〇万ドルを計上した。[8] NASDAQにも上場し、二〇〇九年一月一三日時点での時価総額は一三億ドルだった。[9] 仲介をベースとするビジネスで、これほどの市場価値を実現できるという事実は、こうした市場制度の重要性と、その欠如がもたらすコストを物語る。ロナルド・コース、ダグラス・ノース、ジョージ・アカロフ、オリバー・ウィリアムソンなど、ノーベル賞を受賞した何人もの経済学者が、市場における取引コストや、取引コストを低減する市場制度の役割、市場制度の整備に伴う課題について研究している。本書の考察でも、彼らが制度派経済学について著した数多くの書籍を参照している。

スムーズな取引を実現する「仲介者」の存在

取引は容易なものもあれば、難しいものもある。一般的に、発展途上国の市場よりも、先進国市場で取引をするほうが容易だ。たとえばボストンでレンタカーを借りるほうが、ムンバイ、サンパウロ、アンカラで借りるよりも簡単に済む。ロンドンで住宅を購入するのは、値段こそ高くなるが、抵当市場が未発達のモスクワで不動産を購入するよりずっと易しい。しかし、先進国の経済圏にも困難な取引は存在する。アメリカで医療ケアのサービスを受けるのは、食料品や家電を買うよりもずっと複雑だ。

市場の効率性を示す物差しの一つが、取引コストである。購買、販売、その他企業がかかわる取引の全コストが含まれる。円滑に機能している市場なら、取引コストは低く、流動性が高くなる傾向がある。透明性も比較的高く、取引完了にかかる期間も短い。

世界銀行グループの世界開発指標を見れば、国によって市場のはたらきに違いがあることがわかる。二〇〇七年のデータを見ると、新規に事業を登録する場合、アメリカなら六段階、オーストラリアならわずか二段階の手続きで済むのに対し、ブラジル、中国、インドはアメリカの二倍以上の手続きが求められていた。倉庫建設にかかる時間も、取引コストを計る基準になる。二〇〇七年に主な先進諸国で倉庫を建てようとすれば、二〇〇日以内——場合によってはそれよりはるかに短い——で済んでいたが、発展途上国の市場ではそんな短期間には完成しない。ブラジルなら四一一日、中国なら三三六日、インドなら二二四日、そしてロシアなら七〇四日だ。契約履行や不動産登記、事業開始にかかる時間なども、発展途上国の取引コストの高さを証明している（図表1－1参照）。

発展の段階を問わず、どんな市場でも完璧に効率的ということはない。しかし新興国市場に比べれば、先進国市場は効率的な取引をするための基準が浸透していると言える。発展途上国の経済圏では、単純な取引でさえ時間とリソースを必要とする。そして、先進国市場のスムーズな取引を期待する者に不都合をもたらしかねないのだ。

図表 1-1　新興国市場と先進国市場の取引コストの比較（2007 年）

国	新規事業登録にかかるプロセス	倉庫建設にかかる時間（日）	契約履行手続きにかかる時間（日）	不動産登記にかかる時間（日）	事業開始にかかる時間（日）
新興国市場					
アルゼンチン	14	338	590	65	31
ブラジル	18	411	616	45	152
中国	13	336	406	29	35
チェコ	10	180	820	123	17
インド	13	224	1420	62	33
インドネシア	12	196	570	42	105
イスラエル	5	235	890	144	34
韓国	10	34	230	11	17
ナイジェリア	9	350	457	82	34
パキスタン	11	223	880	50	24
ロシア	8	704	281	52	29
トルコ	6	188	420	6	6
先進国市場					
オーストラリア	2	221	262	5	2
カナダ	2	75	570	17	3
ドイツ	9	100	394	40	18
日本	8	177	316	14	23
ノルウェー	6	252	310	3	10
イギリス	6	144	404	21	13
アメリカ	6	40	300	12	6

出典：世界銀行グループ、世界開発指標、WDI Online

十分に発達した市場インフラが欠如した状態で取引を行う難しさについては、ノーベル賞経済学者のジョージ・アカロフが中古車市場の例で説明している。アカロフは、売買される財・サービスの品質が不明確だと機能的な市場形成が困難になることを明らかにした(10)。たとえば、五年間で一〇万キロメートル走行した車を売りに出すとしよう。売り手はその車のコンディションを熟知している。だが買い手は、車のことも売り手のこともわからないため、ある程度の不安と不信感をもって取引に臨む。相手はこの車を、きちんと走る状態で売ろうとしているのか。低品質、すなわち「ボロ車《レモン》」に高い値段をふっかけようとしているのではないか。提示された金額に見合う車なのか［ここで言う「レモン」とは欠陥品のこと。アカロフは論文で「レモン市場」という表現を使い、品質の不確実性と市場メカニズムについて考察した］。

買い手と売り手の車に対する知識の差――経済学者は、これを「情報の非対称性」と呼ぶ――と、信頼の欠如のせいで、買い手は売り手が主張する品質を額面どおりに受け取ることをためらう。結果として、良識ある買い手は一般的に、売り手が提示する値段に難色を示す。こんな状態で、売り手と買い手はどうすれば相互に満足するように取引を完了できるだろうか。

わかりやすい解決策は、何世紀も昔から市場で行われてきたように、値下げ交渉をすることだ。たとえば売り手が車に一万ドルの値をつけたとする。買い手は、さまざまな不確定要素を考慮して、六〇〇〇ドルなどと低い金額を提示する。その値段でもかまわないと売り手が思えば、取引は成立だ。気に入らなければ売らなければいい。

単純だ。しかし、この単純な値下げ交渉が、必ずと言っていいほど市場参加者に不満をもたらす。何しろ、売り手のほうは車の真価をよく理解しているのだ。六〇〇〇ドルと言われて納得するとしたら、それは車の真の価値が六〇〇〇ドル以下の場合だけである。その場合は当然ながら、たとえ当初より大幅に値を下げたとしても、買い手は車に過剰な支払いをすることになる。反対に、売り手が車の品質を正直に申告し、真価に沿った合理的な売値として一万ドルと言っていたのだとしたら、買い手が示した六〇〇〇ドルという金額を面白く思わず、取引をやめてしまうだろう。つまり、値下げ交渉を行う買い手は、基本的に自分の得にならない取引しか成立させることができないのだ(11)。

このような中古車市場では、買い手は幸せになれない。どんな品質であろうと、自分が払いすぎる仕組みになっているからだ。一方で、高品質な車をまっとうに売ろうとしている売り手は、買い手を見つけられない。需供均衡価格が、つねに自分の判断した正当な値段より低くなるからだ。満足する者がいるとすれば、それは「レモン」に高値をつける売り手だけだ。真に高品質な商品の売り手は市場から離れるし、買い手も自分の購入判断を後悔して以後の取引を控えるようになる。当然、こうしたタイプの市場は長続きしない。

幸い、中古車市場の問題を解決するシンプルな方法がある。売り手と買い手の合意のもと、独立性を有する専門の整備工場に車を持ち込み、そこで品質検査と査定をしてもらうのだ。専門家の見解をベースにすれば、売り手と買い手の双方が合意する値段を出せる。

この場合、専門機関の存在が状況をどのように変えるか、考えてみたい。専門家の意見は、売り手と買い手の間の情報の非対称性を低減し、共通の情報に基づいた値段で合意する基盤を作り出した。結果として、本当に高品質な車には正当な価格がつけられ、買い手も売り手も取引に満足する。車が「レモン」であれば、それが明るみに出され、品質に沿った安い金額になる。買い手は購入をやめてもいいし、たとえ買うと判断した場合でも、見合わない金額を支払わずに済む。専門整備工の登場に不満を感じる者がいるとすれば、それは車が「レモン」だと知っていて、隠して売ろうとする人物だけだ。こうした専門機能は中古車市場の信頼性をはるかに高めてくれるので、基本的には売り手・買い手双方とも、専門家のサービスに対して気持ちよく代金を支払う。

モノをやりとりする製品市場、ヒトをやりとりする労働市場、カネや証券をやりとりする資本市場——いずれの市場でも、売買取引は情報の非対称性やインセンティブの不一致と無縁ではない。そのため、いかなる経済であっても、市場が効果的・効率的に機能しなくなる可能性は無数に存在するのだ。

中古車市場の例からは、次に挙げる三つの重要な教訓が見えてくる。第一に、買い手と売り手の間における情報の非対称性とインセンティブの問題は、市場にとって大きな弊害となる。正しく対処しないと市場参加者の間で信頼が失われ、市場崩壊の危険性が生じる。

第二に、制度が整備されていれば第一の問題は解消に近づき、市場がはるかにスムーズに機能する。中古車の例で言えば中立の整備工の評価が、その「制度」にあたる。中古車市場の情報誌『ケリー・ブルー・ブック』や、自動車情報サービス会社オートバイテルも、この仲介者の役割を果たす。先進国市場にはこうした機関が数多く存在し、市場を円滑に動かしている。

第三に、そうした制度が多くの市場参加者にとってメリットになるとはいえ、「制度のすきま」によってうまみを得ていた者——中古車の例では、低品質な車を高く売ろうとする者——にはデメリットが及ぶ。彼らは市場制度の創出に抵抗するはずだ。つまり、市場インフラの構築とは経済の問題であると同時に、政治的問題でもあるということになる。

先進国市場で機能する市場インフラ

先進国の製品市場、労働・人材市場、資本市場には、中古車市場における中立の整備工に該当する機関が多数介在している。買い手と売り手の情報のズレから生じる取引コストを低減し、利害の相反を避けるためには、財・サービスや資本の買い手と売り手を仲介する制度が必要なのだ。取引コストが高ければ経済は非効率になり、資本コストの上昇、労働移動性の低下、売買コストの増加につながる。また、市場に制度がなければ、業務は必然的に難しくなる。

知財保護から顧客確保に至るまで、ビジネスをするには制度が必要だ。先進国の経済圏では、取引コストを低減しビジネスを推進していく過程でさまざまな補完的システムが発達し、全体として信頼性のある情報公開や、正当な規制・制約の施行を実現している。高品質で信頼性のある情報が公開されていれば、情報の非対称性は生じにくい。法的効力をもった契約のシステムが整っていれば、買い手は売り手が利己的な取引をしないと信用できる。市場仲介者は、情報の収集や、裏書きや分析やアドバイスを提供することで、売り手と買い手が歩み寄って効果的な取引を完了できるよう手助けするのだ。さらに市場が適切に規制され、明確なルールが定義・施行されていれば、全関係者がフェアに取引をするようになる。[12] では、市場仲介者が製品市場、資本市場、労働市場において果たす役割を、それぞれ見ていこう。

製品市場

先進国の製品市場で、消費者は新聞や雑誌の広告、ダイレクトメール、電話セールス、ウェブサイトなど、さまざまなコミュニケーションを通じて企業から情報を受け取り、それをもとに希望の商品を探す。『コンシューマー・リポート』誌やCNETなど、第三者の情報にもアクセスできる。こうした情報源は、さまざまな財・サービスの品質と効果について、独自に作成した広範囲な格付け情報を掲載している。

小売チェーンも、複数の重要な仲介的役割を果たす。消費者の嗜好を分析して、品質、価格、配送といった面で消費者の嗜好に応えられる生産者を、消費者に代わって選んでいるからだ。そして消費者が見て評価できるように商品をそろえ陳列する。店を訪れた消費者に対して、商品の特徴についてアドバイスをする。さらに消費者が満足しなければ返品も受け付ける。

また、生産者と小売業者、小売業者とクレジットカード発行会社、クレジットカード発行会社と消費者、そして生産者と消費者の間で交わされる契約が、いずれもその義務を果たす形で、市場に対する重要な役割を担う。クレジットカード発行会社は、信用証明を行い、融資をし、現金を回収することによって取引を支える。裁判所や消費者団体は契約を確実に履行させ、違反者に罰則を課す。生産者が約束した機能を満たさない低品質な商品を製造していた場合、消費者には商品を返品し代金を取り戻す権利がある。同様に、消費者がクレジットカードの支払いを滞納した場合、カード会社は強制的に回収する権利をもつ。配送業者など、物流サービスを提供するサプライヤーは、売り手から買い手へと購入商品を届けるというニーズに応える。梱包請負会社、輸送会社、保険代理店も、安心・安全かつ時間どおりに商品を輸送するという重要なサービスを提供している。

さらに、消費財の全市場関係者には明確な規制が適用される。たとえば、企業が誇大広告や宣伝を行って消費者をミスリードすることは禁じられている。同じく、クレジットカード会社がみだりに個人情報を漏らして消費者のプライバシーを侵害することは禁じられている。小売業者には返品規定の明示が義務づけられている。物流会社は正式な認可を受け、買い手と売り手の双方に対して、品物を時間どおり正確に届けるという責務を果たさなければならない。販売においては「黙示の保証」というものがあり、消費者が期待する機能を担保しなければならない。生産者も特定の行動が禁じられており、たとえば小売競争を回避するために再販価格の維持を図ってはならない。企業が売った商品で損害やケガが生じれば、消費者は企業を訴えることができる。

先進国の消費財市場を支えるこうしたメカニズムは、ソフト・インフラとハード・インフラの総合的なネットワークに支えられて機能している。ソフト・インフラとは、企業のコミュニケーションを支える広告会社やメディア、市場調査会社、小売業者をサポートする物流コンサルタント、クレジットカード会社に信用情報を提供する信用格付け機関などである。道路や橋といったハード・インフラも、生産者から小売業者へ安価に財を移動するために欠かせない。規制を公布する国、州、自治体当局といった公的機関も、規制の成立を促す消費者団体も、規制を遵守させる法的機関も、それぞれに重要な役割を果たしている。

資本市場

発展した経済圏では、資本市場でも同様の複雑なメカニズムが市場の機能を支えている。投資家が情報収集できるよう、財務報告が提示される。そうした財務報告の信頼性は、会計基準と独立監査役が支えている。アナリスト、格付け会社、経済新聞などは分析結果を提供する。ベンチャー・キャピタル、民間金融機関、保険会社、投資信託会社も金融仲介者の役割を果たして、投資家が魅力的な企業や金融商品に資本を投じられるよう、また起業家や企業が融資を受けられるよう手助けをする。証券取引所は、投資家が低コストで取引を行う手段を与え、市場に流動性をもたらす。

そして、資本市場は厳しく規制されており、中央銀行、監督機関、証券取引所がルールを行使する。裁判所はさまざまな関係者の紛争の間に立ち、判決や審判を下す。先進国市場なら、投資家が証券訴訟、プロキシファイト（委任状争奪）、敵対的買収といった手段をちらつかせ、企業幹部や役員に説明責任を負わせることができる。こうした制度が整っていれば、投資家にとってのリスクが小さくなり、新規参入者も大手の既存企業とほぼ等しい条件で資金調達ができる。

労働・人材市場

労働・人材市場では、教育機関が人的資本の育成に手を貸すだけでなく、卒業資格条件を課すことによって人材の能力を保証する役割を果たす。職業斡旋会社やヘッドハンティング会社は、企業が求める人材の確保を手伝う。そして雇用契約をはじめとするさまざまな規制が、雇用主と従業員双方の利益を守る。一般従業員と、権力と資本をもつ大手企業との間には、労働組合が介在する。失業保険は、企業が必要に応じて人材を採用・解雇する自由を与え、従業員にとってはセーフティネットとなる。

アメリカ、カナダ、西ヨーロッパ、日本、オーストラリアといった先進国の経済圏では、このような数十に及ぶ市場制度が、スムーズな資本市場、製品市場、労働市場を支えているのだ。だが新興国市場では、こうした仲介制度の多くが未発達であったり欠如したりしている。第2章では、新興国市場の「制度のすきま」を特定するフレームワークを提示する。さらに第3章では、市場制度の分類について詳細に考察しながら、新興国市場で仲介者の役割を果たす企業の機会について考えていく。

新興国市場の構造的な定義

本章では、製品市場、労働市場、資本市場で取引をする際、その取引の単純さ・複雑さの度合いを問わず、売り手と買い手の間で財・サービスのやりとりを成立させるために必要となる数々の制度に焦点を当てている。こうした専門的仲介者が不在または機能不全であるというのが、本書の考える新興国市場の定義だ。つまり新興国市場とは、市場参加者が生産的な売買のために売り手と買い手を効率的に引き合わせる道を模索することによって、今まさに台頭しつつある市場なのである。こう定義すれば、「制度のすきま」が大量に存在するきわめて機能不全な市場と、高度に発達した市場は、別個ではなく延長線上に存在していることがわかる（図1－2参照）。

そう考えると、アメリカをはじめとする先進国経済にも、ある程度の「途上性（エマージングネス）」が内在すると言うことができる。たとえば、二〇〇八〜〇九年の金融危機の大きな要因であるアメリカのサブプライムローン市場は、発展途上の新興市場だったのだ。住宅ローン・ブローカー、消費者のクレジットカード履歴の調査機関、格付け機関、投資銀行、信用保険会社、規制当局など、さまざまな仲介者がサブプライム融資市場を支えていたにもかかわらず、事実上、こうした仲介者は市場情報や契約履行上の問題を解決できなかった。融資の組成と実際の提供が大きく隔たり、しかもインセンティブが不適切な状態——信用格付け機関が、自らが格付けする対象機関の影響下にあるなど——であったのに、その問題を放置していた。取引量は急速に増え、複雑な金融派生商品として住宅ローンをバンドリングして売るなど内容が精密化し、市場は仲介者の手に負えない状態になった。市場の絶対的な成長やポテンシャル以上に、こうした市場インフラにおける乖離状態こそ、新興市場の定義にほかならない。結果として、一九二九年の大恐慌以来最悪の金融危機が生じたのは、制度の弱さのせいで市場が混乱をきたすという証拠である。

第2章では、この構造的な定義を踏まえ、新興国市場を分析して「制度のすきま」を特定する方法を示すとともに、企業が「すきま」に対応する

図表 1-2　「制度のすきま」と市場定義の連続性

ための一般的なアプローチを紹介していく。市場は一夜にして台頭するわけではない。重要な仲介者を欠く製品市場、労働市場、資本市場は、たいていの場合は長いスパンで非効率的な状態が続いている。発展途上国の政府が新たな仲介者を組織して「すきま」を埋めたとしても、即座に先進国の経済圏と同じレベルで機能するわけではない。仲介者が存在するからといって、その役割を効果的、効率的、あるいは公正に果たすとは限らない。アメリカのサブプライム市場が、まさにその点を例証している。

「制度のすきま」は、規制撤廃と自由化で強制的に解消できるわけではない。「すきま」をなくすには相当の時間と専門知識が必要となる。むしろ、短・中期的に「制度のすきま」が存在することこそが、新興国市場の最も大きな有望性なのだ。新興国市場を評価し、「制度のすきま」を特定すれば、ビジネスの分析や機会評価、戦略的判断を下す際の貴重な支柱となるのである。

第2章　「制度のすきま」を特定する

本章では、われわれが考える新興国市場の定義を踏まえ、企業が自社の進出する市場における「制度のすきま」を特定・対応するためのツールキットを提示する。[1]「制度のすきま」の性質や範囲はさまざまなので、新興国市場であればどの国でも同じとは限らない。どんな経済であっても、ビジネス戦略の開発は三つの主要市場――製品市場、労働市場、資本市場――の状態によって決まってくるが、発展途上国の市場ではこの三つのいずれか、またはすべてに「制度のすきま」が見られる。

三つの市場ごとに考える

制度という視点から新興国市場を考えるメリットは、市場で効率的な取引を妨げている特徴の組み合わせが見えてくることだ。労働市場では専門仲介者が欠けているが、資本市場には多くの仲介者が存在している国もあるだろう。労働市場は効果的に機能しているが、資本市場が歪んでいる国もあるだろう。発展途上国の製品市場と、労働や資本などの要素市場は、往々にして発展のスピードがずれている。

たとえばチリは資本市場の効率性に定評があるが、韓国の金融業界では銀行と財閥《チェボル》が複雑に絡み合い、今も制約されている（図表2-1参照）。しかし韓国は、世界トップレベルのブロードバンド普及率にも裏付けられているとおり、製品市場においては目を見張る発展を遂げている。一方でチリの通信インフラはそれほど発達していない（図表2-2参照）。また、産業によっても市場制度に対する依存度は異なる。制度に大きく依存する産業とそうでない産業とでは、同じ市場であっても「制度のすきま」から受ける影響は変わってくる。

こうした構造を理解するというのは、企業マネジャーにとって、単なる理論上の問題ではない[2]。「制度のすきま」は、ビジネス戦略に現実的かつ直接的な影響を与えるからだ。企業が消費者の支払意思額（WTP）を上げたい場合も、自社が支払うコストを下げたい場合も、仲介者の助けがいる。たとえば消費者の嗜好を知り、WTPが上がるように商品やサービスを改良したいなら、市場調査会社の専門技術が必要だ。仲介者として機能する市場調査のプロがいなければ、市場の特定とセグメント化は非常に難しい。

業務の面から言うと、たとえばサプライチェーン管理の選択肢も、物流仲介者の有無に大きく左右される。物流サービスが不十分な市場でビジネスをしようとすれば、在庫維持費に間違いなく相当の影響が及ぶ。資金調達の選択肢も、商業銀行や投資銀行といった資本市場における仲介者の存在しだいだ。また、外部資本を獲得するためには、その資本が明示した目的で使用するために必要であるこ

図表 2-1　韓国とチリの金融市場の比較

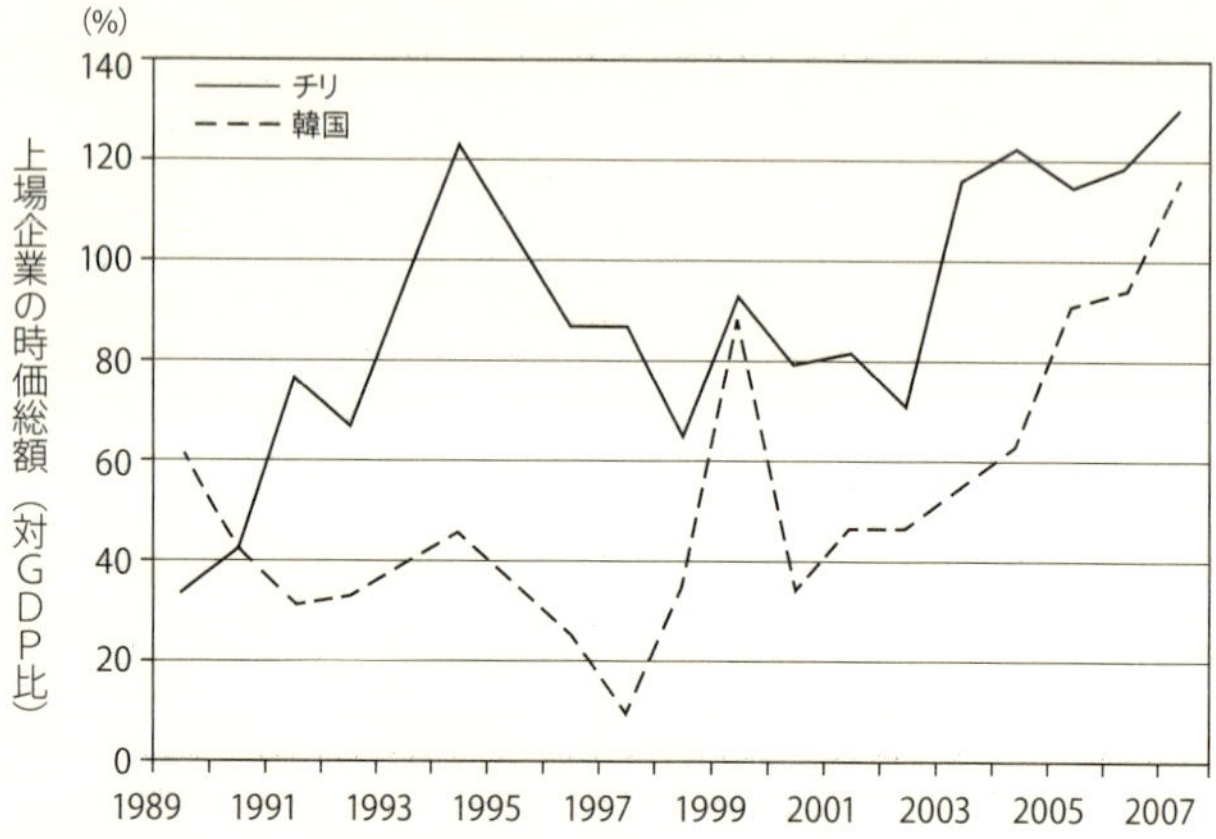

出典：世界銀行グループ、世界開発指標、WDI Online

図表 2-2　韓国とチリの製品市場の比較

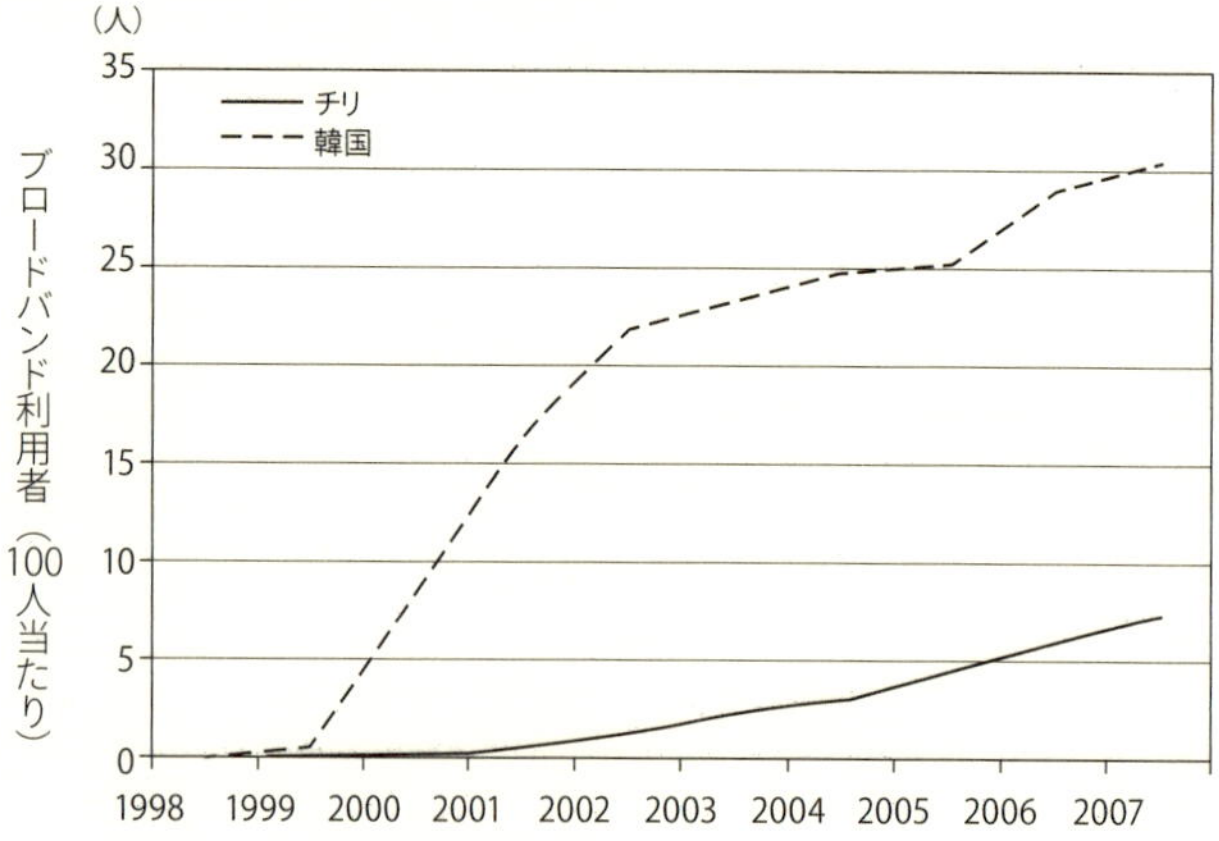

出典：世界銀行グループ、世界開発指標、WDI Online

とを、資本提供者に信用してもらわなければならない。独立監査役が存在せず、紛争になった際に投資家が償還請求できるメカニズムがなければ、信頼を得るのはきわめて難しいだろう。人材を確保するにあたっても、ビジネススクールや幹部職専門のヘッドハンティング会社といった仲介者の力を借りる。社内だけで管理職の候補者を決め、選抜していこうとすれば、莫大なコストがかかる。

つまり、新興国市場で経営や投資を考えるすべての関係者にとって、「制度のすきま」の特定は重要な第一ステップとなるのだ。この作業を助ける目的で、われわれは検討すべきポイントを整理し、本章の末尾にツールキットとして収録した[3]（ツールキット2‐1参照）。ツールキットに挙げたチェックポイントに体系的に答えていけば、当該の新興国市場の機能または機能不全について、それぞれのビジネスに活用できる重要な理解が得られる。

いくつかのチェックポイントを抜粋し、アメリカとEU、そしてBRICsの例をまとめている。先進国市場と新興国市場、そして新興国市場同士でも市場インフラに違いがある点に注目していただきたい（ツールキット2‐2を参照）。

マクロ環境から考える

生産要素市場（土地や労働力を含む、製品の生産に使われる資源の市場）と生産物市場（製品市場）の「制度のすきま」は、いずれも新興国経済のさまざまなマクロ的要因によって形成される。政治や歴史や文化が、制度の発達、形式、機能、そして「制度のすきま」の存在および継続に影響を与える。たとえば資本市場で財務報告制度と監査制度が発達するためには、透明性と信頼性が確立していなければならない。当局が資本市場を開放し、分析や公開監査を認めているかどうか、という点にも左右される。

消費者が嗜好やニーズの情報を利用されることに難色を示す閉鎖的な経済環境の場合も、製品市場における価値創出の可能性は限られてくる。こうした環境で市場調査会社を立ち上げるのは厄介な作業になるだろう。体制移行国の場合は社会政治的伝統による権力の著しい偏りが見られ、先進国市場の効率的取引を支える法規や規制機関が欠けている可能性がある。

閉鎖型経済のことだけを指摘しているように思えるかもしれないが、開放型経済であっても制度の改革は阻まれかねない。インドのように民主化の過程にあると、順当な規制環境の発達やインフラの迅速な発達が進まない場合もある。民主主義に特有の一進一退する政治も、改革のスピードを鈍化させる。また、民主主義は新しい市場制度の誕生を阻もうとする既得権益を無視できない。たとえばインドで大衆小売市場に参入しようとすれば、厳しい規制に縛られる。積極的にロビー活動を行う現地の中小規模の小売業者が、政治的影響力をもっているからだ。その点で言えば、国が強い力で統制しているほうが、民主的なプロセスよりも、制度改革の実行という面では効率的かもしれない。

新興国市場における政治的・社会的システムの重要性、また投資や情報フローに対する開放性の重要性を踏まえて、マクロ環境に関連した「制度のすきま」を特定するため、もう一つのツールキットを開発した（アメリカとＥＵ、ＢＲＩＣｓの比較についてはツールキット２‐３を参照）。

「制度のすきま」を特定する能力は、先進国市場の企業にとって、二種類のメリットをもたらす。新興国市場でのビジネスチャンス追求の助けになるだけでなく、ときに母国市場の機会と課題に目を開かされるからだ。アメリカの企業幹部、取締役会、アナリスト、金融機関の監督官庁が、住宅ローン業界の「制度のすきま」を正しく理解していれば、先の金融危機で露呈した問題の多くは避けられたはずだった。アメリカに限らず、将来的な金融危機を回避するために改革を考えるなら、政策立案者は「制度のすきま」の存在を念頭に置いておく必要がある。

新興国市場を構成する市場セグメント

企業は「制度のすきま」に対応する前に、まずその地域固有の状況を分析し、「すきま」を特定しなければならない。また、新興国市場における市場セグメントの重要性も理解する必要がある。多国籍企業であっても、現地企業であっても、狙う市場セグメントが異なれば、「制度のすきま」に対応する戦略も違ってくる。市場セグメントを決めるのは収入や価格帯だけではない。ニーズ、嗜好、心理的要因もかかわってくる。特定のセグメントにターゲティングするなら、単なる値段の差別化では対応できない。特定のケイパビリティと知識が必要だ。

新興国市場の製品市場は、グローバル・セグメント、新たに台頭しつつあるミドルクラス・セグメント、ローカル・セグメント、ボトム・セグメントに分かれる。セグメントによって、製品の価格、品質、特性に求めるレベルと、その三つの組み合わせが異なってくる（図表2－3参照）。

グローバル・セグメントとは、先進国と同じ特性を望み、先進国と同じ品質を求め、その製品に対して世界水準の値段を払う意思のある消費者層を指す。

新たに台頭しつつある中流階級、すなわちミドルクラス・セグメントを構成する消費者は、世界水準の品質を求めつつも、現地事情に合わせた製品特性を望む消費者だ。たとえば中国人やインド人の企業幹部は、フォーシーズン・ホテルよりも、シャングリラ・ホテルやタージ・ホテルに宿泊するほうを好む。

ミドルクラス・セグメントであっても、ローカルに近い層の人々は、製品に世界レベルの（あるいは、それに近い）品質を求めながら、現地事情に合った特性と値段を求める。洗濯機に世界レベルの信頼性を期待しつつ、住居の狭さや電力・水の消費量などの面で現地の生活環境に合わせた特性を

図表2-3　新興国市場の市場セグメント

セグメント	グローバル	台頭しつつあるミドルクラス		ローカル	ボトム
求める価格	世界水準	世界水準	現地水準	現地水準	最も安い価格
求める品質	世界水準	世界水準	世界水準	現地水準	最も低い品質
求める特性	世界水準	現地水準	現地水準	現地水準	最も特性の少ない製品
有利になるのは……	**多国籍企業**	**競争**	**競争**	**国内企業**	**国内企業 ***

注：論理的に考えて除外した組み合わせもある。

* 海外の技術を必要とする製品──機能は単純化するとしても──を、奨励制度を通じてボトム・セグメントにターゲティングする場合もある。発展途上国の子供の学習のため、安価なノートパソコンを普及させる活動を行っているNPO、ワン・ラップトップ・パー・チャイルド（OLPC）の活動がその例。

望み、それを現地水準の値段で買いたがる発展途上国の家庭は、この層にあてはまる（ただし、「品質と特性は現地レベルで、値段は世界水準」という組み合わせは、理屈として成立しない）。そして中産階級よりも所得の低いローカル・セグメントの消費者は、現地水準の品質と特性を、現地水準の値段で買いたがる。三つすべてが現地レベルで満足するのだ。

さらにその下のボトム・セグメント、すなわち市場の底辺部分には、とにかく一番安い製品でないと手が出ない消費者がいる。ミシガン大学のC・K・プラハラード教授は、この市場セグメントを「ボトム・オブ・ザ・ピラミッド（BOP）」と呼んでいる(4)。

これらのセグメントを理解すれば、多国籍企業にとっても、新興国市場の現地企業にとっても、ビジネスモデルと成長戦略を調整する手助けになる。

開放されていない市場では、現地企業がすべてのセグメントを独占している。たいていは市場のリーディング・カンパニーが唯一のプレイヤーであり、全セグメントにまたがって市場を支配している。だが市場が開放されれば、先進国に拠点を置く多国籍企業が参入し、グローバル・セグメントでまたたく間に現地企業に取って代わる。世界水準の品質と値段というのは、多国籍企業がそもそも押さえている領域だからだ。むしろ、「制度のすきま」のある発展途上国では、多国籍企業はこのニッチなセグメント以外に参入できない可能性もある。市場調査ができなければ、現地ならではの顧客の嗜好を把握できない。流通ネットワークが限られていれば、大都市圏の流通センターから遠い顧客には製品を届けられない。それゆえにローカル・セグメントにはリーチしにくいからだ。

一方で現地企業は、地元で築いてきた強みを活かし、ローカル・セグメントを独占する。製品改良を行う場合も、「すきま」を巧みにくぐり抜ける場合も、ローカル・セグメントではローカルな知識こそが競争優位の強力な源泉だ。しかもこのセグメントは大きく、消えることはない。一部が中産階級に昇格していくとしても、経済成長によって、さらに貧しかった底辺層の消費者がローカル・セグメントに上昇して穴を埋めるからだ。

先進国市場の多国籍企業も、野心をもったエマージング・ジャイアントも、現状維持では満足しないものだ。双方が成長を追求し、新たに台頭しつつあるミドルクラス・セグメントの心をつかもうと競い合う。しかし双方とも、既存の財・サービスを提供するだけでは同セグメントに対する訴求力が弱い。多国籍企業は製品をローカライズし、現地水準の価格帯に合わせなければならない。製品を再設計し、特徴をうまく削って、品質を犠牲にせずに地元消費者が喜ぶものだけを残していくためには、ローカルな知識が必要だ。一方で現地企業は、より高品質な製品で、地元ならではのニーズを満たしていかなければならない（地域の感覚に応えつつ、エリート層がもつ愛国心や文化的プライドをくすぐる世界水準の品質を届けられるようになったら、グローバル・セグメントの一部をつかめる可能性もある）。新たに台頭しつつあるミドルクラス・セグメントでは、多国籍企業も現地企業も、現状の守備範囲から手を広げて競わなければならないのだ。

しかも、新興国市場で事業を展開する企業は、要素市場におけるセグメントについても考える必要がある。たとえば人材市場だ。多国籍企業は往々にして現地の人材プールに関する知識がない。それゆえに、国際的な機関で研修を受け、世界水準の給料をもらっている「従業員のグローバル・セグメント」以外の層では、従業員を引きつけモチベーションを高めるような方針を立案できない。それとは対照的に現地企業の場合、ローカルな知識を活かし、労働市場の「すきま」に慣れている点を活用して、「従業員のグローバル・セグメント」以外でも適材を確保していくことができる。

企業が直面する四つの岐路

「制度のすきま」に遭遇せずに新興国市場でビジネスを行うことはできない。だが、ビジネス環境を形成する「すきま」を特定できれば、その中でうまく舵を取っていく方法も見つかるというものだ。(5)「制度のすきま」のもたらすコストを認識したうえで、その「すきま」を埋める事業の構築を目指すという判断をしてもいい。第3章では、起業機会として「すきま」の活用を試みる企業のチャンスと課題について見ていく。その前に本章では、「すきま」の補完を本業としない企業――多国籍企業も、新興国を拠点とする企業も含む――が直面する戦略的岐路と、「すきま」への対応の選択肢について考えていきたい（図表2-4参照）。

再現か、適応か

先進国市場を拠点とする多国籍企業は、発達した制度環境を基盤としてビジネスを築いている。そのビジネスモデルを、同じ基盤の存在しない新興国市場で実行するのは困難だ。ローカルな知識も評判もないまま新興国市場に参入しなければならない。だが多くの場合は、世界水準の要素市場（資本、労働、ノウハウなど）を活用するか、グローバルなブランド力がもつ信頼性を活かして、多国籍企業な

図表 2-4　「制度のすきま」への対応

戦略的岐路	先進国の多国籍企業の選択肢	新興国を拠点とする企業の選択肢
再現か、適応か	・既存のビジネスモデルを再現し、グローバルなブランド力、信頼性、ノウハウ、人材、経済力など、相対的優位を活用する。 ・ビジネスモデル、製品、組織のほうを、「制度のすきま」に適応させる。	・先進国市場のビジネスモデルを模倣する。 ・ローカルな知識、ケイパビリティ、「制度のすきま」を切り抜ける力を活用して、適したビジネスモデルを構築する。
独力で競争するか、協働するか	・独力で競争する。 ・現地企業との提携や合弁事業の形成を通じて、「制度のすきま」を切り抜けるケイパビリティを獲得する。	・独力で競争する。 ・多国籍企業との提携や合弁事業の形成を通じて、先進国市場から、「制度のすきま」を回避するケイパビリティを獲得する。
市場環境を受容するか、改革を試みるか	・市場環境を甘受する。 ・自社事業を支える形で「制度のすきま」を埋める。	・市場環境を甘受する。 ・自社事業を支える形で「制度のすきま」を埋める。
参入するか、待つか、撤退するか	・「制度のすきま」があっても、その市場に参入する、またはとどまる。 ・別の場所に機会を求める。	・「制度のすきま」があっても、母国市場でビジネスを構築する。 ・自社のケイパビリティが母国で報われない場合は、早期に母国市場を離れる。

らではのケイパビリティを発揮することができる。

この優位性、すなわち母国市場で使っているビジネスモデルを再現できれば、多国籍企業はそれほどの混乱もなく、強大な「制度のすきま」に直面することもなく、新興国市場に参入できる。しかし、この戦略では往々にしてグローバル・セグメントしか狙うことができない。新興国市場のミドルクラスやローカル・セグメントを狙うなら、財・サービス、ビジネスのプロセス、あるいは組織自体を現地に合わせていかなければならないからだ。しかし、「制度のすきま」があるため、そうした適応は難しい。進出先が別の先進国市場なら、製品を改良し売り込むために、その国の広告会社やブランディング・コンサルタント会社の力を借りることができる。新興国市場では、そうした仲介者の存在が欠けている。「制度のすきま」に行く手を阻まれたくないのなら、異なるやり方で市場に適応しなければならない。

一方、新興国を拠点とする企業が競争優位の確立を目指す場合、外国、とりわけ先進国市場で開発されたビジネスモデルを踏襲するという選択肢は選べない。エマージング・ジャイアントとなるのは、製品市場や要素市場に対するローカルな知識、これまでの評判、その他地元のリソースを活用して市場で優位性を獲得できる企業だ。新興国の企業だからこそ、ローカルな知識とケイパビリティを活用して、財・サービス、プロセス、あるいは組織を「制度のすきま」に適応させていくことが可能なのである。

独力で競争するか、協働するか

多国籍企業は「制度のすきま」を回避するローカルな知識やケイパビリティに欠けるため、新興国市場への参入さえ阻まれることも少なくない。この不利に打ち勝つ方法が、合弁事業の設立、現地企業との提携、あるいはスタッフを早急に現地化することだ。新興国企業の多くは、先進国の市場仲介者に相当する役割を内部で抱えているので、多国籍企業にとってはありがたいパートナーになりうる。一方、現地企業のほうは多国籍企業と提携したり、その他の形で協働したりすることで、国際的に通用するケイパビリティやリソースを伸ばし、評判を獲得するというメリットが期待できる。

市場環境を受容するか、改革を試みるか

新興国市場で事業を展開する企業には、「制度のすきま」を甘受する道もあるが、自社の事業を支える形で「すきま」を埋め、制度状況を能動的に改革していくこともできる。後者の戦略実行には無数の方法がある。インドで小売店をオープンする際の課題について考えてみよう。低温流通サービスが未発達の国で新鮮な生鮮食品を売りたいなら、自主的に低温流通システムを構築するか、提携や合同出資、あるいは最低限の発注を保証するといった方法で、必要な流通システムを第三者に構築させるという方法がある。

自ら「すきま」を埋める道を選ぶ場合、仲介ビジネスを刺激する役割だけを果たし、のちに自社は仲介役から身を引くという手もある。反対に、仲介ビジネスを事業として取り入れ、他社に利用させてもいい（「すきま」を起業機会として活用）。ただし、たとえば外国企業が物流業者として参入し、新興

国市場で広範囲なインフラを築くのは、実務的な問題や規制の厳しさから困難かもしれない。その場合でも、港から港への物流サービスだけを提供し、市場の奥深くまで展開するにあたっては現地企業と提携するという方法や、政府当局などにはたらきかけて契約保証事業としてインフラ開発に投資させるという方法で、「すきま」を埋めることはできるだろう。

参入するか、待つか、撤退するか

現地企業・多国籍企業を問わず、自社のケイパビリティでは「制度のすきま」を回避することも改革することも叶わない場合がある。そうした状況に直面した場合、当該の「すきま」の存在しない別の市場にビジネスチャンスを探すという道が考えられる。この撤退戦略にもさまざまな形がある。新興国の企業なら、母国市場でのプレゼンスを維持しつつ、より成長の見込める市場に大々的な投資をしたり、海外での知識吸収に力を入れたりしてもいいだろう。多国籍企業も、外資企業が受ける規制環境が変わるまで、その新興国市場に対する大幅な投資を控えてもいいだろう。

第4章と第5章では、新興国市場で事業展開する企業が、こうした戦略的岐路にいかに対応したか考察していく。第6章では、エマージング・ジャイアントのグローバル化の道のりに注目する。新興国を拠点とする企業が世界を目指す場合、「制度のすきま」に対応する戦略的岐路に真っ向から直面することは少ないが、それでも母国の制度環境がグローバル化の道のりを左右することは確かだ。似たような市場セグメントや制度環境を抱える別の新興国市場に参入すれば、母国で育んだケイパビリティを再現できる。先進国市場に参入するなら、多国籍企業が新興国市場に入る場合と同じく、財・サービス、ケイパビリティ、あるいは組織自体を新しい市場の状況に適応させていかなければならない。この場合、参入先の市場のほうが母国よりも市場インフラが発達しているが、そのぶん顧客の要求も厳しい。

エマージング・ジャイアントがグローバル化する方法は、新市場への参入だけではない。世界で通用するケイパビリティを構築するのも一つの手だ。先進国市場の市場制度を〝借りて〟、自社の能力を高める企業は増えている。たとえば、金融市場が未発達の国の企業が、グローバル預託証券（GDR）や米国預託証券（ADR）を通じて外国の証券市場で上場する。このアプローチなら資金を調達しやすいだけでなく、企業がコーポレート・ガバナンスの世界水準を満たしていること、国際志向の会社と自覚していることを示すサインになる。外国企業を買収するのも、新興国市場の企業がグローバルなブランドや人材、ノウハウにアクセスする手段の一つだ。あるいは、母国から移住した海外居住者のネットワークを活かし、外国でリソースを確保することも考えられる。

「すきま」とどう向き合うべきか

本章で解説した「制度のすきま」への対策は、それぞれ単独でしか使えないわけでも、調整不可能というわけでもない。うまく併用したり、順番を変えて使うこともできる。新興国市場の制度環境が進化すれば、企業戦略も変更を迫られるだろう。だが、「制度のすきま」はしつこく残る可能性が高いため、「制度のすきま」に基づいた戦略的ポジショニングには、ある程度の持続力がある。市場を強制的に形成することができないのと同じように、「制度のすきま」を強制的には排除できない。一般論として、一方的な〝通告〟では効力がなく、政府と民間団体が時間をかけて実験を繰り返さなければ「すきま」を埋めることはできないのだ。そのため、市場の溝――そして、溝に橋渡しをする機会――は残存する。仲介者が存在しようと、不在であろうと、それは競争力のあるポジショニングの戦略および持続に何らかの影響を及ぼす。

新興国市場の独特の課題を切り抜ける単純明快な方程式は存在しない。だが、こうした市場に進出する企業は、必ず「制度のすきま」に遭遇する。「すきま」に圧倒される必要はない。常識的なアプローチ、すなわち自社の強みを分析する、現地に合わせるべきところは合わせる、ケイパビリティを構築する、市場環境を改革する、状況が変わるまで時機を待つといったアプローチで「制度のすきま」に対峙すれば、機会を特定し活用する方法はいくらでも見つかる。新興国市場の制度的環境を詳細に評価していれば、予測可能な失敗は避けられるし、予想外の競争優位の源泉を見出すこともできるのである。

ツールキット2-1

「制度のすきま」特定のチェックリスト

製品市場

【1】この市場では、顧客の嗜好と購買行動に関する信頼性のあるデータを容易に入手できるか。市場調査に対する文化的障壁が存在するか。世界水準の市場調査会社が、この国に展開しているか。

【2】この市場の消費者は、買いたい財・サービスの品質について、バイアスのかかっていない情報を容易に入手できるか。そうした情報を提供する独立した消費者団体や出版物が存在するか。

【3】品質のよい原材料や部品を入手できるか。サプライヤーのネットワークは発達しているか。サプライヤーの品質と信頼性を評価する機関は存在しているか。現地サプライヤーは契約どおりに業務を遂行するか。

【4】物流と交通インフラはどの程度整備されているか。国際的な物流会社が事業拠点を置いているか。

【5】この国には大手小売チェーンが存在しているか。あるとすれば、国全体をカバーしているか、それとも主要都市だけをカバーしているのか。全消費者にリーチしているか、富裕層だけを対象としているか。

【6】消費者への直販やディスカウント・ストアなど、製品を消費者に届ける流通チャネルは複数存在しているか。

【7】多国籍企業にとって、現地の小売業者からの売掛金回収は困難ではないか。

【8】消費者はクレジットカードを利用しているか。それとも現金払いが主流か。消費者との信用取引は可能か。消費者の返済能力を調べられるか。

【9】企業の不当請求や、不良品および不完全なサービスに対し、消費者はどんな措置を講じることができるか。

【10】企業は消費者にどんなアフターサービスを提供しているか。全国規模のサービスネットワークの確立は可能か。第三者のサービス提供者は信頼できるか。

【11】消費者は新しい財・サービスを積極的に試そうとするか。地元企業の製品を信頼しているか。海外企業の製品は信頼しているか。

【12】どのような製造環境で、どのような安全規制の遵守が求められているか。当局はどのように規制を執行しているか。

労働市場

【1】特に技術および経営スキルに関して、この国の教育インフラは確立しているか。きちんとした小中学校の教育制度が存在しているか。

【2】現地の人々は英語で勉強し仕事を行っているか。英語以外の外国語を使っているか。それとも、主に現地語を話しているか。

【3】この国の教育機関のレベルを把握するデータは入手できるか。

【4】自由な転職は可能か。文化として、自由な転職は受け入れられているか。幹部の流動性をサポートする人材派遣会社があるか。

【5】多国籍企業が現地雇用した人材には、採用後、どのような研修が必要か。

【6】商習慣として、能力給が標準となっているか。昇進の判断をするにあたり、実績ではなく年齢はどの程度重視されるか。

【7】企業は上級幹部と法的拘束力のある雇用契約を結ぶことができるか。雇用契約は、幹部の離職と競合他社への転職を禁じる効力があるか。企業秘密や知的財産の漏洩を禁じる効力があるか。

【8】現地の文化は、外国人経営者を受け入れるか。現地雇用の人材を別の国に出向させることは、法的に許されているか。現地雇用の管理職は国内勤務を望むか、海外勤務を望む傾向があるか。

【9】労働者はどのような権利で守られているか。この国の労働組合はどの程度の力をもつか。労働者の利益を守るために活動しているか、政治的な意図で主張するだけか。

【10】ストックオプションや従業員持ち株制度で、従業員のモチベーションを高めることが可能か。

【11】法と規制環境は、企業判断による事業再編（リストラ）、縮小、事業閉鎖にかかわる企業の活動を制限しているか。

【12】現地の競合他社やサプライヤーの業務慣行に倣った場合、海外で（その国以外の土地で）イメージダウンになるか（たとえば児童労働など）。

資本市場

【1】銀行、保険会社、投資信託会社は、預金口座などから集めた資金を効率的に運用しているか。

【2】金融機関は健全に経営されているか。透明性のある経営判断が行われているか。縁故など、経済的要因以外の要素が投資判断に影響していないか。

【3】株式市場で多額の自己資本を調達できるか。企業債券市場は存在するか。

【4】ベンチャー・キャピタル業界は存在しているか。あるとしたら、優れたビジネスアイデアをもった個人による資金調達は可能か。

【5】企業の財務報告に関する情報ソースは信頼できるか。会計基準と開示規則により、投資家や債権者は企業の経営を監視できるか。

【6】独立性を有する金融分析機関、格付け機関、メディアなどが、企業についてバイアスのかかっていない情報を提供しているか。

【7】コーポレート・ガバナンスの規範・基準は、効果的に株主の利益を守っているか。

【8】取締役会は独立性を有し、決定権をもっているか。社外取締役はいるか。

【9】規制当局による銀行業界および株式市場の監視機能は効力をもっているか。

【10】裁判所は不正をきちんと裁いているか。

【11】敵対的買収は法で認められているか。株主が団結し、プロキシファイトを通じて、長らくその会社にかかわってきた役員を解任することは可能か。

【12】所有者、債権者、ステークホルダーの利害を調整する、適切な破産申請プロセスが存在しているか。

マクロ環境

【1】この国の政治家は誰に対して説明責任を果たしているか。与党に対抗する強い政党は存在しているか。選挙は定期的に行われているか。

【2】立法・行政・司法の役割は明確に定義されているか。中央政府、州、地方自治体の間で、権力はどのように配分されているか。

【3】政府は企業を規制するだけでなく、干渉することがあるか。

【4】私有財産権が法的に定められ、保護されているか。

【5】この国の官僚の体質は？　官僚にはどのようなインセンティブとキャリア・パスが与えられているか。

【6】司法は独立しているか。裁判所は遅滞なく公平に争議を裁き、契約を履行させているか。事業活動にルールを課す準司法的な規制機関は、どの程度の効力をもっているか。

【7】宗教、言語、地域、民族の異なる集団が平和的に共存しているか。緊張関係にあるか。

【8】メディアはどの程度の力をもっているか。独立性を有しているか。新聞や雑誌は中立的か、それとも特定の団体の利益を支持しているか。

【9】NGO、消費者権利保護団体、環境保護活動団体などが積極的に活動しているか。

【10】国民は、産業や政府の腐敗に甘いのか。

【11】親族関係は、ビジネスにどのような影響をもつか。

【12】この国では、他人でも契約を守るものという信用があるか。

【13】この国の政府、メディア、国民は外資の受け入れに対して理解があるか。国民が企業や個人を信頼する場合、その信頼度は相手の国によって偏ることがあるか。

【14】政府は外資の受け入れに関して、どのような規制を設けているか。その規制は、国内企業の成長を支えるために存在するか、国営企業の寡占体制を守るためのものか。または、国民が多国籍企業に対して懐疑的であるために、そうした規制があるか。

【15】新たに法人を設立するグリーンフィールド投資や、現地企業の買収は可能か。あるいは、合弁事業としてでなければ市場に参入できないか。その場合、提携相手は純粋に経済的思惑に基づいて選ぶことができるか。

【16】この国では、市場調査会社、広告会社、小売業者、メディア、銀行、保険会社、ベンチャー・キャピタル、監査法人、経営コンサルティング会社、教育機関などで外国の仲介者の介入が認められるか。

【17】この国で新規事業を始めるのに、どれくらいの日数がかかるか。一〇〇％外資の企業の立ち上げ認可に際し、政府の手続きはどれだけ煩雑か。

【18】外国企業による資産運用投資には、何らかの制限があるか。本国への配当送金には制限があるか。

【19】為替レートは変動相場制か、それとも政府が管理しているか。後者の場合、政府は安定的な為替相場を維持しようとしているか。それとも輸入品より国産品に有利になるよう現地通貨を買い支えているか。

【20】この国の関税は、資本財や原料の輸入にどんな影響を与えているか。製品を現地生産する場合と、母国か

ら輸入する場合を比較して、輸入税はどう影響するか。

【21】この国では、どの場所でも事業を立ち上げることができるか。政府によって地域が制限されている場合、その理由は政治的なものか、あるいは合理的な地域発展戦略に基づいているか。

【22】この国は、諸外国と自由貿易協定を結んでいるか。結んでいる場合、一部の国の企業が他の国の企業よりも、投資において優遇されているか。

【23】政府は、外国人幹部の自由な出入国を許しているか。管理職・技術者の就労許可の取得は、どの程度困難か。

【24】政府は、自国民に自由な海外渡航を許しているか。他国のアイデアを自由に取り入れられるか。他国から取り入れた思想・発想について話し合い、受け入れることは許されているか。

『ハーバード・ビジネス・レビュー』誌の以下の記事から許可を得て引用、転載。"Strategies That Fit Emerging Markets," by Tarun Khanna, Krishna G. Palepu, and Jayant Sinha, June 2005（タルン・カーナ／クリシュナ・G・パレプ／ジャヤント・シンハ「制度分析で読み解くBRICs攻略法」『DIAMONDハーバード・ビジネス・レビュー』2006年5月号）.

ツールキット2-2

「制度のすきま」を特定する（市場別）【欧米とBRICsの比較】

製品市場

1

この国には大手小売チェーンが存在しているか。あるとすれば、国全体をカバーしているか、それとも主要都市だけをカバーしているのか。全消費者にリーチしているか、富裕層だけを対象としているか。

ビジネスへの影響

目指す顧客に効率的にリーチできるか。知名度の低い企業として、現地の小売チェーンの評判に便乗して顧客を納得させ、自社製品の品質を信用させることができるか。

アメリカ　小売セクターは十分に発達し、競争も激しい。有力な小売チェーンが多数存在するほか、多種多様なインターネットベースのベンダーも介在している。

ブラジル　カルフールやウォルマートといった外資系小売を含め、スーパーマーケット、ハイパーマーケット、デパートなどが存在感を高めているが、主に都市に集中している。ショッピングセンターの売上は、小売売上高の約二〇％。高い税率が業界の成長を阻んでおり、小売業者の三〇％は非公式な営業。

ロシア

スーパーマーケット、ハイパーマーケット、ショッピングモールがモスクワおよびサンクトペテルブルグ内外に広く展開され、その他の地域にも拡大しつつある。政府は近代的な小売事業を推奨し、青空市場を閉鎖。だが、人口一人当たりの小売店の数は先進国に比べると少ない。小売店のうち、チェーン展開をしているのはわずか五％。外資系小売の進出も少ない。

インド

近代的な小売業態が成長しているが、小売売上高の三・五％を占めるのみ。小売セクターは今もきわめて細分化されており、全小売店のうち三分の二が独立した食料雑貨店。外資系小売も存在するが、大手の国内企業が急速に勢力を広めつつある。

中国

小売セクターは近代化してきているが、今も細分化されている。大手小売業者一〇〇社で、中国の小売売上高の一〇％を占める。ショッピングモール建設がブーム。

出典：Euromonitor International, *Country Market Insight*, "Retailing–US" (May 2007), "Brazilian Retailing" (February 2007), "Russian Retailing" (October 2006),"Indian Retailing: Market Overview" (June 2007),"Chinese Retailing: Market Overview" (March 2007); Nandini Lakshman, "Protesters Tell Wal-Mart to Quit India: Foreign Retail Giants Such as Wal-Mart and Germany's Metro, Along with Local Chain Reliance Retail, Face Pressure from Small-Trade Workers," *BusinessWeek Online*, October 15, 2007.

2

消費者はクレジットカードを利用しているか。それとも現金払いが主流か。消費者との信用取引は可能か。消費者の返済能力を調べられるか。

ビジネスへの影響

顧客の信用度をどのように評価すればいいか。

アメリカ　二〇〇六年のクレジットカード保有率は、一人当たり二・三四枚。金融カード全体では七・五枚。カードによる取引額のうち、クレジットカードが占める割合は約五五％。カードと電子決済は小切手よりも普及している。二〇〇六年には民間の信用調査機関が成人人口の一〇〇％をカバーしている。

ブラジル　二〇〇六年のクレジットカード保有率は二・二六人に一枚。金融カード全体では一人当たり二・三六枚。カードによる取引額のうち、クレジットカードが占める割合は一九・五％。二〇〇六年には、カードによる決済が個人消費の二一％に相当している。同年、民間の信用調査機関は成人人口の四三％をカバー。公的信用調査機関は九・二％。

ロシア　二〇〇四年のクレジットカード保有率は、一一〇人に一枚。金融カード全体では四人に一枚。カードによる取引額のうち、クレジットカードが占める割合は四％未満。人口の九〇％は金融機関や融資を利用していない。詐欺を防ぐためにマイクロチップが埋め込まれたスマートカード（ICカード）が、金融カードの四一％を占める。二〇〇六年の時点で、民間および公的信用調査機関がカバーしていたのは成人人口の〇％。

インド

二〇〇六年のクレジットカード保有率は四二人に一枚。金融カード全体では一二・五人に一枚。カードによる取引額のうち、クレジットカードが占める割合は三六％。二〇〇六年の金融カード一枚当たりの取引回数は、わずか六・八件だった（金融カードの四〇％は、まったく使用されていない）。二〇〇六年の時点で、民間の信用調査機関がカバーしていた成人人口は六・一％。公的信用調査機関は〇％。

中国

二〇〇六年のクレジットカード保有率は五六人に一枚。金融カード全体では一人当たり〇・九三枚。カードによる取引額のうち、クレジットカードが占めるのは約一三％。二〇〇五年末で、カード決済を受け付ける小売店は全体のわずか三％だった。二〇〇六年の時点で、民間の信用調査機関がカバーする成人人口は〇％、公的信用調査機関は一〇・二％（中国の中央銀行は二〇〇六年に信用情報データベースを構築し、人口の二五％以上と、全中国銀行の消費者ローンの九八％をカバーするようになったと報じられている）。

出典：金融カードのデータと分析は、Euromonitor International, *Country Market Insight*, "Financial Cards–US" (March 2007), "Financial Cards–Brazil" (February 2007), "Financial Cards–Russia" (March 2006),"Financial Cards–India" (March 2007), "Financial Cards–China" (May 2007)から。人口数値から算出したデータは世界銀行グループの世界開発指標 WDI Onlineから。信用調査カバー率のデータは世界銀行グループの世界開発指標 WDI Onlineから。

3 充実したサプライヤー・ネットワークがあるか。物流および交通インフラはどの程度確立しているか。

ビジネスへの影響

近代的なベンダー管理手法を活用し、在庫管理をすることができるか。サプライチェーンと連携してコストを最小限に抑え、フレキシビリティを最大限に発揮することができるか。

アメリカ 国内外のサプライヤーを利用できる。事業の垂直統合よりも、製造およびサービスをオフショアにアウトソースしている。インフラは高度に発達しているが、都市部は飽和している。

ブラジル メルコスル（アルゼンチン、ブラジル、パラグアイ、ウルグアイ）地域ではサプライヤーを利用できる。高速道路、空港、港湾の交通網は整っている。

ロシア 単純部品であれば、地元のサプライヤーから調達可能。ヨーロッパ方面にはそれなりに物流網が整っているが、ウラル山脈の東側ではあまり発達していない。

インド サプライヤーはいるが、品質や信頼性には大きなバラツキがある。道路の状態は悪い。港と空港は未発達。

中国 いくつかのサプライヤーが高い生産能力を有するが、近代的な技術を備えるベンダーはほとんど存在しない。道路網はよく発達している。港湾施設の整備は素晴らしい。

労働市場

1

労働者はどのような権利で守られているか。この国の労働組合はどの程度の力をもつか。労働者の利益を守るために活動しているか、政治的な意図で主張するだけか。

ビジネスへの影響
従業員の採用、解雇、管理において、どのような制約に直面するか。

アメリカとEU 労働組合の組織率は国によって異なる。ヨーロッパでは、特に製造および公共セクターでストライキが起きやすいが、アメリカはその限りではない。

ブラジル 労働組合は強い力をもち、プラグマティック（実利的）な立場をとる。企業は組合と合意に至りやすい。

ロシア 労働組合は存在するが、鉱業や鉄道などのセクターを除き、影響力は減退している。

インド 労働組合の重要性は低下しつつあるものの、その運動は活発で、争議に発展しやすい。政界と強い結びつきをもつ。

中国 労働者が加入できる労働組合は、政府が管理する「中華全国総工会」。過去にストライキは起きていない。

2

経営スキルのある現地人材の潤沢なプールが存在しているか。現地の文化は、外国人経営者を受け入れるか。自由な転職は可能か。文化として、自由な転職は受け入れられているか。幹部の流動性をサポートする人材派遣会社があるか。

ビジネスへの影響

適材を十分にそろえられるか。他社からの人材採用は可能か、それとも新入社員を採用して社内で育成するしか道がないのか。

アメリカとEU 十分な訓練を受け、経営スキルをもつ幅広い人材プールがある。

ブラジル 管理職の人材プールの規模は大きいが、英語習熟度にはバラツキがある。上級管理職には現地人も外国人もいる。

ロシア 管理職の人材プールの規模は大きいが、英語習熟度にはバラツキがあり、外国人マネジャーが補完している。人材斡旋会社の利用が増えている。

インド ビジネススクールや専門学校で教育を受けた、英語に堪能なマネジャーの人材プールがある。流動性は高い。現地企業は外国人よりも地元採用を好む。

中国 管理職の人材市場は比較的小さく、流動性も低い。特に東部沿岸部から離れるほど、その傾向が強まる。多くの上級・中級マネジャーは英語に堪能ではない。経営陣に外国人が多い。華僑が帰国して働く場合もある。

資本市場

1

銀行、保険会社、投資信託会社は、預金口座などから集めた資金を効率的に運用しているか。株式市場で多額の自己資本を調達できるか。企業債券市場は存在するか。

ビジネスへの影響
リーズナブルなコストで、しかも適切な資本構造で、十分な資金調達が可能か。

アメリカとEU 企業は銀行融資を容易に利用できる。債券市場は十分に発達している。証券取引は統合されており、企業が豊富な投資家プールにアクセスできる。

ブラジル 優れた金融制度と、新規株式公開（IPO）の健全な市場が存在する。個人の資産家もオフショア口座に投資可能。

ロシア 金融制度は整っているが、国有銀行に独占されている。消費者信用市場がブームで、IPO市場も成長している。

インド 金融制度は発達している。多国籍企業は必要に応じて現地の金融機関を利用できる。現地企業・外国企業ともに株式による資金調達が可能。

中国 金融制度と株式市場は未発達。外国企業は母国市場で資金を調達しなければならない。

2

企業の財務報告に関する情報ソースは信頼できるか。会計基準と開示規則により、投資家や債権者は企業の経営を監視できるか。

ビジネスへの影響
提携候補先企業や、投資機会をどのように査定するか。

アメリカとEU	バランスシートに載る項目については高水準の透明性が確保されている。
ブラジル	慣習と判例に基づく財務報告制度が機能している。
ロシア	ソ連時代の財務報告制度が修正され、しっかりと機能している。銀行は国際会計基準にシフトしつつある。
インド	慣習と判例に基づく財務報告制度が機能している。
中国	企業の透明性はないに等しい。会計基準は厳密ではないが、中国証券監督管理委員会は開示規則の強化を望んでいる。

ツールキット2－3

「制度のすきま」を特定する（マクロ環境）【欧米とBRICsの比較】

1

メディアはどの程度の力をもっているか。独立性を有しているか。NGO、消費者権利保護団体、環境保護団体などが積極的に活動しているか。

ビジネスへの影響

どのようなステークホルダー（利害関係者）を考慮する必要があるか。

アメリカ
企業や政府による不当行為に、メディアが活発にチェック機能を果たす。強力なNGOが、社会問題や環境問題に関する企業方針に対して影響を及ぼす。

ブラジル
影響力をもった地方メディアが監視機関の役目を果たしている。NGOの力は強い。

ロシア
メディアは政府によって統制されている。NGOは未発達、未整理。

インド
活発なマスコミや警戒心の強いNGOが、政治家や企業に対してチェック機能を果たす。

中国
メディアは政府によって口を封じられており、独立したNGOもほとんどない。企業は叩かれる不安をもたずに済むが、権力乱用を監視する市民団体に期待することもできない。

政府は外資の受け入れに関して、どのような制約を設けているか。新たに法人を設立するグリーンフィールド投資や、現地企業の買収は可能か。あるいは、合弁事業としてでなければ市場に参入できないか。

ビジネスへの影響
独力で競うという選択肢はあるのか、それとも提携先を探す必要があるか。

アメリカ 市場独占や国家安全保障など、政府が危険性を懸念する場合を除き、すべての形式の外国投資に対して市場を開放している。

ブラジル 参入戦略として、グリーンフィールド投資と買収が可能。外国企業は主に現地企業と提携し、ローカルな知識を獲得している。

ロシア グリーンフィールド投資と買収は可能だが、困難。主に提携によって政府や現地の情報にアクセス可能になる。

インド 一部のセクターではグリーンフィールド投資と買収に対する制限があり、合弁事業の設立を必要とする。政府が外国投資を認めているセクターであっても、行政の融通のきかない体質が足を引っ張る。

中国 政府はグリーンフィールド投資と買収を認めている。買収された企業が国有企業だった場合、簿外負債がある可能性もある。外国企業は現地企業と提携し、さまざまな政府機関と利害の調整を図っている。

3

この国で新規事業を始めるのに、どれくらいの日数がかかるか。

ビジネスへの影響

事業を確立するにあたり、役所手続きにおける障害は何が予想されるか。それは、この国における自社の成長と発展に対する、政府のどんな態度の表れと解釈できるか。

アメリカ	六日
ブラジル	一五二日
ロシア	二六日
インド	三三日
中国	三五日

出典：世界銀行グループ、世界開発指標、WDI Online
『ハーバード・ビジネス・レビュー』誌の以下の記事から許可を得て引用、転載。"Strategies That Fit Emerging Markets," by Tarun Khanna, Krishna G. Palepu, and Jayant Sinha, June 2005（タルン・カーナ／クリシュナ・G・パレプ／ジャヤント・シンハ「制度分析で読み解くBRICs攻略法」『DIAMONDハーバード・ビジネス・レビュー』2006年5月号）.

第2部

成功企業の具体例

第3章　「制度のすきま」をビジネスにする

「制度のすきま」は、新興国市場でビジネスを行う企業に重大な影響を与える。(1)多くの場合は苛立ちのタネにもなる。母国市場で仲介者に支えられたビジネスモデルをもつ外国企業は、その仲介者が存在しない環境では同じ手法を再現しにくい。中国のように著作権意識の低い新興国市場でソフトウェアや映画、出版物などを扱う企業が直面する状況を見ればわかるとおり、「制度のすきま」が原因でビジネス自体が頓挫する場合もある。一方、現地企業にとっても「制度のすきま」が起業、資金調達、人材雇用の足かせとなり、リソースとケイパビリティで多国籍企業に対抗できないかもしれない。

ここまでの章では、新興国市場で事業展開する企業に対する基本的な障害物として、「制度のすきま」を考察してきた。しかし、ローカルな知識や、資源に特権的にアクセスする力がなくても、それに代わるケイパビリティをもつ企業――国内外を問わず――にとっては、「すきま」が競争優位獲得のきっかけになる。「制度のすきま」は市場参加者にコストを強いるので、それを埋める起業家精神をもったベンチャー事業なら、絶大な価値を創出できるかもしれない。市場の仲介機能は政府が管理している場合もあるが、多くは先進国を拠点とする多国籍企業、現地企業、創業まもない新興企業など、民間セクターが経営・所有している。本章では、「制度のすきま」対策をビジネスチャンスに変える方法について、どう見極め、どのように実行していくのかを考察していきたい。

どの市場仲介者がいないのか

「制度のすきま」を埋めるビジネスを構築するにあたり、企業と起業家が第一にしなければならないのは、新興国市場に価値をもたらすであろう「不在の仲介者」を特定することだ。すでに見てきたとおり、「制度のすきま」は、専門的な役割を担う仲介者の不在または機能不全によって生じる。仲介者とは、買い手候補と売り手候補の間に立ち、両者を引き合わせて取引コストを低減する、経済的実体をもった存在だ。先進国市場の経済圏では多数の仲介者が市場を支え、円滑に機能させている。「制度のすきま」を埋める機会は、往々にして必要に迫られて生じる。新興国市場に参入する多国籍企業は、基幹事業に専念したいと考えたとしても、たいていはその事業の運営を可能にする市場インフラの構築に相当のコストと労力を投じなければならない。そうした取り組みがスピンオフする形で、「すきま」の補完を本業とするビジネスが誕生する場合もある。だが、それ以外の方法で「すきま」を埋めることに特化したビジネス構築の機会を特定するには、どうしたらいいのだろうか。

市場仲介者の分類

多様な市場に多様な制度が介在する複雑な状況を鑑みると、それらを機能的観点から、すなわち市場経済において果たす役割という面から整理しておくのが得策であろう。市場制度には基本的に六つのタイプがある。「信用の裏付けを行う制度」「情報分析とアドバイスを提供する制度」「集約と流通を担う制度」「取引を支援する制度」「規制する制度」「仲裁・審判を行う制度」だ。

こうした制度が、買い手（顧客）と売り手（生産者）の間の情報の非対称性やインセンティブの不一致といった問題の解決を導く。そして全体として制度のネットワークを形成し、市場を機能させる。(2)この六分類は、第1章と第2章で考察した制度の枠組みに基づいており、製品市場、労働市場、資本市場で企業取引を支える市場仲介者の包括的な把握につながる。

信用の裏付けを行う制度は、企業の主張を支持または証明する中立的な評価を提供する。たとえば企業が資金を調達する場合、出資者に対し、その資金は意図した目的で使用するために必要であると納得してもらわなければならない。企業の財務諸表が適正かどうかを証明する独立監査役が存在しなければ、納得させるのは困難だ。製品市場でも、国際標準化機構（ISO）といった品質保証機関が同じような役割を果たす。人材市場では、ビジネススクール評価機関のAACSBや、ビジネススクールの入学資格を判定する試験GMATの運営団体GMACが同様の役割を果たしている。

情報分析とアドバイスを行う制度は、データマイニングや数値解析、コンサルティングサービスなどを通じて、事業判断を助ける情報を算出・作成する。企業が消費者のニーズに合うよう製品やプロセスを開発・改良するためには、対象となる消費者の嗜好や生産者の情報を集める市場調査会社など、仲介者の助けが必要だ。活発な市場調査セクターが存在しなければ、提供すべき財を特定し、市場を細かくセグメント化して把握するのは、著しく困難になる。金融市場では証券アナリストや格付け機関が同様の役割を果たす。人材市場では、大学や専門学校などのランキングをつける出版物がこれに相当する。

集約と流通を担う制度は、いわば市場仲介における結婚仲人だ。専門技術や規模の経済を活かして、サプライヤーと消費者を低コストでマッチングさせ、付加価値サービスを提供する。この制度として製品市場で付加価値を生み出すのが、小売量販店である。量販店は小売商品を一カ所に集約し、消費者にワンストップ型の買い物体験を提供する。また、物流専門会社は生産要素の調達と生産物の出荷を担当し、多くの会社のサプライチェーン管理業務を集約する。ベンチャー・キャピタルは、ビジネスと資本源を結びつけるサービスを提供する。

取引支援の制度は、取引プラットフォームを提供し、市場の売買活動を支える。たとえば、企業は管理職の人材を探すにあたり、人材斡旋会社に候補者の選定・査定を任せることで、採用コストを大幅に削減できる場合が多い。オンライン決済請負会社も、消費者が小切手や現金による送金完了を待たずとも取引を完結させられるようにして、eコマースのコスト削減に寄与する。証券取引所は資本市場で、イーベイのようなオンライン・オークションは製品市場で、求人情報サイトは労働市場で、それぞれ取引プラットフォームとして機能する。

仲裁・審判を行う制度は、市場参加者の間に生じる紛争解決に寄与する。裁判所や仲裁人が話し合いを促して解決に導き、中立の立場で判決を下す。

規制する制度は、商取引のあり方と業界の方向性を決める基本ルールを策定・施行する当局や政策立案者のことだ。一般的には、公共の利益や地域・国家の利益になる指針を立案し、判断を下している。

図表3-1に、アメリカ市場の市場仲介者を整理した。先進国の資本市場、製品市場、人材市場を、範囲・程度ともに多種多様な制度が支えていることがわかる。

市場仲介者の価値

市場に存在する制度の多くは民間セクターが運営しており、それゆえに市場原理で動いている。自由市場の環境に民間の仲介者が存在しているという事実は、そのサービスが買い手と売り手にとって価値があることを意味する。経済学者のジョン・ジョセフ・ウォリスとダグラス・C・ノースは、一九七〇年にはそうした取引セクターがアメリカのGNPの半分を占めていた点を発見している。[3] 別の視点から見れば、これほど多くの経済活動が市場仲介に特化して行われている事実こそ、仲介者不在の取引で買い手と売り手の双方が直面する問題の大きさを物語る。

また、これほど多種多様なタイプの仲介者が存在する事実、そして各タイプの中にもさらに多彩な制度が存在する事実からは、仲介という仕事が深い専門知識とスキルに依存していることがうかがわれる。そうしたスキルの育成と応用は簡単ではない。連携する制度のうち、いずれか一つでも機能不全に陥れば、市場全体が破綻しかねない。近代的市場の確立が一筋縄でいかないのはそのためだ。

さらに、前述したとおり、こうした制度の発達は経済的問題だけでなく政治的問題でもある。市場

製品市場における例	人材市場における例
・国際標準化機構（ISO） ・能力成熟度モデル（CMM）レベル認定	・AACSB（教育団体の評価機関）認定 ・教育評価院（ETS）適正試験
・『コンシューマー・リポート』誌 ・コンサルティング会社 J.D. パワーによる格付け情報 ・新聞など ・業界分析会社（ガートナー・グループ） ・市場調査会社 ・旅行サイト「トリップアドバイザー」 ・経営コンサルティング会社 ・新聞雑誌部数公査機構（ABC）	・大学や専門学校などのランキングをつける出版物 ・キャリアカウンセラー ・人材コンサルティング会社
・貿易会社 ・量販店	・大学 ・職業訓練校 ・労働組合
・クレジットカード発行会社 ・ペイパル	・幹部人材斡旋会社 ・求人情報サイト
・裁判所、調停機関	・裁判所、調停機関 ・労使問題調停専門機関
・食品医薬品局（FDA） ・環境保護局（EPA） ・消費者製品安全委員会（CPSC） ・連邦通信委員会（FCC） ・連邦取引委員会（FTC） ・連邦航空局（FAA）	・労働安全衛生庁（OSHA） ・雇用機会均等委員会（EEOC） ・失業保険センター

出典：Tarun Khanna and Krishna G. Palepu, "Spotting Institutional Voids in Emerging Markets," Note 9-106-014 (Boston: Harvard Business School Publishing, 2005).

図表 3-1　先進国市場の制度インフラ（アメリカ）

制度インフラの分類	機能	資本市場における例
信用の裏付けを行う制度	第三者の認証機関として、サプライヤーや顧客の主張を裏付ける。	・監査委員会 ・監査法人
情報分析と アドバイスを行う制度	当該市場の生産者や消費者について、情報を収集し分析する。	・金融アナリスト ・企業もしくは個人を対象とする信用格付け機関 ・経済新聞 ・資産運用コンサルタント会社、ファイナンシャルプランナー ・投資銀行
集約と流通を担う制度	専門知識・技術と、規模の経済を通じて、サプライヤーと消費者に対して、低コストなマッチングと付加価値サービスを提供する。	・銀行 ・保険会社 ・投資信託会社 ・ベンチャー・キャピタル、プライベート・エクイティ・ファンド
取引支援の制度	情報や財・サービスを交換するプラットフォームを提供し、取引が完結するようサポートする。	・証券取引所、債券取引所、先物取引所 ・証券会社
仲裁・審判を行う制度	法や民間の契約に則って、紛争を解決する。	・裁判所、調停機関 ・破産手続きの専門機関
規制する制度 （規制当局、公的機関）	適切な規制と指針のフレームワークを策定・施行する。	・証券取引委員会（SEC） ・財務会計基準審議会（FASB） ・全米証券業協会（NASD）

の失敗によって損をしている経済的主体がある一方で、得をしている主体もある。そのため、市場破綻を緩和する制度の導入は、必ずしもその経済にかかわる全員から歓迎されるわけではない。現地企業も多国籍企業も、先に紹介した分類を参考に、機能として欠けている制度を特定し、その「すきま」に存在しうる機会をよく検討する必要がある。

ビジネスチャンスを見極める

専門分野、信頼性、発達した市場環境での経験を備えた多国籍企業のほうが、市場仲介者としては有利だと思えるかもしれない。しかし、新興国を拠点とする企業にも優位性がある。母国市場の制度の状況について詳細に理解しているので、より確実に機会と潜在的な落とし穴を特定できるからだ。

多国籍企業は、政府の規制やその他の政治的配慮から、新興国市場の「すきま」を埋めることが叶わない場合がある。「すきま」を埋めようとする現地企業にとっても、母国以外のビジネスモデルを踏襲する力には限界がある。だが、ブラジルや中国、インド、ロシアといった大きな新興国市場の場合、わざわざ海外に乗り出さずとも、国内市場の規模そのものがビッグ・チャンスとなって、仲介業が大型ビジネスへと成長するかもしれない。小規模な新興国市場の場合は、「すきま」を埋めるビジネスを周辺ビジネスに広げやすい。出版社が電子メディアに手を広げたり、銀行が多角化して資産管理や投資業務を始めたり、民間のビジネススクールがメディカルスクール、ロースクール、テクノロジースクールも立ち上げたりといった具合だ。こうした多角化が企業にとって、のちの海外進出の布石となる場合も少なくない。

しかし、既存の企業には担いにくいタイプの仲介者もある。たとえば金融分析など、情報提供の仲介者として成功するためには、信頼性の有無が大きくかかわってくる。上場した子会社を多数抱える企業グループが、そうした分析を提供するファンド、銀行、出版事業を始めたとしても、その信頼性を疑問視されかねない。

「制度のすきま」を埋めるビジネスの確立を目指す企業は、新興国市場で他の企業が経験するのと同じ壁にぶつかる。先進国を拠点とする企業が、母国で行っている仲介者的役割を新興国市場に持ち込もうとする場合、市場にその仲介者を受け入れる土壌があるのか、まずは見極めなくてはならない。土壌が整っていたとしても、そこでどの程度まで母国市場のビジネスモデルを再現できるか、どんな適応が求められるのか、把握しなくてはならない。

たとえば、製品市場の集約と流通を担う大型量販店は、先進国市場の高度に発達したサプライチェーンの存在に依存している。そのサプライチェーン・モデルを新興国市場で再現するのは容易ではなく、市場のハード・インフラとソフト・インフラの両面で困難を強いられる。流通を確保するには、モノを効率的に運ぶハード・インフラ（道路など）が必要だし、サプライヤーの選定・評価や顧客の信用力を判断する信頼性の高いソフト・インフラも必要だからだ。多くの新興国市場では、都市部を除き、そうしたインフラが両方とも整っていない。小売業者とサプライチェーンの連携を助ける仲介者も、市場の情報を提供する仲介者も、契約を履行させる仲介者も、新興国市場では不在または未発達だ。

製品市場の取引を支えるクレジットカード会社も、自らが仲介者であると同時に、他の仲介者の存在に依存している。消費者向けの金融機能が存在しない新興国市場でクレジットカード会社がその「すきま」を埋めようとする場合、それはチャンスであると同時に、高いハードルでもある。アメリカでは簡単に入手でき信頼もできる与信評価情報が、新興国市場ではほとんど手に入らない。顧客へリーチするにはダイレクトメールを利用するのが一般的だが、それも新興国市場では困難だ。不履行が生じた際に頼るべき取立代行会社も、やはり未発達である。クレジットカードに馴染みのない消費者に受け入れられ、現地市場で認知を得たとしても、先進国市場のビジネスモデルが頼りにしている仲介者が不在であるために、運営が困難にならざるを得ないのだ。

一方、労働市場の取引支援制度である人材斡旋会社は、新興国市場の「制度のすきま」にどう対応するか。市場のグローバル・セグメントに焦点を絞り、そこでの優位性を活用する斡旋会社もあるが、ビジネスモデルを現地に適応させて新たなケイパビリティを獲得する斡旋会社もある。幹部職専門のリクルート会社ラッセル・レイノルズ・アソシエイツの場合、そもそもの優位性を活かし、既存顧客である多国籍企業の海外展開を追いかけ、企業文化と報酬構造の「ワン・ファーム・アプローチ（世界のどこでも一貫したシステムを提供する）」を維持することで、他の外国市場と同様に新興国市場での足がかりを得てきた。[4] ブラジルでは、民営化されつつあった通信業界に当初の主眼を置き、そこで業界知識を活用した。ある企業の幹部は、「（ラッセル・レイノルズは）ロンドンとアトランタの通信業界でわが社の強みを引き出してくれているが、ブラジルの地理や通信業界の慣行にも詳しい」と語る。[5]
同じく幹部専門の人材斡旋会社ハイドリック・アンド・ストラグルズも、既存顧客を追って中国で業務を拡大した。幹部人材斡旋会社としては初めて、中国中央部の巨大都市、重慶にオフィスを開いた。[6] そして北京最大規模の人材コンサルティング会社と手を組み、オンライン求人サイト「ジョブクー（Jobkoo）」の開発に出資して、現地への適応を図っている。ジョブクーは、市場セグメントのトップ、すなわち世界水準に応える求人・求職情報を扱うサイトだ。[7] ハイドリック・アンド・ストラグルズCEOのケビン・ケリーは、新興国市場におけるフレキシブルなビジネスモデルの重要性について、こう語っている。

「下流業務には手を出したくない。このやり方がうまくいくなら、インドでも中欧や東欧でも、ロシアでも、同じ手法を使うつもりだ。このやり方なら、まったく異なる別個のブランド、別個の会社として、新興国市場で収益ストリームを創出しつつ、将来わが社が活用できるデータベースの構築手段とすることができる。こうした事業がいずれはわが社のビジネスを共食《カニバリゼーション》いするようになるか、と問われるならば、たしかにその可能性はあるだろう。だが、何もしないくらいなら、喜んでそのリスクを取ろう」[8]

新興国市場における多国籍企業全般がそうであるように、外国の仲介者が新興国市場で母国とは異なる市場セグメントにリーチしようとする場合は、運営方法を現地に合わせ、新たなケイパビリティを獲得しなければならない（詳しくは第4章で考察する）。そうして新しくケイパビリティが得られれば、別の新興国市場にも応用できると期待できる。同様に、仲介業をベースとするビジネスモデルをもった現地企業は、「すきま」を埋められる自社の相対的優位（ローカルな知識など）を特定し、必要なケイパビリティを獲得して、どのセグメント（一つとは限らない）にサービスを提供できるか判断しなくてはならない。

新興国市場で展開する企業全般に共通することだが、「制度のすきま」を埋めるビジネスの構築に成功している企業は、ビジネスモデルを新興国市場にシームレスに流用できないことを理解している。効果的に適応しつつ、実験的な取り組みに対してオープンな姿勢を維持している。そのための最初の一歩が、制度環境を見極めることだ。仲介者として参入を目指すなら、本書が提示する分類を使って、ビジネスチャンスとなりうる市場インフラの欠如を特定していただきたい。そのうえで自社のケイパビリティ、もともとの優位性、適応力、新しいケイパビリティを獲得する力を見極められれば、先に特定した機会にそれらをマッチングする方法も見えてくる。

自らが仲介者になる

本章の後半では、さまざまな市場で多様な「すきま」を埋める機会を特定した四社に注目していく（図表3-2参照）。四社の事例から浮かび上がってくるのは、機会特定の重要性だけではない。その機会に乗じようとする企業が直面する課題、往々にして苦痛を伴う課題も見えてくる。

最初に登場するのは、インドの投資会社ブルー・リバー・キャピタルである。同社はインド資本市場の「すきま」を埋めようと試み、厳しい競争と運営上の課題に直面した。そこで、多くのライバルが避けている市場セグメント——主に家族経営の企業が占めるミドルクラス市場——に狙いをつけ、「制度のすきま」を他社の参入障壁として利用することによって差別化を図った。

図表 3-2 「制度のすきま」を埋める企業の具体例

戦略的課題	例
仲介者が市場をセグメント化する	ブルー・リバー・キャピタル（インド）
仲介モデルを現地に適応させる	デレマテ・ドット・コム（アルゼンチン）
仲介者のバリューチェーンの上流にのぼる	利豊（アジア）
非公式な仲介者を追い落とす	メトロキャッシュアンドキャリー（インド）

次に紹介するオークションサイトのデレマテ・ドット・コム（Deremate.com）は、イーベイの成功をアルゼンチンで模倣しようとしたが、そのビジネスモデルを新興国市場に適応させなければならないことに気づいた。アルゼンチンでは参入障壁が低いので、怪しげなオークション業者が多く、競争が激しかったのだ。また、アメリカでイーベイを成功させた環境要因の多くが、アルゼンチンでは欠けていた。

三番目の事例、香港を拠点とする利豊《リー&フォン》は、ビジネスモデルを大胆に進化させ、もともとのサービス内容に仲介者の役割を次々と足して、顧客のための付加価値を創出。グローバルな製造サプライチェーンにおけるさまざまな「すきま」を特定し、それを埋めることに成功している。

新興国市場の「制度のすきま」が埋められていない理由は、多くの場合、政府やその他の既得権者の反対に遭うからだ。「すきま」を埋めるビジネスを成功させるためには、「すきま」を埋めることによって多様なステークホルダーに及ぶ影響に対し、かなり配慮しなければならない。四番目の事例、ドイツの卸売業者のメトロキャッシュアンドキャリー（メトロC&C）はインドに進出したが、現状維持を望むステークホルダーからの強い反対に遭い、この教訓を学んでいる。

仲介者が市場をセグメント化する——ブルー・リバー・キャピタル

インド経済、そしてインドで台頭する企業の成長と将来性に魅力を感じ、二〇〇〇年代初期に多くの投資会社が同国に手を広げた。シリコンバレーを拠点とするベンチャー・キャピタルから、プライベート・エクイティ・ファームの世界的大手、あるいは現地の新興企業に至るまで、インドに目をつけた投資会社は多種多様だ(9)。いずれも、次のインフォシスやバーティ・エアテルとなるビジネスを求めて、インドの資本市場で「すきま」を埋めようとした。あふれかえるほどの外国の投資会社や金融サービス会社が、この好況市場に参入を試みたり、地歩を固めようとしたりする中で、二〇〇五年に誕生したのが、インドに特化したプライベート・エクイティ・ファームのブルー・リバー・キャピタルである。

ブルー・リバーは、投資というサービスが行き届いていないニッチな層を見極め、そのセグメントにターゲットを絞ることによって差別化を図った。主にベンチャーや家族経営の中堅企業、すなわち投資市場のミドルクラス・セグメントだ。一般のアナリストは表層的に企業を網羅して、投資先候補を狭く考える。そのためインドという馴染みのない市場に乗り出す外国の投資会社は、もっと規模の大きいビジネス——投資額が大きくなるビジネス——ばかりに目を向けていた。

図表 3-3　ブルー・リバー・キャピタルによる市場セグメント理解

セグメント	グローバル	台頭しつつあるミドルクラス	ローカル	ボトム
制度のすきま	少ない ←		→	多い
資本提供者	世界的なベンチャー・キャピタル、プライベート・エクイティ・ファーム	ブルー・リバー・キャピタルが多国籍企業に対抗できる領域	現地の銀行	マイクロファイナンス

ブルー・リバーは、積極的あるいは広範囲に事業を展開していない公的企業や民間企業など、市場分析の対象とならない企業に目をつけ、競争を避けることにした。また、グローバルに展開するベンチャー・キャピタルやプライベート・エクイティ・ファームが追いかけないセクターに力を注いだ。繊維、包装、自動車部品など、ブルー・リバーが目をつけたセクターは、アメリカなどであれば平凡で、格段に成長が望める分野ではない。しかし、インドのような新興国市場であれば急成長の可能性は十分にあった。

事前審査の対象とならないセグメント、または評価が困難であるがゆえに多くの投資会社がリスキーと感じるセグメントの中で、ブルー・リバーは有望かつリスクの低い企業を探した。新興国市場に進出した企業の例に漏れず、仲介者も、新興国市場では独自のセグメントを選んで独自のケイパビリティを獲得しなければならない。ブルー・リバーは、あえて「制度のすきま」が多く存在するセグメント、なおかつローカルな知識を有利に使えるセグメントにターゲットを絞ることで、「制度のすきま」を投資機会として直接的に活用した（図表3-3参照）。

同社の幹部の言葉を借りれば、「簡単だったとしたら、それは機会ではない」からだ。「複雑で、難壁に阻まれるからこそ、それを越えられる者に機会が生まれる」[10]のだ。

リスクキャピタルを提供する投資会社は、どんな経済圏においても貴重な市場仲介者だ。ベンチャー・キャピタルやプライベート・エクイティ・ファームは新興企業にシードマネーを、拡大を目指す企業に成長資本を与える。資本市場に「制度のすきま」の多い新興国市場で、こうした投資会社が示すバリュー・プロポジション（価値提案）はたしかに強い。たとえば担保になる有形資産をもたないサービス業は、発達した貸付制度のない市場では、銀行から融資を受けられない場合が多いからだ。そこで投資会社が「資本の集約と流通を担う制度」として機能する。その点でブルー・リバーは、投資先企業にとって初めての正式な（家族などではない）出資者となることによって、アクティブ・インベスターとして資本提供だけではなく戦略立案に協力し、さまざまな経営上の問題解決にも手を貸した。つまり、一社で複数の仲介的機能を果たしたのである（図表3－4参照）。

だが、このようなミドルクラス・セグメントで投資先企業を選び、実際に投資を行っていくのは、困難かつ資源集約性の高いプロセスだ。ブルー・リバーは自社スタッフによる調査と、国内の投資銀行、会計事務所、法律事務所、証券ブローカーの力を借りて候補を絞っていった。二〇〇六年には二〇七件の投資先候補について審査を行い、一〇社に対して大まかな条件を記したタームシートを発行し、三社に対して正式なデュー・ディリジェンスを実施。ブルー・リバーの幹部は、こう話している。

「インドでは昔から、起業家や家族が経営するビジネスは腐敗している場合が多い。手を組むべき相

図表 3-4　ブルー・リバー・キャピタルが埋めた「制度のすきま」

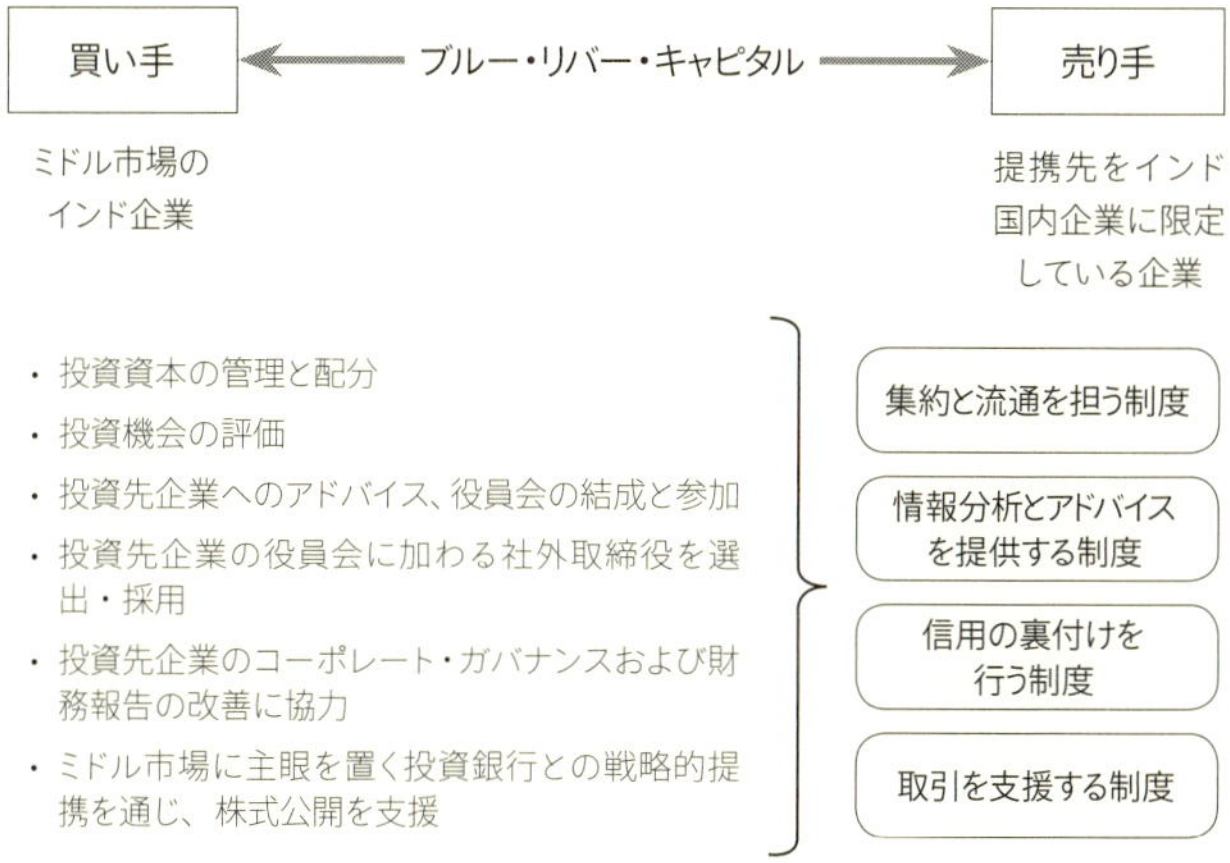

手と、組むべきでない相手を見極めるには、ローカルな専門知識が絶対に必要だ[11]」

ブルー・リバーは、ローカルな知識という相対優位をてこにビジネスを構築した。ミドル市場に主眼を置く投資銀行エーデルワイス・キャピタルと戦略的提携をしながら、外国の投資会社がコーポレート・ガバナンスの観点から安全圏外とみなす企業に投資するべく積極的に時間とリソースを注いだのである。

だが、情報仲介者と調査機関が不在の状態では、デュー・ディリジェンスも容易ではない。そこでブルー・リバーは、有意な評価ができる十分に長い社歴がある企業を選ぶことでリスクの低減を図った。アメリカなどの先進国市場では、投資先候補の経営陣の身元調査をデュー・ディリジェンスの最終的な判断材料とすることが多いが、ブルー・リバーは業績の確認よりも先に行った。そのためには「制度のすきま」を埋めなければならない。この場合の「すきま」を埋めるというのは、調査会社が未発達で、調査のために必要となるデータベースも整備されていないインドの状況に対応するという意味だ（KPMGインターナショナルが最近になって、インドで企業調査サービスを提供するようになった）。ブルー・リバーは、独自のネットワークや、その他の情報源を利用して、投資先候補の経営能力を調査した。

ブルー・リバーが求めたのは、財務報告とコーポレート・ガバナンスの改善を必要としている企業、その他の経営上の問題を抱え助力を必要としている企業だった。そうした企業にあえて融資し、連携することで、信用を裏付ける役割を担ってやるのだ。たとえばある会社は、顧客でありベンダーでもある一社からの売掛金と買掛金を区別していなかった。ブルー・リバー幹部は、この会社が基本的に売掛金と買掛金を相殺してしまう傾向があった点を指摘しつつ[12]、「家族経営の会社が必ずしもプロ意識に欠けるわけではない」と釘を刺している[13]。ただ、商慣行と組織を正す必要があっただけなのだ。ブルー・リバーが探していたのは、商慣行を改革し組織として洗練させればポテンシャルが開花して収益性が高まるような、実績と将来性のある企業だった。

ブルー・リバー幹部の言葉を借りれば、こうしたビジネスモデルの場合、実際に投資をする以前から相当な「入れ込み」が必要になる[14]。契約が成立すると、ブルー・リバーは投資先企業のために、組織その他の改革プラン立案の雛型まで作った。投資から半年間の方針を決める計画書だ。投資先企業には監査役の交替や、財務管理・会計実務の改善を求め、取引状況の明確化や、経営者や家族が労働契約のもとで働くことを義務づけた。「外部からどう見えるか、より慎重な態度を」と、ブルー・リバーは投資先企業に対して求めるのである[15]。

また、投資先企業に社外取締役を含む役員会の形成を促し、ブルー・リバーのもつ人脈から役員候補者の特定にも手を貸す。コーポレート・ガバナンスの信頼性向上に寄与するだけでなく、それ以上の付加価値を与える取り組みだ。ブルー・リバー幹部によると、同社は投資先企業に対して「自社の役員会で決める力をもったほうがいい。役員会なら、ブルー・リバーよりも長きにわたる関係になるのだから」と説明するという[16]。

インドの法体系では、少数株主に対して役員会に参加する権利を与えず、年間予算や資金調達、経営陣の刷新や給与体系といった経営判断の承認権などを認めないことが可能である。ブルー・リバーはこれを逆手に取った。また、いざブルー・リバーが組織改革を実行しようとした際に反発が生じることも予想されたので、改革に従う企業だけを投資対象にすることで、この問題に対応した。それでも、投資先の企業組織の内部的ダイナミクス――とりわけ、家族経営企業のダイナミクスを変えるのは至難の業だ。業務顧問を担当する別のブルー・リバー幹部は、「ときどき、糊の海を泳いでいるような気分になる」と表現している[17]。

そうした抵抗を抑えるため、ブルー・リバーは、世代交代が進みつつある企業を探した。特に、若い世代が経営責任を担うようになった家族経営企業だ。だが何よりも重要な点として、ブルー・リバーのようなビジネスモデルを成功させるためには、投資先企業に〝寄り添う〟意思と能力が求められる。「尊大な姿勢では通用しない」と、あるブルー・リバー幹部は話している。

「あなた方のためにこれをやっている、と語って、敬意を得られるようにする。ビジネスの柔軟性を奪うわけではないと安心させなければならない[18]」

多彩な企業が絡む熾烈な競争に直面していたブルー・リバーは、主に「制度のすきま」が理由で競合の多くが踏み込むことを恐れた市場セグメントを、あえて追求したのである。ローカルな知識と、積極的にコーポレート・ガバナンスや企業組織の問題解決にリソースを投じていく姿勢を武器にした。他社が資本の力で「すきま」を埋めようとするのをよそに、ブルー・リバーは、「制度のすきま」が障害にも機会にもなるセグメントで資本提供以外の仲介機能も進んで担い、差別化を図った。仲介業で成功する企業の多くがそうであるように、サービスの行き届いていなかったセグメントでユニークなバリュー・プロポジションを構築したのである。

仲介モデルを現地に適応させる――デレマテ・ドット・コム

先進国の市場制度は、たいてい数十年に及ぶ経済発展を経て新興国市場に〝輸入〟される。[19] だが、インターネットから生まれた新しい市場制度は、もっと短期間に新興国市場で再現されている。たとえば、アメリカでオンライン・オークションの「イーベイ」が普及してからそれほど時を置かず、多くの発展途上経済圏で類似のサイトが誕生した。その中でもラテンアメリカでいち早く事業を開始したデレマテ・ドット・コムの経緯は、新興国市場で仲介者の役割を再現する難しさを物語っている。

イーベイはそれ自体が画期的な市場仲介者だったが、軌道に乗った理由は、環境的要因（高速インターネット接続の普及や、クラシファイド広告などに理解があったことなど）と、他の市場仲介者（広く普及した決済システムと、信頼できる配送サービスなど）という基盤があったからだ。イーベイを模倣した新興国のオークションサイトは誕生こそ早かったものの、周囲を取り巻くこうした制度的エコシステムが発達

図表 3-5　デレマテ・ドット・コムが埋めた「制度のすきま」

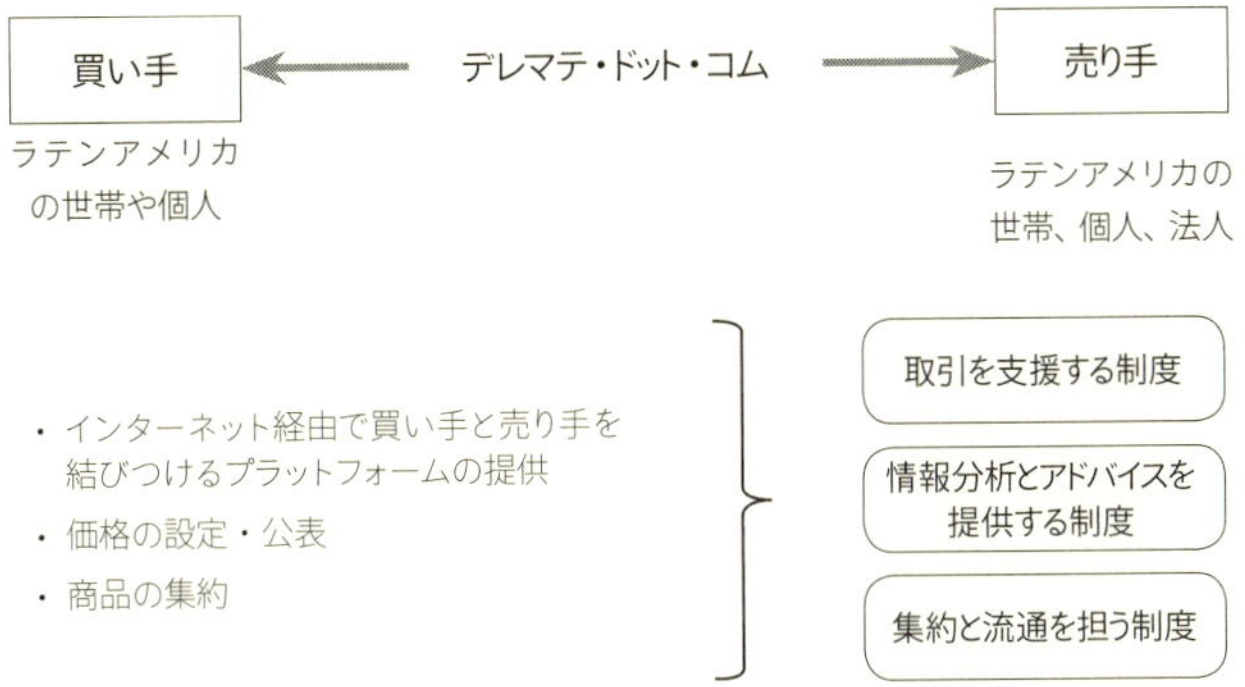

するまで、軌道に乗ることができなかった。

インターネット・オークションサイトは、取引を支援するウェブサイトと価格設定の仕組みを通じて、商品の売り手と買い手を引き合わせる、直接的な市場仲介者である。特に発展途上の市場においては、都市圏以外の顧客や出品に関する有益な情報・ツールを得られない低所得者層をターゲットとすることで、仲介者というバリュー・プロポジションが強い意味をもつとデレマテは考えた[20]（図表3-5参照）。

デレマテとは、スペイン語で「オークションの」という意味である。オークションビジネスは先行者優位があることに加え、スタンフォードの大学院生が立ち上げたメルカド・リブレをはじめ、多くのサイトが乱立しており、競争が激化していた。そこで、デレマテはフランスのオークランドという会社と提携。先進国市場の手を借りることで、早い段階でのサイトの構築・運営を実現した。オークランドは、複数のヨーロッパ通貨と言語に対応するオンライン・オークション・プラットフォームを開発した実績があり、母国市場であるアルゼンチン以外にも拡大を予定していたデレマテにとって、大きな強みとなった。

インターネット・オークションが便利な存在となるためには、利用客を引きつけるだけの十分な質と量の品物が出品されなければならない。当初のデレマテは、個人の出品者を集め、その家族や友人に出品を勧めさせるという方法でサイトの充実を図ったが、それで規模を確保するのは容易ではなかった。イーベイは既存のコレクターアイテム市場に便乗することによって初期の成長に弾みをつけたが、ラテンアメリカには似たような市場が存在しない。しかも、個人宅でのガレージセールやクラシファイド広告など、類似の仲介者もこの地域では発達していなかった。馴染みのなさという障壁に加えて、ラテンアメリカのインターネット普及率の低さというハンデを受けて、当初のデレマテは主にB2C（企業・消費者間取引）サイトとしてポジショニングせざるを得なかった。このほうが、C2C（消費者間の取引）ベースで一から構築するよりも出発しやすい。一方でマーケティングでは、インターネット・オークションというビジネスモデルの認知度向上に主眼を置きつつ、市場をセグメント化して富裕層にターゲットを絞り、ケーブルテレビのコマーシャルを通じて訴えかけていった[21]。

ラテンアメリカ全域での展開を目指すにあたっては、決済システムや配送インフラの未発達といった「制度のすきま」が悩みの種だった。地域によって取引の形態が大きく異なり、個人同士で品物の授受を行って小切手で支払う例もあれば、デビットカードを使って第三者に配送させる例もあった。そこでデレマテはのちに各国の宅配業者と手を組み、配送プロセスの増強に努めた[22]。

通貨の変動、言語の違い、信頼性に対する懸念も、国境をまたがる取引に対する利用者の意欲をそいでいた[23]。デレマテCEOのアレック・オクセンフォードが指摘しているとおり、イーベイでさえ母国以外の国（イギリスとカナダを除く）では独力で競うことができず、現地企業の買収または提携という道を選んでいる[24]。さらに、市場データを提供する情報仲介者の不在という「制度のすきま」も、デレマテの事業拡大を難しくしていた。オクセンフォードCEOは、次のように話している。

「市場がどれくらい大きいのか、今後どれくらい大きくなるのか、誰も本当には理解していない。大手企業であっても、今後の予測どころか、現在の市場規模の認識すら大きくズレている[25]」

しかし二〇〇〇年頃になると、デレマテはオンライン・オークション市場のリーダーとして、株式公開を求める銀行家から「熱狂的な支持」を受けるようになっていた[26]。ウォール街の銀行数行がデレマテに一〇億ドル以上の評価額をつけたが、インターネット・バブルがはじけ、IPOは中止[27]。競合他社の多くは株価回復を目指して事業拡大に積極的に投資したが、デレマテは経費を削減し、あくまで有機的成長に主眼を置いて、メルカド・リブレとともに現地インターネット・オークション業界におけるリーディング・プレイヤーとしての立場を守った[28]。この二社は二〇〇二年半ばまでに一六回にわたって合併交渉を行ったが、合意には至らなかった[29]。しかし、提携を通じたラテンアメリカ進出を模索していたイーベイが、二〇〇一年一〇月にメルカド・リブレと独占的な戦略提携契約を結び、同社の株式一八%を取得した[30]。メルカド・リブレは、二〇〇六年にイーベイとの非競争契約が満了を迎えることから、その後の事業拡大のためにデレマテ買収を目指した。二〇〇五年にはチリおよびアルゼンチンを除く全域でデレマテ事業を買収。二〇〇八年にはその二国も手中に収めて完全買収に成功した。それによってメルカド・リブレは、ラテンアメリカのインターネット・オークション市場で九〇～九五％のシェアを確保したと報じられている。[31]

新興国市場で「すきま」を埋めるビジネスを行うのは、比較的簡単に見える。「制度のすきま」が示す機会が明白であることも相まって、競争は激しくなりやすい。デレマテには、二〇〇二年時点で四二社のライバルがいた。そのうち一〇社は、機関投資家から莫大な資金を調達していた。[32]だが、インターネット・オークションのような仲介ビジネスにおいては、利用者が増えることで便益が増す「ネットワークの外部性」が勝敗を決める。同業のグローバル・リーダーと手を組むことのできた一社だけが生き残るのである。

先進国市場で生まれた仲介者の役割を新興国市場で再現するのは、思った以上に難しい。イーベイは市場インフラを踏まえてビジネスを構築したが、デレマテをはじめとする企業が事業を立ち上げた当時のラテンアメリカには、その市場インフラが存在しないか、あったとしても十分に発達していなかった。不安定で不透明な環境は、企業の運営と事業拡大の足かせとなり、成長を困難にして、企業の評価も難しくする。「すきま」を埋めるビジネスは新興国市場の環境を変える可能性があるが、そうしたビジネスが依存するエコシステム全体を一夜にして移植することはできない。「すきま」を埋めるビジネスを狙うなら、現地のビジネス環境と「制度のすきま」を調べ、エコシステム全体を理解したうえで、その環境にビジネスモデルを適応させ、可能な限り別の「すきま」も埋める努力をしなければならない。あるいは辛抱強く、事業拡大の誘惑に耐え、「すきま」の環境に合わせて組織のほうを適応させていかなければならない。

仲介バリューチェーンの上流にのぼる——利豊

利豊は一九〇六年、欧米企業と、中国・広州にある製造工場とを結ぶブローカーとして誕生した。[33] 共通言語もコネもない売り手と買い手の間に立ち、取引を橋渡しする役割で「すきま」を埋めるという、起業家精神あふれるベンチャー事業だ。一九三〇年代後半からは香港に拠点を構え、アジアなど新興国経済圏の要素市場を活用したい国際小売業者やブランドに対し、付加価値の高い仲介サービスを幅広く提供して、世界的大企業になった。貿易・流通・小売という異なる三分野で取引を支援する制度となるだけでなく、スムーズな集約と流通、信頼性の確保にも貢献し、情報分析とアドバイス提供にも手を広げていった（図表3 - 6参照）。

利豊は、当初は貿易業として、のちに原材料および一般消費財の調達会社として、まずは中国と香港、そして他のアジア市場へと展開。だが、利幅の縮小を受けて、さらに仲介者としての役割を増やし、バリューチェーンの上流にのぼっていった。利豊会長の馮国経《ビクター・フォン》は、こう説明している。

「祖父が会社を興したとき……祖父のもっていた『付加価値』は、英語を話せることだった。……当時、中国にある工場では誰も英語を話せなかったし、アメリカ人商人も中国語を話さなかった。祖父は通訳として一五％のコミッションをとった。父の世代でも、利豊は基本的にブローカーとしての役割を果たし、買い手と売り手を引き合わせることで報酬を得ていた。だが買い手と工場の双方が力をつけ、仲介者であるわれわれは搾取されるようになった。マージンは一〇％に下がり、のちに五％、そして三％になった」[34]

そこで利豊は、単なる資材調達の代理業者にとどまることをやめ、商品の製造工程全体のプラン策

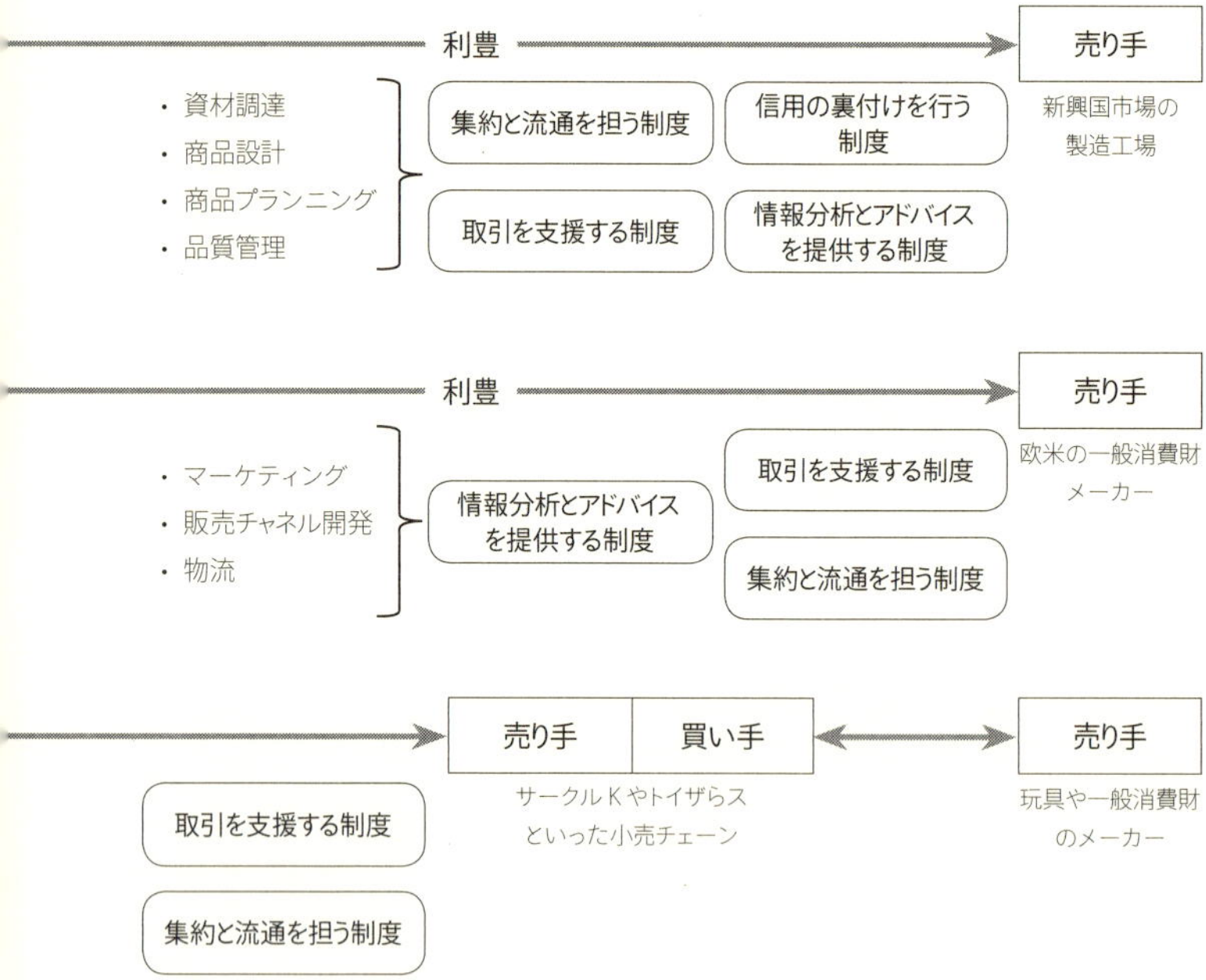

Li & Fung Research Center, *Supply Chain Management—The Practical Experience of Li & Fung Group*, 2003, 28, 40, via Feng Bang-yan, *100 Years of Li & Fung: Rise from Family Business to Multinational* (Singapore: Thomson Learning, 2007), 214–217.

図表 3-6　利豊の仲介ビジネスの進化

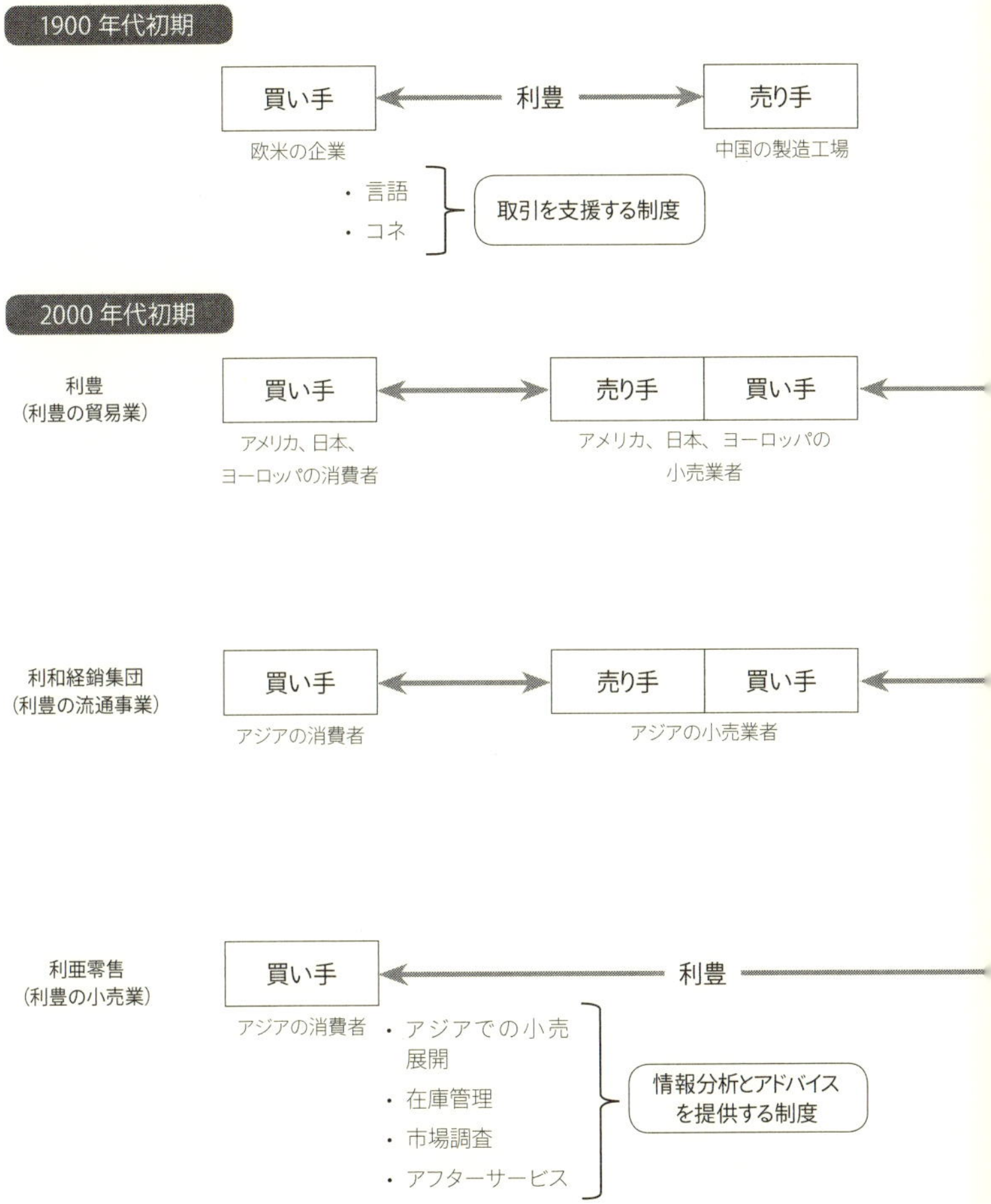
1900 年代初期
買い手
利豊
売り手
欧米の企業
中国の製造工場
・言語
・コネ
取引を支援する制度
2000 年代初期
利豊
(利豊の貿易業)
買い手
売り手
買い手
アメリカ、日本、
ヨーロッパの消費者
アメリカ、日本、ヨーロッパの
小売業者
利和経銷集団
(利豊の流通事業)
買い手
売り手
買い手
アジアの消費者
アジアの小売業者
利亜零售
(利豊の小売業)
買い手
利豊
アジアの消費者
・アジアでの小売展開
・在庫管理
・市場調査
・アフターサービス
情報分析とアドバイスを提供する制度

定を担うようになった。その後、一国の中でサプライチェーンをそろえるのではなく、複数国にまたがったネットワークで調達を図るという仕組みを作り、コスト削減と効率・品質アップを実現。つまり、バリューチェーンの下流から上流へと推移していったのである。馮は、「製造工程を複数国に分散させるという発想は、まさしくブレイクスルーだった」と述べている。

「製造工程を詳細に分析し、プロセスごとに最善のソリューションを探す。すべての部品を調達できる国を探すのではなく、バリューチェーンを各ステップに分解し、それぞれをグローバルな視点で最適化する。物流と輸送コストを上回る利益が見込まれるだけでなく、付加価値が高くなるので、サービスに対して高い料金をつけられるようになった[35]」

長年にわたって部品調達を手掛けてきた利豊は、アジアのサプライヤー数千社を熟知していた。各社の能力、品質、信頼性を整理し、西欧の法人顧客が求める設計・製造ニーズとマッチングさせるとともに、インフラが整わない国でありながら厳しい配送要件に応えることができた。馮の説明によると、たとえばある国の工場からレンチを調達し、別の国の工場からドライバーを調達して工具セットとしての商品を完成させ、小売業者のコスト削減に寄与する。「そこには価値がある。ものすごく大きな価値ではないが、ささやかな価値を生み出せる」と語っている[36]。

利豊は、幅広い企業とのつながりと現地情報を把握する高度なシステムを活かし、製造を分散させることでスピードとフレキシビリティをもって需要に対応した。ジャスト・イン・タイム方式で部品を調達したい法人顧客にとってはありがたいサービスだ。アパレル小売業者にとっては、原材料となる生地や、その生地を製造する工場を柔軟に確保できるので、顧客の嗜好やファッション・トレンドの変化にすばやく対応できるし、流行遅れの余剰在庫を抱えなくて済む。利豊は、一番安い製造業者を選定し、ハード・インフラを整えて経費削減に貢献するだけでは、競争優位をもった持続可能な調達業者になれないと理解していた。ゆえに、流通および付加価値サービスという「ソフトマネー」で利益率アップを目指したのである。

「そのほうがターゲットが広いし、五〇セント値下げさせても影響が少ない。顧客のためのコスト削減がはるかに容易に実現できる」(37)

利豊は、ソフト・インフラの「すきま」を埋め、ソフトマネーを稼ぐようになった。サプライヤーに関する知識を活かし、法人顧客とサプライヤー間の契約というリスクを肩代わりすることによって、情報の非対称性や契約履行の難しさといった問題を低減。そして商品プランニング、設計、品質管理、通関要件の管理、配送の集約とその他物流にかかわる管理など、さまざまなサービスで数多くの「すきま」を埋めるようになったのである。

市場仲介者の分類という面から見ると、利豊集団は貿易業（利豊）、流通事業（利和経銷集団）、そして小売業（利亜零售）という三大事業部門を通じて、多数の顧客に向けて多彩な仲介的機能を果たしている。サプライヤーの価格、品質、信頼性、スピード、評判、コンプライアンス、環境基準、労働条件などの査定を請け負っているが、これは情報分析とアドバイス提供の機能だ。特に繊維およびアパレル関係の法人顧客にとって重要なサービスとして、保護貿易と輸入割当（クオータ）にかかわるさまざまな市場制度環境の調査も行う。サプライヤーの査定も定期的に実施して、労働コストや品質などの特徴に基づき、つねに新しいパートナーを探している。

さらに利豊は、原材料、製品、情報を幅広く詳細に集約・流通する仲介者でもある。サプライヤーの信頼性を裏付ける役割も果たし、海外企業や小売業者とサプライヤーとを結びつける。馮の言を借りれば、利豊のビジネスは「ある意味、煙を出さない工場」なのだ。

「設計を行う。原材料の買付と検品を行う。工場管理者がいて、製造工程の立案や調整を行う。製造工程の検査も行う。だが、労働者を管理しているわけではないし、工場を所有しているわけでもない」[38]

どんな戦略でも同じことだが、利豊も、仲介者の役割を果たせない領域を判断する必要があった。

「クレジットカード事業にも手を広げれば、さらに一〇～二〇％の増収が可能だ。新たなサプライヤーを見つけるといったことには、われわれはきわめて積極的だが、金融サービスに関しては慎重に考えている」[39]

利豊は独自の付加価値サービスを提供するべく、市場の制度環境に合わせて、また顧客の細かいニーズに合わせて、自社の組織や業務を変えていった。コスト削減のためにバングラデシュのサプライヤーと手を結んだ際には、現地の通信環境などハード・インフラの未整備――ＩＴ集約型の利豊のビジネスモデルにとっては足かせとなる要因だ――の対応にも乗り出した。また、法人顧客ごとに担当グループを作り、個別のニーズに対応した。このグループ単位で、顧客が採用している業務プロセスやソフトウェアを導入することもあった。さらに、馮が「小さなジョン・ウェインたち」と呼ぶ起業家精神をもった社員にグループ・マネジャーを任せ、「顧客のために全力を尽くすよう」奨励した。[40]

バリューチェーンの上流にのぼった利豊は、ターゲットを絞った買収を通じて母国市場の外にも踏み出していった。自社に欠けているケイパビリティや業界専門知識をもつ他の企業を買収することで、仲介者としての守備範囲を拡大。また、プライベート・ブランドや商標登録済みのブランドを扱う企業を買収して自社のポジションを高め、アメリカ市場での地歩を固めた。結果的に顧客との距離が縮まったので、商品開発の初期段階から連携し、その顧客に提供する新サービスの開発もできるようになった。「船に荷を積んだ時点で役割を終えるのではなく、品物と一緒にわれわれがアメリカに乗り込む」と、ある利豊幹部は表現している。

「そうやって仕事を増やし、提供できる価値を増やしていく[41]」

二〇〇八〜〇九年には、大不況のあおりを食らい大幅なコスト削減が必要になったアメリカの大手小売業者が、利豊のサービスに価値を見出した。ファッション・ブランドのリズ・クレイボーンは、二〇〇九年はじめに自社の調達部門を利豊に売却し、全面的に調達業務を任せるようになった[42]。リズ・クレイボーンのCEOは『ビジネスウィーク』誌の取材に対し、「今回の景気後退は、いわば種の進化です」と語っている。

「ビジネスモデルを改革し、競争力を強化しなければ、生き残れません[43]」

利豊は顧客の調達部門や競合他社の買収を通じて、不況下でも成長を加速させていったのである[44]。国境をまたがる仲介業を展開する企業が、現地事情に対する理解とグローバル化のチャンス、そして技術的ケイパビリティを活かせば、どれほどのポテンシャルが見込めるか——利豊の成功は、それを例証するものだ。利豊の仲介ビジネスは、時間をかけて段階的に進化し、多種多様な環境に首尾よく適応していった。

だが、仲介業をベースとする事業を展開しようとすれば、制度の非効率によって恩恵を受けている強力な既得権益者を追い落とさねばならないこともある。現状よりも魅力的なバリュー・プロポジション――「すきま」を埋めるバリュー・プロポジション――を提示しても、反発を受けることすらある。次に挙げる例でそれを説明していきたい。

非公式な仲介者を追い落とす――メトロC&C

ドイツの会社メトロＡＧの傘下で、デュッセルドルフに拠点を置くメトロキャッシュアンドキャリー（メトロＣ&Ｃ）は、多くの新興国市場で成功している卸売業者だ[45]。Ｂ２Ｂサプライヤーとして、レストラン、ホテルといった法人顧客に対し、肉や野菜、紙ナプキンや楊枝、その他食器や調理器具など、あらゆるものを卸販売している。西欧および東欧では大規模かつ歴史ある企業として存在感を確立しているが、近年になって中国、インド、ロシア、トルコ、ベトナムといった新興国市場にも進出しはじめた。

メトロＣ&Ｃにとって、売上に対して食品が占める割合は、国によって異なる。特に食品の卸販売が重要となる新興国市場では、その供給・流通方法を市場環境に合わせて変えている。基本的には郊外の農家と直接契約を結び、都市の市場に商品を運ぶといった手段を採るが、新興国市場に参入する際は、複数の市場仲介者の役割を担った（図表３‐７参照）。そもそも卸売店を開いて農産物の売り手と買い手を引き合わせるのは、取引支援の役割だ。レストランやホテルなどの買い手は多種多様な商品を一カ所《ワンストップ・ショッピング》でそろえられるし、農家などの売り手は幅広い顧客にアクセスできるようになるので、そ

図表 3-7　メトロキャッシュアンドキャリーが埋めた「制度のすきま」

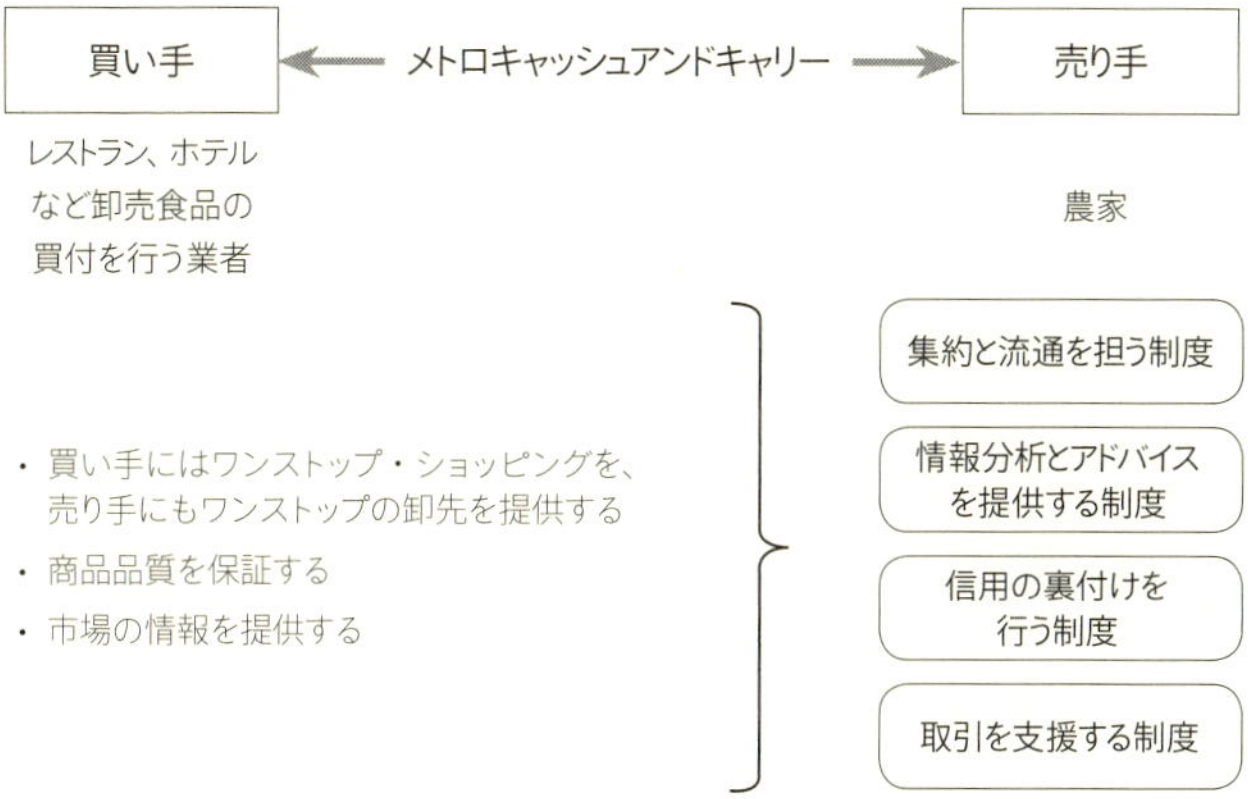

の点で集約と流通の役割も果たす。買い手にとってはメトロC&Cが信頼できる財の販売者となるので、過剰在庫を抱えずに済む。同様に農家にとってはメトロC&Cが信頼できる買い手となるので、リスクが低減する。さらに、メトロC&Cが財の品質を保証することによって信用を裏付けると同時に、農家に市場知識を提供して情報提供者の役割も果たす。また、道端の露店で行われていた取引を近代的な卸売店に移行することによって、それらの一次産品が課税対象となり、自治体の税収アップにも貢献する。

一部の新興国市場では、こうした手法でスピーディに事業拡大が進んだ。ロシアでは、モスクワ市長（当時）ユーリ・ルシコフの支持も得て、五年も経たずに二二店舗をオープンしている。中国では関係各社との厳しい競争に直面したが、五年で八店舗、その後は二、三年のうちに一七店舗を開いた。中国での立ち上げが遅れた一因は、地元企業と合弁事業を設立した場合でさえ、一店舗を開くたびに膨大な範囲にわたって現地交渉が必要となったためだ。

インドでは、地元からの反発がさらに厄介だった。インドの食品流通システムは無駄が多く非効率的で、余計な負担をもたらしていたので、メトロＣ＆Ｃのバリュー・プロポジションは特に強い意味をもつはずだった。メトロＣ＆Ｃのある幹部は「われわれの持ち込むものは、すべてプラスのはたらきをする」と述べている。

「農家にとっても得だし、小売業者にとっても得だ。最初は誰もが『そんなうまい話があるか』と思うようだが、確実なコスト削減になる。ただし、わが社はＷｉｎ‐Ｗｉｎの関係になれなかったが[46]」

メトロＣ＆Ｃは二〇〇〇年に、キャッシュ＆キャリー方式［普通の小売店のように、業者がその場で現金を払って業務用品を仕入れ、自分で持ち帰る卸売業態のこと］の卸売店を開く承認をインド政府から取り付けた。そして二〇〇三年、バンガロールで二店舗をオープンする。バンガロールはインドのハイテク産業のハブであり、外国企業が数多く進出しているため、インドで卸売ビジネスを始めるには特に有望な入口だと思われた。ところが一号店の品ぞろえは半分も整わない。他の国でメトロＣ＆Ｃのビジネスモデルの中核であった、農家からの野菜・果物の直接買付ができなかったからだ。インドの農業生産販売協同組合（ＡＰＭＣ）の規約で、国内の農産物は「マンディ」と呼ばれる国営の卸売市場で売買しなければならなかったのである。

ＡＰＭＣの規約は、一九五〇年代に横行した地主階級による農家搾取を防止する目的で作られたものだ。これによって正当な農産物市場の形成が阻害され、農家は非効率なマンディの弊害を被っていた。中央政府のトップは、ＡＰＭＣの規約を時代錯誤的な障害と非難していたが、バンガロールのあるカルナータカ州ではいまだにこれが効力をもっていた。実権を握る地元当局は、メトロＣ＆Ｃに与えられた開業許可を無視した。政治権力が分散しているインドでは、中央政府がメトロC&Cを支持していても大きな助けにはならなかったのである。

メトロC&Cはたちまち、外資受け入れに反対する世論や団体、そしてマンディの非効率性によって恩恵を得ていた商人たちから突き上げを食らった。「こうした国で仲介者と言えば、使うのは唯一、携帯電話のみだ」と、別のメトロC&C幹部は説明している。

「この国の卸売業者は、安く買い叩き、高く売る。そして当局の懐を潤す[47]」

メトロC&Cの事業形態はそうではない。ビジネスとしての規模が大きく、卸売店のシステムも近代的だ。インドに参入した外資の大型卸売店はメトロC&Cが初めてである。そのため、メディアや反対勢力の注目を集めることになった。

メトロC&Cが行うのはあくまで卸売業であって、小売店として直接消費者に商品を販売する地元業者の縄張りを侵害するものではない——そう世間を納得させるのは至難の業だった。一方で政治的な反対勢力とも慎重に渡り合わなければならない。メトロC&Cのトーマス・ヒュブナーCEOは、当時を振り返ってこう語っている。

「農家や、小規模なビジネスを行う商人たちは、メトロC&Cを支持して抗議デモを行おうとしてくれた。だが、われわれがそれを止めた。衝突を生むだけだからだ。短期的に見れば勝利につながるかもしれないが、そうなればわれわれは政治の道具として利用され、主導権をもてなくなる。インドのように、今日と明日でカメレオンのように政治の様相が変わる環境では、上手にバランスをとっていかなければならない[48]」

市場の環境というものは、経済はもちろん、歴史、文化、政治の産物だ。それを変えようとすれば、歴史的・文化的・政治的障壁にぶつかる。外国企業にとっては特に克服困難な壁である。メトロC&Cには、キャッシュ&キャリー方式が受け入れられているという手ごたえがあった。典型的なメトロC&Cの店舗では売上の三〇~四〇%を生鮮食品が占めているのに対し、バンガロールに開いた店舗では生鮮食品を扱えない状態であったにもかかわらず、予測より高い売上があがっていたからだ。だが、微妙なバランスの政治環境で既得権益者を追い落とす外国企業であるメトロC&Cは、他のステークホルダーからの反対にはきわめて弱い立場だった。

新興国市場で「制度のすきま」を埋めようとする場合、多国籍企業だからこそ有利となる点も多い。だが、新興国市場の成長パートナーとみなしてもらうためには、根深く定着した既得権益や、地元からの疑いの目を払拭する努力をしなければならない。別のメトロC&C幹部の言葉を引用しよう。

> われわれのコンセプトがインドに向いていることはわかっている。それを伝えることもできる。だが、それを示すチャンスを得るためには、信頼を構築しなければならない。信頼が事業を可能にし、それが評判につながり、急速な拡大につながる。コンセプトが定着し、わが社が顧客やサプライヤーに提供できる利点を示し、税収という面でも当局にとって得になるとわかってもらうことができれば、必ず支持されるようになる。そうすれば周囲の考え方《マインドセット》も変わる。しかし、発展途上の市場に外国人として参入する企業に、当初から信頼が寄せられるはずはない。金儲けをし

ようと参入するのだから、どんな外国企業であっても、これは大きなハードルだ。外国企業が儲けを得つつ、関係者全員が得をすることは可能なのだが、途上国市場で人々にそれを理解させるのは非常に難しい。(49)

メトロC&Cはインドの別の都市にも事業を拡大したが、二〇〇八年になっても、まだカルナータカ州ではAPMCの規約が足かせとなっていた。「インドには、『そっち（先進国）は時計を持っているかもしれないが、時間を決めるのはこっち（インド）だ』という絶妙な表現がある」と、先のメトロC&C幹部は語っている。(50)

買い手と売り手を結びつける仲介者が増えるだけで市場が発展するわけではない。新興国市場は、段階的で、往々にしてもたついたプロセスを経て進化する。強いバリュー・プロポジションをもった仲介ビジネスを行うならば、現状維持を望む非公式な仲介者と相対しなければならない。そのためにも、新興国市場における制度環境を慎重に見極めることが重要なのである。

「すきま」を埋めるために

本章の例が示したとおり、新興国市場に新たに仲介者として参入しようとすれば、厳しい環境的障壁、競争、そして既存の非公式な仲介者に行く手を阻まれる。新興国市場で「制度のすきま」を埋めるビジネスを築こうとする企業は、まずはそこに存在する「制度のすきま」を認識し、それを埋めることで大きな価値を生み出せる領域を見極めなくてはならない（ツールキット３－１参照）。

仲介者は、もともと有するケイパビリティを、新興国市場の幅広い制度環境にマッチさせていく必要がある。「すきま」を埋めるビジネスを行う多国籍企業は、その市場では自社のサービスを受け入れる土壌が育っているのか、それとも別の場所で機会を探すべきなのか判断する。新興国市場の現地企業なら、「すきま」を埋めるにあたって自社が相対的優位のある領域を判断する。

次に、現在もっているケイパビリティで対応できる市場セグメントを特定する。または、狙う市場セグメントを押さえるにあたって必要なスキルやケイパビリティを特定する。仲介者は、埋めようとする「すきま」とは別に、その他の市場制度にも依存する場合が多いので、関連する市場環境全体を見極め、評価し、適応する。本来目指す仲介機能を果たす手段として、別の「すきま」を埋めなければならない場合も少なくない。ビジネスを確立するために、隣接する別の仲介機能に手を広げたり、仲介機能を通じた付加価値を増やして成長していくという道も検討することになるだろう。最後に、市場環境を首尾よく変えていくためには、変化によって影響の及ぶステークホルダーに配慮し、仲介者を支えるエコシステム全体を視野に入れていかなければならないのである。

TOOL KIT 3-1

ツールキット3-1

「制度のすきま」を埋める仲介者のためのチェックリスト

自社がビジネスチャンスとして、「すきま」を埋められる領域はどこか。検討して記入する。

制度インフラの分類	機能	資本市場	製品市場	人材市場
信用の裏付けを行う制度	第三者の認証機関として、サプライヤーや顧客の主張を裏付ける。			
情報分析とアドバイスを行う制度	当該市場の生産者や消費者について、情報を収集し分析する。			
集約と流通を担う制度	専門知識・技術と規模の経済を通じて、サプライヤーと消費者に対して、低コストなマッチングと付加価値サービスを提供する。			
取引支援の制度	情報や財・サービスを交換するプラットフォームを提供し、取引が完結するようサポートする。			
仲裁・審判を行う制度	法や民間の契約に則って、紛争を解決する。			
規制する制度（規制当局、公的機関）	適切な規制と指針のフレームワークを策定・施行する。			

どのセグメントにリーチできるか？

セグメント	グローバル	台頭しつつあるミドルクラス	ローカル	ボトム
制度のすきま	少ない ←		→	多い

・新興国市場で、当該の仲介機能は、ほかのどのような環境的特徴や市場制度に依存しているか。

・仲介者として機能するビジネスを、現地の環境に対して、どのように適応させる必要があるか。

・隣接する仲介者の役割にビジネスを拡大できるか。仲介者のバリューチェーンの中で、いかに上流にのぼっていけるか。

・この「すきま」を埋めるにあたり、どんな既得権益者に直面する、または追い落とすことになるか。

第4章　多国籍企業が新興国市場に進出する場合

新興国市場の台頭は、当然、アメリカ、ヨーロッパ、日本など先進国市場に拠点を置く多国籍企業の注目を集めた(1)。たいていは比較的規模の大きな新興国市場に目をつけ、自由化されるや否やただちに参入し、もう何年もその国でのビジネスを続けている。新興国市場は戦略上きわめて重要な存在だ。たとえばアメリカを拠点とするプロクター・アンド・ギャンブル（P&G）の場合、発展途上国市場での売上が二〇〇四年には純売上高全体の二一％だったのに対し、二〇〇八年には三〇％を占めるまでになった(2)。日本の大手自動車会社、ホンダ、日産、トヨタも、かつては発展途上国への進出に消極的だったが、ここ数年は積極的に新興国市場に乗り出している。日産は二〇〇八年五月に、インドのチェンナイで一一億ドルを投じた工場建設に着手した。中国、モロッコ、ロシアでも工場建設を進めている。二〇〇七年時点で、インドにある日産のディーラーは五店、年間販売台数はわずか五〇〇台だったが、二〇一二年には五五店のディーラーを通じて二〇万台の販売が見込まれている。トヨタも、ロシアとインドに製造工場を建設した。ホンダは、ブラジル、インド、アルゼンチンで製造拠

点を拡大している。(3)

通信関連の企業にとっても、新興国市場はすでに重要な成長原動力だ。スウェーデンを拠点とするエリクソンの場合、新興国市場における通信事業の売上高は二〇〇八年に一五％伸び、全体の五七％を占めた。(4)フィンランドのノキアは、新興国市場向けの多様なモバイル機器を開発し、通話だけでなくモバイル・インターネット・サービスも提供している。(5)二〇〇八年の中国、インド、インドネシア、ロシアにおけるノキアの純売上高は、それぞれアメリカでの売上高を上回っていた。(6)

規模、ブランド認知度、高い技術水準、既存の組織で築いた成功、先進国市場の人材や資本といった生産要素にアクセスする力――先進国市場の多国籍企業にはいくつもの競争優位がある。ところが、そうした企業が新興国市場で必ずしも成功しているわけではない。二つの大きな壁、すなわち新興国市場に広がる「制度のすきま」という壁と、世界水準のケイパビリティが育ちつつある機敏かつ野心的な若い競合他社という壁に直面するからだ。

多国籍企業が新興国市場で成功するためには、参入した市場の「制度のすきま」に適応するか、あるいは自ら制度を形成していかなければならない。競合する地元企業は、母国のビジネス環境を巧みにくぐり抜けていく力をもっているため、より真剣に「すきま」への対策が必要だ。第1章と第2章では、制度環境という面から新興国市場の特異性について解説した。本章では、新興国市場の成長に乗ろうとして「制度のすきま」に直面し、対応を迫られる多国籍企業にとって、この独特の制度環境がどんな意味をもつか考えていきたい。

先進国の「あたりまえ」は通用しない

先進国に拠点を置く多国籍企業にとって、新興国市場に確かな機会があることはわかる。だが、その機会は、「制度のすきま」の中で事業を行うにあたって、どのような意味をもつのだろうか。第1章で「制度のすきま」の概念を説明した際、新興国を旅する外国人観光客の例を挙げた。旅行者は、母国の旅行産業を支えている制度に頼ることができず、不便を強いられる。

今度は、新興国市場で事業を立ち上げようとする外国人起業家や多国籍企業が陥る苦境を考えてみてほしい。旅行者と同じく、母国市場では取引を支えビジネスを可能にするさまざまな制度に頼っているので、新興国市場では往々にして、その制度の不在によって生じるコスト増を引き受けなければならない。たとえば一般消費財メーカーなら、先進国市場向けにデザインした製品を新興国市場のニーズ、嗜好、価格帯に合わせて調整する必要があるが、市場情報を提供する仲介者が存在しなければ一筋縄ではいかない。多国籍企業は新興国の消費者市場の規模に魅力を感じるが、小売チェーンや物流サービス会社が十分に発達していない状態では、消費者のシェアを確保するのも容易ではない。もちろん、企業が外国の市場に進出すれば、母国では出会わない壁にぶつかるのは当然だ。しかし、アメリカ企業がヨーロッパや日本のような先進国市場で財を売る場合なら、その市場に関する深い知識がなくても、市場調査やマーケティングや流通といった現地の仲介者ネットワークを活用できる。新興国市場の場合は、それが期待できないのだ。

先進国市場を拠点とする多国籍企業は、強固な市場インフラを土台にビジネスを築いている。そうした制度はなくなって初めて気づくものだが、新興国市場では、そもそも「ある」と想定するほうが間違いだ。道路や港といったハード・インフラに対し、市場制度というソフト・インフラを軽視してはいけない。先進国市場を拠点とする多国籍企業にとっては「あたりまえ」のビジネスモデルであっても、新興国市場のソフト・インフラの有無によってその成否は左右される。

新興国を消費者市場として開拓することもできる。現地向け、または世界に向けた製品の生産拠点として利用することもできる。イノベーションや製品開発のハブとして、人材・原材料その他の生産要素の供給源として、あるいはまだ導入されていない市場インフラを開発する機会として新興国を利用していくこともできる。だが、いずれの方向に向かうとしても、必ず「制度のすきま」が立ちふさがる。ゆえに多国籍企業は、新興国市場とどのように向き合っていきたいのか、その市場の制度環境の面から明らかにしていかなければならない。

実際、新興国市場の規模に期待を抱いて早々に乗り出していった多国籍企業の多くが、そこでモノを売る難しさにすぐに気づかされた。顧客ニーズ、流通ネットワーク、その他市場を支えるさまざまな制度の枠組みについて、深い理解が必要となるからだ。しかし多国籍企業にとって、人件費が安い新興国市場は人材供給および製造拠点として魅力的だ。それが市場参入の最初の足がかりになる。一方で多国籍企業がその新興国の経済に資本を投じ、品質改善と業務の標準化に貢献し、テクノロジーやマネジメントなどの専門知識を伝えられるならば、それは新興国の政府にとっても魅力的なことだ。外国企業は、参入した国の消費者市場でビジネスを始められるまで時間がかかったとしても、その間に市場参加者と関係を築き、契約を通じて母国のノウハウを売り込み、その市場の将来のビジネスや成長に貢献できるのである。

新興国市場をどのように開拓していくか、その方向性を決めるにあたって重要な判断材料となるのが制度環境だ。仮に新興国市場をイノベーションと製品開発のハブとして利用するのであれば、その市場の知財保護の仕組みや、労働人口の技術的水準が決断に影響を与える。

自社は新興国市場でモノを売るべきか、それとも原材料の調達先として利用すべきなのか。グリーンフィールド投資を通じて市場参入を図るべきか、買収や合弁事業など、現地企業との何らかの協働という形で参入すべきか。B2Bに主眼を置くべきか、B2Cに主眼を置くべきか。そうした判断を助けるのが、制度環境に対する理解なのだ。たとえば政府が市場開放に積極的でないとわかれば、現地企業と合弁事業を構成するのが最善の参入策だと判断できるかもしれない。物流および交通ネットワークが未整備だとわかれば、商品を市場に出すにあたってB2Cで臨むよりもB2Bにしたほうが戦略として望ましいかもしれない。このように、企業は自社の戦略と、展開する市場環境をマッチングさせ、価値創出の道を探るのである(7)。

そのための第一のステップとして、企業は現状の「すきま」を正しく把握しなければならない。まずは制度環境を調べる。そして、仲介者の不在といった市場の「すきま」に対し、自社のコア・コンピタンスおよびバリュー・プロポジションを組み合わせる方法を探る。明確かつ現実的な理解が得られていれば、参入すべき市場を決め、最善の戦略を選び、新興国市場におけるビジネスから最大限の価値を引き出せる。実験的なことに取り組む力と意欲があれば、多国籍企業が新興国市場の環境を巧みにくぐり抜け、ときには「制度のすきま」を競争優位として活用していくことも可能となるのだ。

状況に応じて戦略を変える

新興国市場の「制度のすきま」に直面した多国籍企業は、第２章で解説した戦略的岐路に立たされる（図表４‐１参照）。グローバルなブランド力や評判を武器に新興国市場でモノを売ろうとする場合にも、要素市場を活用して製造または原材料調達をしようとする場合にも、企業はこうした岐路で道を選ばなければならない。そのときにかかわってくるのが、市場のセグメントだ。新興国を生産物市場ととらえる場合でも、生産要素市場ととらえる場合でも、市場セグメントはグローバル、台頭しつつあるミドルクラス、ローカル、ボトムの四タイプに分けられる。次に考察するとおり、リーチしたいセグメントによって、「制度のすきま」に対応するための戦

図表 4-1　新興国市場の「制度のすきま」に対応する

戦略的岐路	先進国市場の多国籍企業の選択肢
再現か、適応か	・既存のビジネスモデルを再現し、グローバルなブランド力、信頼性、ノウハウ、人材、経済力など、相対的優位を活用する。 ・ビジネスモデル、製品、組織のほうを、「制度のすきま」に適応させる。
独力で競争するか、協働するか	・独力で競争する。 ・現地企業との提携や合弁事業の形成を通じて、「制度のすきま」を切り抜けるケイパビリティを獲得する。
市場環境を受容するか、改革を試みるか	・市場環境を甘受する。 ・自社事業を支える形で「制度のすきま」を埋める。
参入するか、待つか、撤退するか	・「制度のすきま」があっても、その市場に参入する、またはとどまる。 ・別の場所に機会を求める。

略も変わってくる。

再現か、適応か

充実した仲介者ネットワークの存在する市場でビジネスモデルを築き、それを武器としている多国籍企業は、「制度のすきま」のある新興国市場でそのモデルをどれだけ再現できるか、判断しなければならない。グローバルなブランド力、信頼性、ノウハウ、人材、リソースに恵まれた多国籍企業には、新興国市場で一歩も二歩も先を行く競争優位がある。現地の競合他社は、こうしたケイパビリティの獲得と構築を助ける仲介者にアクセスできない。つまり新興国市場では、多国籍企業ならではの競争優位がきわめて貴重であるため、多国籍企業はその点を踏み台に戦略を構築できるのだ。強みを活かして軌道に乗り、母国市場でのビジネスモデルを微調整して再現する。このアプローチであれば、「制度のすきま」の一部を回避できるし、組織を疲弊させずに済む。一方で、このアプローチでは、多国籍企業ならではのケイパビリティが報われやすいグローバル・セグメントにしか対応できないという限界がある。

グローバル・セグメントの特徴は、多国籍企業にとっては母国市場に似たインフラ、顧客嗜好、人材、リソースがあることだ。「制度のすきま」のある市場でも、グローバル・セグメントを入口とすれば参入しやすい。このセグメントなら、市場調査、製品設計、ブランド構築、流通などを担う仲介者の不在に悩まされることはない。たとえば、中国に参入した欧米ファッション・ブランドの多くは、世界水準の値段で、世界水準のブランドを、五つ星ホテル内のショッピングプラザといった店舗に持ち込んだ。グローバルなブランド力と既存のデザイン知識を、財産があり嗜好も世界水準の消費者、すなわち中国市場のグローバル・セグメントに属す層が訪れやすい小売拠点で展開したのである。

先進国市場でグローバル・セグメントに応えてきた経験のある多国籍企業は、新興国市場の企業に対して本質的に有利だ。新興国市場に賭ける期待を、グローバル・セグメントを対象にモノを売る、あるいはグローバル・セグメントでモノを製造するという範囲に限定するならば、母国市場の小型版のように新興国市場を利用できる。だが、ほとんどの新興国市場において、グローバル・セグメントの規模はきわめて小さい。多くの多国籍企業が期待するよりはるかに小さい。

ビジネスモデルを大幅に修正しなくても、本来の特長を活用し、新興国市場で地歩を築いて、さまざまな実験を試みていくことは不可能ではない。だが、企業が魅力を感じ、巨額投資をしたいと感じる新興国市場のマス・マーケット、すなわちミドルクラス・セグメント、ローカル・セグメント、ボトム・セグメントで顧客にリーチする、あるいはその層の人材とリソースにアクセスしたいなら、グローバル・セグメントなら避けて通れる「制度のすきま」に対峙し、財・サービス、業務プロセス、組織構造のほうを適応させていく必要がある。

しかし、多国籍企業が新興国市場に適応するのは、多くの理由で難しい。グローバル・セグメント以外で顧客にリーチしていくためには、まず、そのセグメントを特定しなければならない。収入だけでは判断できないので、正しくターゲットを絞るにはローカルな知識が不可欠だが、発達した市場調査の仲介者が不在では、そのローカルな知識の獲得が困難だ。セグメントを特定したあとも、製品を現地ニーズに合わせていくために、やはりローカルな知識が必要になる。それがあれば、母国市場よりも安価にする場合に製品からどの機能を省けばいいか、判断する材料にもなる。一方で、商品価格を下げれば、これまでとは違う原価構造に対応しなければならず、組織に負荷がかかる。これは、製品開発やマーケティングに限った話ではない。小売チェーンや物流サービス会社の整わない都市部以外の顧客にリーチするためには、流通のアプローチも変えていかなければならない。人材市場の面では、情報提供と認証の役割を果たす仲介者なしに、従業員を集め、選別し、モチベーションを与えていかなければならない。

新興国市場を狙い、これまで「あたりまえ」だったビジネスモデルを変えていく前に、その変更によって生じる調整費用の増加と、得られるメリットを比較検討する必要があるのだ。ローカライズしすぎれば業務が複雑になり、せっかくの規模やブランドといった競争優位が活かされなくなる。国が違えば求められるローカライズの方法も変わってくるので、適応しなければならないことも多く、組織を疲弊させかねない。多国籍企業は、自社のビジネスモデルのうちどの範囲を守るべきか判断し、調整可能な部分を現地に合わせて慎重に調整していかなければならないのである。

独力で競争するか、協働するか

新興国市場に参入しようとする多国籍企業にとって、ビジネスモデルや組織構造に影響を与えるのは、市場セグメントだけではない。現地の競合他社や政府など、さまざまなステークホルダーともかかわっていかなければならない。新興国市場によっては、参入の〝入場料〟として、現地企業と提携するか合弁事業を立ち上げることになるだろう。現地企業と手を組めば、ローカルな知識を得られる。提携先の企業が市場仲介者の代理となり、市場調査会社が不在でも顧客嗜好の理解が得られる。

だが、多国籍企業が協働を通じて新しいケイパビリティを獲得するにあたって、立ちふさがるのが「制度のすきま」だ。提携すべき相手企業の審査も難しい。提携関係はメリットであると同時にリスクにもなる。技術移転契約を結べば、その現地企業がいずれ強力な競合他社に変わるかもしれない。

市場環境を受容するか、改革を試みるか

現地に適応すれば、往々にして「すきま」は回避できる。現地企業と提携すれば、その提携先が「すきま」を埋める代理の役割を果たす。だが、特に市場環境が過酷である場合、多国籍企業は自主的に「すきま」を埋めて市場改革をするべきか否か、判断しなくてはならない。基幹業務をこなすために、それを支えるインフラを開発して、自ら「すきま」を埋めていくこともあるだろう。たとえば小売業者なら、物流サービスの整った先進国市場では自社が使うサービスだけを確保すればいいが、新興国市場ではより包括的な流通インフラの開発に手を貸すという例も考えられる。自動車メーカーが金融サービス部門を構築することも考えられる。

あるいは、契約を通じて一定量の発注を保証することによって、他の企業に「すきま」を埋めさせるという道もある。しかし第3章で考察したとおり、新興国市場の「すきま」を埋めるのは決して容易ではない。多国籍企業は、新興国市場の制度環境をどの範囲まで改革・形成していくか、慎重に検討しなければならない。

参入するか、待つか、撤退するか

ビジネスモデルを新興国市場に適応させることが現実的または経済的ではなく、市場環境の改革を試みないほうがいい場合もある。新興国市場における先行者優位の大きさは侮れないが、ほかの場所で機会を探して時機を待つほうが、「制度のすきま」に直面した多国籍企業にとって現実味のある戦略、または賢明な戦略になるかもしれない。

参入を遅らせる戦略も、やり方はさまざまだ。現地サプライヤーの開拓や提携に努めながら、あるいはその国内でバリューチェーンの一端を成す事業の立ち上げを検討しながら、ハイリスクなB2C環境には手を出さずにおくという道もあるだろう。間接的にかかわるだけならば、ビジネスモデルをそれほど大きく適応させなくてもいいし、提供する財・サービスを大きくローカライズしなくてもいい。ひっそりと参入し、現地市場や顧客ニーズを学習する時間を確保するというのも、発展途上地域への入り方としては優れた道だ。既存顧客を追う形で新興国市場に参入し、その顧客を助けるために市場の不都合を解消するというのも、賢い参入戦略となる。一方で、すでに新興国市場に踏み出した多国籍企業であっても、ときには損失の回収をあきらめ、「制度のすきま」に立ち向かわず、市場から撤退しなければならない場合もある。

新興国市場に進出する多国籍企業

本章の後半では、新興国市場の「制度のすきま」に直面し、戦略的岐路に立たされた多国籍企業の例を具体的に見ていく（図表4‐2参照）。各社ともすべての戦略的岐路を経ているが、ここではそれぞれにとって一番重要な意味をもたらした岐路についてに注目したい。

中国に進出したゼネラル・モーターズ（GM）は、アメリカでのビジネスモデルを再現し、まだ小さかった中国の自動車市場でグローバル・セグメントに狙いを絞った。インドに進出した化粧品メーカーのロレアルも世界水準のブランドとケイパビリティという競争優位を活用したが、初期にはローカル・セグメントを狙って失敗するという体験を経なければならなかった。多国籍企業が新興国市場に適応するというのは、営業方法や組織構造の改革を意味する場合もある。

図表4-2　新興国市場に進出する多国籍企業の具体例

戦略的岐路	例
再現か、適応か	ゼネラル・モーターズ（中国へ進出） ロレアル（インドへ進出） 新興国市場に組織のほうを適応させる。
独力で競争するか、協働するか	マイクロソフト（中国へ進出） GEヘルスケア（複数の新興国市場へ進出）
市場環境を受容するか、改革を試みるか	マクドナルド（ロシアへ進出） モンサント（ブラジルへ進出）
参入するか、待つか、撤退するか	ホーム・デポ（複数の新興国市場へ進出） テトラパック（アルゼンチンへ進出）

現地に適応するだけでは、新興国市場の「制度のすきま」に対応できるとは限らない。マイクロソフトは当初、独力で中国に適応を試みて失敗。現地のステークホルダーと協力し、市場を切り拓く成長パートナーとして自社をポジショニングしなければならないと気づいた。医療機器メーカーのGEヘルスケアは新興国市場を通じて、高性能な画像処理装置などの品質を守りつつコスト削減を図った。新興国市場で、世界水準を満たす製品の製造を再現するためには、現地のサプライチェーンと密な協働関係を結ぶ必要があった。

マクドナルドは世界中で同じメニューの再現を目指していた。ロシアでも同様に進めようとしたが、市場環境を甘受していては実現しないことがわかった。サプライチェーンの「すきま」を、マクドナルドが自ら埋めていく必要があったのだ。一方、アメリカの化学製品メーカーのモンサントはブラジルに進出したが、知的財産権侵害という問題に直面している。この厳しい市場環境がビジネスにとって弊害となったため、モンサントは外国の市場制度を〝借りる〟形でステークホルダーに圧力をかけ、市場環境を変えた。

ホーム・デポも、新興国市場の「制度のすきま」が原因で、あたりまえと思っていたビジネスモデルの遂行を阻まれた。そのため、一部の市場では現地に適応し、一部の市場では待機して別の機会を探す道を選んでいる。スイスを本拠地とする食品容器製造会社テトラパックは、アルゼンチンで事業を展開したが、二〇〇一〜〇二年に発生した同国の金融危機により、厳しい市場環境に直面した。しかし撤退する道を選ばず、世界的企業としての相対的優位を活かし、危機を乗り越えてアルゼンチンの市場と向き合っている。

再現か、適応か——GMの中国進出

アメリカの自動車メーカー、ゼネラル・モーターズ（GM）は、世界の競合他社を退けて中国の大手自動車メーカー、上海汽車集団（SAIC）と一六億ドルを投じた合弁契約を結び、一九九七年から本格的に中国市場に乗り出した。GMは、この市場に相当のポテンシャルがあると見ていた。当時の中国における自動車所有率は人口一〇〇〇人当たりわずか五・二五台だったが、著しい経済成長によって中産階級が増え、その数字が激増することは明白だった。(8) だが中国のハード・インフラ、すなわち道路や高速道路が未発達であったため、潜在的な顧客基盤はある程度の範囲に限られていた。また、国内で車を製造・販売するために必要なソフト・インフラが未発達なのも問題だった。

自動車メーカーは多数の市場仲介者に依存している。研究開発および製品設計を行うには、製品市場で情報分析とアドバイスを提供する制度、市場調査会社の助けが必要だ。製品開発には専門技術を身につけた人材が必要だが、そのためには労働市場で集約と流通を担う制度と、信用の裏付けを行う制度、具体的には大学その他の教育訓練機関が整備されていなくてはならない。また、車のような複雑な製品を製造するには、物流や運送といったハード・インフラだけでなく、充実したサプライヤー・ネットワークを築くためのソフト・インフラが必要となる。サプライヤーを探すために情報分析とアドバイスを提供する制度の力を借り、その中から起用するサプライヤーを選ぶために信用の裏付けを行う制度の力を借り、知的財産権を守るために仲裁・審判を行う制度の力を借りねばならない。

一方、消費者にとって車は大きな買い物だ。車を流通・販売していくためには、消費者が試乗できるディーラーのネットワークが広がっていなければならない。先進国市場の消費者なら、情報分析とアドバイスを提供する制度を活用し、買うべき車を調べる。市場調査会社J・D・パワーのような組織や、『コンシューマー・リポート』誌のような出版物が提示する格付けや賞といった情報を参考にする。そして購入資金をまかなうために、資本市場の集約と流通を担う制度の力を借りてローンを組む。このとき、与信情報を提供する役割として、資本市場の情報分析とアドバイスを提供する制度が機能する。業界が守るべき規制・基準を公的機関が定め、メーカーの保証内容に齟齬があれば、仲裁・審判を行う制度が解決する。

要するに、車の売り手と買い手を引き合わせるというのは、多種多様な市場仲介者に支えられた複雑な作業なのだ。GMが進出した当時の中国では、こうした仲介者の多くが不在または未発達だった。ゆえに「独力で競争するか、協働するか」の岐路においては、中国市場に参入する入場料として、上海汽車と協働するよりほかに選択肢がなかった。そのうえで、GMにとって最大の戦略的岐路「再現か、適応か」においては、現地市場に適応するための大幅な仕様変更ではなく、アメリカのビジネスモデルをできるだけ再現する道を選択した。「市場環境を受容するか、改革を試みるか」という岐路では、当初は受容し、のちに改革を試みている。

GMは中国市場に参入するにあたり、グローバルなブランド力、品質、信頼性、そしてグローバル・セグメントという狭い市場を狙うことのできるケイパビリティなど、自社のもつ相対的優位を活用した。世界品質を備えた一流の工場を上海に建設し、当時はまだきわめて貧しかった中国市場に向けて高級車「ビュイック」を生産。(9) 中国市場全般に対しても、あるいはグローバル・セグメントに限っても、このやり方は大きな賭けであり、発表当初は業界観測筋から酷評する声が多かった。それにもかかわらずGMの戦略が成功したのは、市場の「制度のすきま」を利用したからだ。

そもそもビュイック・ブランドには、中国での古い歴史という強みがあった。一九四九年の中国革命以前、ビュイックは中国のエリート層の間で人気の車だったのだ。そのため、約五〇年後に新たな富裕層向けに同じブランドを再投入した際は、かつての威信を取り戻す形で支持を得ることができた。[10] 先進国市場でブランド構築をするなら、情報分析とアドバイスを提供する制度の力を借りる。中国ではその制度が欠けていたが、こうした「馴染み」が部分的に代理の役割を果たしたのである。

また、GMがあえて世界品質の製品提供に主眼を置いたのは、中国における情報認知の環境が変化しつつあったことへの対応でもあった。インターネットの普及により、世界で売られている車について知ることのできる潜在顧客の幅が広がり、中国でも世界水準の製品に対する需要が増える――とリチャード・ワゴナーCEO（当時）は語っている。[11] しかし、実際にはパソコンの数もインターネット接続の普及も限られていたことから、一九九七年当時の情報認知の広がりはグローバル・セグメントの域を出るものではなかった。

市場調査、製品設計、その他顧客に合わせた仕様変更を行うためには仲介者の助けが必要だが、それも当時の中国では不在だった。そこでGMは、中国市場に対する当面の理解に沿って製品を変えていくのではなく、既存の製品基盤のほうを活かし、それを好むセグメントを中国で特定するという手段に出た。国営企業や外資系企業の幹部、政府高官など、高級車を買う金銭的余裕があるか、雇用主によって車を買い与えられる立場の人々だ。二〇〇〇年の時点で、中国における個人顧客の割合はわずか一〇%で、半分以上は国営企業、合弁事業、政府機関といった法人顧客だった。[12] 運転手を抱える金銭的余裕がある顧客がターゲットなのだから、後ろに座る顧客が喜ぶよう、後部座席のスタイルと機能を充実させた。だが、仕様の変更は比較的表面的なものにとどめている。[13] GM中国のヘッド・エンジニアを務める人物は、「昔は、あまりにも急速に、あまりにも安易に、物事を変えようとしていた。それが人間というものだ。変えられるものなら何でも変えようとする」と語っている。「今のわれわれは、世界的な規模の経済と、地元市場への適応、そのバランスをとろうとしている[14]」

GMは、現地の嗜好に応えて既存モデルを変更しつつも、規模の経済によるコスト抑制を維持するため、中国での製造に融通をもたせる一方で、設計およびデザイン上の変更は一定の「振れ幅」内に制限した。[15] マーケティングにおいても、一定の範囲内でそれまでとは異なる手法を採った。運転手を抱えるビジネスパーソンや政府高官のための「エグゼクティブ・ワゴン」と称して高級ミニバンを売り込んだのも、その一例だ。[16] 新興国市場に乗り出す多国籍企業が成功するには、こうした実験的手法が大きな役割を果たすことが少なくない。GMにとって、できるだけ既存製品のままで新しい市場に展開するほうが、相対的優位を活かせるローコストの方法だった。

参入当初のGMがグローバル・セグメントに限定して展開するしかなかった理由は、「制度のすきま」のせいで中国のサプライヤーに世界水準のケイパビリティが育たず、起用すべきサプライヤーの選定・評価も難しかったためでもある。だが上海汽車との合弁契約の一部として、使用する自動車部品のうち、かなりの割合を現地の工場から調達しなければならなかった。高品質・低価格な車を製造できる効率的なサプライチェーンを、中国で短期間に育てられるわけがない。そのため、GMの中国工場で製造された初期のビュイックは、一番安くても三万八〇〇〇ドルだった。国民一人当たりの所得がアメリカの数分の一しかない市場で、アメリカの同等車種より一万ドルも高い値段で発売したのである[17]。

上海GMが「一貫工場」を建設したのも、おそらくこの「制度のすきま」が理由だったのだろう。この工場で、GMは世界レベルの製造システムを再現した。製造工程を標準化し、品質とスピードを確保し、作業を改善するとともに、信用を裏付ける根拠として機能させた[18]。さらに、一九九七年に上海汽車と手を組んだ際、同じく上海汽車との合弁事業として自動車工学および設計技術の研究機関「汎亜汽車技術中心《パン・アジア・テクニカル・オートモーティブ・センター》」を設立。人材および専門知識育成に貢献して、中国の市場環境の改革を試みた[19]。

その後、市場環境を改革する試みをほかにも継続し（図表4－3参照）、一九九九年には完全子会社の倉庫・貿易業会社を設立。中国におけるGMの事業を支えるとともに、他の自動車メーカーの下請けとして、部品調達（延長として部品の品質保証も）と倉庫業務、通関手続き、その他コンサルティングサービスなどを行わせた[20]。この子会社はのちに上海以外にも事業を拡大している。また、中国進出当初は車を買う余裕のあるセグメントにターゲットを絞っていたが、時機を見て自動車ローンを提供する合弁会社を立ち上げた。自動車ローン会社として、二〇〇四年に初の認可を受け、営業を開始している[21]。さらに二〇〇八年には、上海交通大学と共同で自動車研究センターを立ち上げ、研究開発や技術訓練など中国の教育インフラにおける「すきま」を埋めている[22]。

実は、母国であるアメリカが自動車市場として伸びはじめたばかりの頃にも、GMはこうした手法を採っている。一九一九年に金融会社GMACを設立し、アメリカ資本市場の「すきま」を埋めたの

図表 4-3　GM の中国進出：「制度のすきま」に対応する

「制度のすきま」発見のチェックポイント	GM が直面した「すきま」	GM の対応
この市場の消費者は、買いたい財・サービスの品質について、バイアスのかかっていない情報を容易に入手できるか。そうした情報を提供する独立した消費者団体や出版物が存在するか。	消費者に情報を提供する機関が不在。 （製品市場における情報分析とアドバイスを提供する制度の「すきま」）	**再現：**1949 年以前の中国におけるビュイックのブランド認知度を情報として活用した。
企業はこの市場で、顧客の嗜好と購買行動に関する信頼性のあるデータを容易に入手できるか。	市場調査をする機関が不在。 （製品市場における情報分析とアドバイスを提供する制度の「すきま」）	**再現：**嗜好が母国市場に近い消費者セグメントと、情報を入手して小規模な仕様変更で対応できるセグメントにターゲットを絞った。
消費者はクレジットカードを利用しているか。それとも現金払いが主流か。消費者との信用取引は可能か。消費者の返済能力を調べられるか。	クレジット・システムが未発達。 （製品市場における取引支援制度、情報分析とアドバイスを提供する制度の「すきま」）	【初期】**再現：**ローンを必要としない富裕層および法人顧客にターゲットを絞った。 【のちに】**市場環境の改革を試みる：**中国初の自動車ローン会社を設立した。
品質のよい原材料や部品を入手できるか。サプライヤーのネットワークは発達しているか。サプライヤーの品質と信頼性を評価する機関は存在しているか。現地サプライヤーは契約どおりに業務を遂行するか。	サプライヤーを選定・評価する仲介者が限られている。 （要素市場における集約と流通を担う制度、情報分析とアドバイスを提供する制度の「すきま」）	**適応：**包括的な製造を可能にする一流の工場を建設した。 **市場環境の改革を試みる：**設計、分析、テストを行う技術開発センターを設立した。
物流と交通インフラはどの程度整備されているか。国際的な物流会社が事業拠点を置いているか。	ハードおよびソフトの物流インフラが未発達。 （製品市場における集約と流通を担う制度の「すきま」）	**市場環境の改革を試みる：**倉庫・貿易業の会社を設立した。
特に技術および経営スキルに関して、この国の教育インフラは確立しているか。	技術訓練機関が限られている。 （労働市場における集約と流通を担う制度、信用の裏付けを行う制度の「すきま」）	**市場環境の改革を試みる：**上海交通大学と共同で自動車研究センターを設立した。

だ。創業者のウィリアム・C・デュラントは、GMAC設立の理由について「自動車ビジネスが拡大したことで今のコンシューマーファイナンスでは対応しきれなくなっているが、現状の金融機関にこの問題を解決する柔軟性はないらしい」と書いている[23]。GMACは当時のアメリカで、銀行による消費者向け金融サービスの代理の役割を果たした。また、中国で教育および技術研修の土壌を育てたのと同様に、買収を通じて、のちにゼネラルモーターズ工科大学となる技術訓練校をミシガン州フリントに設立。アメリカの教育インフラにおける「すきま」を埋めている。

現在のGMが中国で課題に直面していないわけではない。合弁事業パートナーとして技術を与え訓練を施した上海汽車は、GMと競合するようになってしまった[24]。しかし、世界品質の車を最低限の仕様変更で現地に合わせ、ターゲットを絞った市場セグメントに提供することによって、GMは中国で最初の地歩と基盤を確実なものにした。その基盤の上でブランド・ポートフォリオを拡大し、グローバル・セグメント以外の層にも対象を広げつつ、「制度のすきま」を埋める取り組みを増やしていった。二〇〇七年に中国で売れた車は一〇〇万台以上。全世界の販売台数のうち一一%を占める[25]。

先進国市場における運営体制と大幅な赤字が原因で、GMが二〇〇九年の倒産に向かっていたときにも、新興国市場でのビジネスは成長を続けていた。二〇〇八年にはブラジルでの売上高が一〇%、中国では六%、インドでは九%伸びている[26]。中国ではこの時期にも二年間で一〇種類の新型モデルを導入するなど、大胆な成長計画を継続した[27]。事業再編によって復活した「新生GM」は、成功している新興国市場でのビジネスモデルを採用し、低価格や低燃費などを前面に出した実験的な製品展開をするのではないか、と業界観測筋の一部は指摘している[28]。

再現か、適応か――ロレアルのインド進出

フランスの化粧品メーカー、ロレアルのような一般消費財の生産者も、GMのような自動車メーカーと類似の仲介者に頼っている。製品市場における情報分析とアドバイスを提供する制度、集約と流通を担う制度（ただし、ディーラー・ネットワークではなく小売チェーン）、取引を支援する制度（自動車ローンではなくクレジットカード）だ。[29] そしてインドに進出したロレアルも、消費者にとってはまったく馴染みのない新しい化粧品に財布を開かせるにあたり、情報を伝える仲介者の不在が原因で苦戦を強いられた。

ロレアルはアメリカのマス・マーケット確保には成功していたが、一九九一年にインドに進出した当初は、インドの「制度のすきま」の前でマス・マーケットにリーチする難しさを理解していなかった。ガルニエ・ウルトラ・ドゥーというシャンプーをインドで売り出したが、特定の成分を省いて価格を下げるというローカライズをしただけだった。他の外国企業や現地企業のシャンプーと何の差別化ポイントもなく、ガルニエのインド展開は失敗に終わった。適応が必要なセグメントで、単なる既存製品の再現に頼ったせいだった。新興国市場で首尾よくローカライズするためには、現地についての知識を獲得し、それに基づいて製品とプロセスを変更していかなければならない。成分と値段を変えるだけでは駄目なのだ。

そこでロレアルは、インドにおけるアプローチを立て直し、一九九〇年代半ばにハイエンド・ブランドとして再ポジショニングを行った。このときのロレアルは、ミドルクラスのインド人女性、特に

働く女性という層が新しく登場・増加していることに着目し、その理解に努めている。新たな市場に合わせて戦略を刷新するため、製品市場の情報分析とアドバイスを提供する制度に頼った。具体的には広告会社幹部や、一九九六年にインド市場に進出したファッション誌『ＥＬＬＥ』の力を借りている。

市場調査の結果、髪のカラーリング剤が有望な商品セグメントであることがわかった。インド人女性が昔から使っているヘナとアンモニアの毛髪染料には特有の使いづらさがある一方、西欧式の毛髪染料は普及していなかったからだ。そこで「エクセランス」というクリームタイプのカラーリング剤を発売。値段はヨーロッパと同じだが、インドではラグジュアリー商品と位置づけて売り出した。そして、新しく台頭しつつあったミドルクラスのセグメントにリーチするため、現地市場の協力相手を探し、市場環境の改革を試みている（図表４‐４参照）。小売店の協力を得て、店舗を改装して西洋のドラッグストア風に仕立てたほか、年間二万人の美容師に研修を行い、業務用ロレアル製品の使い方を教えた。

市販のエクセランス・クリームと、美容院で使う業務用製品のおかげで、ロレアルのインド事業は二〇〇四年から黒字を出すようになった。こうして、新たに台頭しつつあるミドルクラスの消費者セグメント――インドで今も成長を続けている層である――で首尾よく足場を築いてから、前よりもよくなったブランド・イメージのもと、ローカル・セグメントを狙った製品を再投入した。だが、インドにおける戦略転換を統括したロレアル幹部は「貧困層に向けた安い製品は出さない」と述べている[30]。インドのような市場は今も大多数が貧困層だが、ロレアルは特定のセグメントにターゲティング

図表 4-4　ロレアルのインド進出：「制度のすきま」に対応する

「制度のすきま」発見のチェックポイント	ロレアルが直面した「すきま」	ロレアルの対応
顧客の嗜好と購買行動に関する信頼性のあるデータを容易に入手できるか。市場調査に対する文化的障壁が存在するか。世界水準の市場調査会社が、この国に展開しているか。	市場調査をする機関が不在。 （製品市場における情報分析とアドバイスを提供する制度の「すきま」）	【当初】**再現**：母国のビジネスモデルを再現しても報われないセグメントで再現を試み、失敗。 【のちに】**再現**：相対的優位を活用できるセグメントを選び、そこで再現。
消費者は新しい財・サービスを積極的に試そうとするか。地元企業の製品を信頼しているか。海外企業の製品は信頼しているか。	消費者に情報を与える機関が不在。 （製品市場における情報分析とアドバイスを提供する制度の「すきま」）	【当初】**再現**：「すきま」を埋めようとしなかった。 【のちに】**再現**：製品市場に情報分析とアドバイスを提供する制度として、外国からすでにインドに参入している存在を効果的に利用した。
この国には大手小売チェーンが存在しているか。あるとすれば、国全体をカバーしているか、それとも主要都市だけをカバーしているのか。全消費者にリーチしているか、富裕層だけを対象としているか。	小売チェーンが未発達。 （製品市場における集約と流通を担う制度の「すきま」）	**市場環境の改革を試みる**：美容院や小売店と手を組み、店に高級感を出したり、美容師に研修を行ったりした。

する重要性を理解した。多国籍企業であっても新興国市場に見出す機会はまちまちで、たとえばインド北部に進出したユニリーバは、ボトム市場で成功を収めている。しかしロレアルの場合、世界水準の価格を支払える消費者を意図的に狙い、世界水準のビジネスモデルを再現することで、初めて成功を手にしたのである。

組織構造の適応

先進国市場を拠点とする多国籍企業は、提供する財・サービスを新興国市場のニーズや嗜好に適応させるか否かだけでなく、組織自体を新興国市場のビジネス需要や制度環境に適応させるか否かという点についても検討しなければならない。適応は痛みを伴うプロセスとなりうる。製品、業務プロセス、組織構造を変更すれば、会社全体に緊張を生み、バリュー・プロポジションの中核を損なう可能性もある。現地支社や現地法人は、その国に合わせることによって大幅な成長が見込めると期待したとしても、本社から見れば、その変更はグローバル・ブランドを傷つけるものかもしれない。反対に、本社が成長を求めて焦るあまり、その新興国市場に合わない製品に過度な期待をかけてしまうかもしれない。新興国市場に投資し、事業を展開する多国籍企業のリーダーがしなければならないのは、自社のビジネスモデルのうちどの部分を調整対象とするか、どの部分を対象外とするか、はっきりと判断することだ。同時に、新興国市場での第一歩は決して甘くないという点も理解していなければならない。

企業はこうした重要なポイントを踏まえたうえで、その新興国市場における戦略と目標に沿って、組織構造や指揮系統を調整していく必要がある。新興国における支社や子会社の位置づけは、市場ごとに独自に発展していく場合が多い。本社からの指示系統もあり方も、市場によって違いが出る。本社とのつながりの強さは、企業としての優先順位の表れというだけでなく、業績にも大きく影響する要素だ。新興国市場には共通点があるので、多国籍企業は組織全体で各市場に関する知識を共有しておくのが得策だ。

同じ企業の海外展開であっても市場によって違いが出る例として、アメリカの通信機器メーカー、モトローラを挙げよう。モトローラの中国事業とインド事業では、本社との指示系統の構造が異なる。中国では巨額投資を行う過程で、モトローラ経営陣と現地の政治指導者との間に緊密な関係性が築かれた。そのため中国では、モトローラの本社が事業に密接かつ直接的に関与している。対照的にインド事業は、本社が直接的に関与せず、シンガポール経由で統括している。インドにおけるモトローラのプレゼンス拡大は、中国よりもスローペースだ(31)。

マイクロソフトも、中国やインドがもつ機会の大きさの前では、組織のほうを市場に適応させていく必要に迫られた。大中華圏《グレーターチャイナ》とインドでは現地法人を本社直属として、それぞれに独立性をもたせている。また、新興国市場全般に対応する専門部署として、本社に二つのチーム(新興セグメント市場開発グループと、市場拡大グループ)を設立。ビル・ゲイツは二〇〇七年に北京で、世界に一〇億人いるコンピューターの利用人口を二〇一五年までに二〇億人へと劇的に増加させると宣言したが、先の二チームはこの「北京宣言」の目標達成を推進するための部署でもある。こうした取り組みの規模と、前例のない組織構造の調整は、新興国市場での事業確立に対するマイクロソフトの並々ならぬ決意を物語っている。海賊版など市場環境の問題にぶつかるとはいえ（本章の後半で考察する）、新興国市場はマイクロソフトの将来を大きく左右する存在だからだ。[32]

アメリカを拠点とするコンピューター機器メーカー、シスコも、二〇〇七年にインドのバンガロールに拠点となる施設を開いた。グローバリゼーション・センター・イーストと銘打って、二〇一一年までに、シスコ経営陣の五分の一と一万人の従業員が入る予定だ。[33]新興国市場のもつ重要性は、企業の上層部および取締役会の構成にも反映されなければならない。あるドイツの大手多国籍企業ＣＥＯは二〇〇八年半ばに、自社の経営陣における多様性の欠如に懸念を示す発言をしている。

「役員会は全員が白人男性だ。管理職は、上から六〇〇人のほとんどが白人のドイツ人男性だ。あまりに一面的すぎる[34]」

新興国市場に進出するにあたり、組織構造に関する最大の検討ポイントとなるのは、いつ頃、そしてどの範囲まで経営管理体制を現地化すべきかという問題だ。現地出身ではないマネジャーに任せきりで、慣れないビジネス環境を乗り越えさせようとするのは得策ではない。マイクロソフトのインド事業担当会長は、「本国の人間を送り込むのは持続可能な戦略ではない。文化的な面でさまざまな失敗を犯すことになる」と述べている。

「どの国でも同じだ。直接競合している二社があった場合、どちらが先に経営体制を現地化したか見てみるといい。そこに成功との相関関係が見出せるはずだ[35]」

だが、本国から経営陣を送り込むことにより、多国籍企業にとっては、ある種のメリットも生じる。第3章で考察したドイツの卸売業者メトロキャッシュアンドキャリーのトーマス・ヒュブナーＣ

EOは、インド進出についてその点に言及した。「あとから考えてみれば、インド人ではないマネジャーで事業を開始するべきだった」と、ヒュブナーは話している。インド人マネジャーは、たとえば政府やその他のステークホルダーとのやりとりにおいて、インドならではの複雑な慣習に縛られやすい。「(現地の慣習に縛られない)リーダーがいれば、それだけで多くの問題を避けられる。フォレスト・ガンプのように、問題を問題と意識せずにいられるほうがいい。これはとてもよいアプローチだ。ただし、礼儀はわきまえること。傲慢になってはいけない。ある程度のフォレスト・ガンプ的アプローチを使えば、物事をシンプルに把握できる。現地の人間は複雑に考えすぎる」[36]

本国から経営陣を送り込むにしても、現地の経営陣を置くにしても、そこには利点もあればコストもある。現地の人間は市場情報をよく知っているが、現地ならではの複雑な関係性に縛られる。本国から送られた経営陣は現地環境に馴染みがなく、それが資産にもなれば不利益にもなる。多国籍企業は、進出する新興国市場の環境において、どちらのアプローチが自社にとって有効か慎重に検討しなくてはならない。そして、いずれのアプローチを選ぶにしても、そこに生じるコストを相殺する方法を考えなくてはならない。

独力で競争するか、協働するか――マイクロソフトの中国進出

マイクロソフトは新興国市場で、知的財産権をめぐる「制度のすきま」にぶつかった。この「すきま」があまりに大きく広がっていたので、新興国市場におけるビジネス自体が危ぶまれたほどだ。[37] た

とえば一九九〇年代初期に中国に参入を始めた頃、同国の海賊版普及率は全体の九八％を占め、世界一の高さだった。お金を払って利用する顧客を確保し、持続性のあるビジネスを築いていくマイクロソフトにとっては、とても生きていける状態ではなかった。現地への適応は必要だが、適応するだけでは中国事業は確立できない。現地企業やその他のステークホルダーと協働し、マイクロソフトが中国の成長パートナーだとみなされるよう努力するしか道はなかったのである。

中国進出当初のマイクロソフトは、台湾のソフトウェア開発拠点でウィンドウズの中国語版を作り、それで勝負しようと考えていた。いざ一九九三年に発売すると、中国政府は、中国本土のソフトウェア基準を満たしていないという理由で即座にこの製品をブラックリストの対象とした。初年度の販売本数は二万本にも届かなかった。

マイクロソフトはこの最初の失敗によって鍛えられた。現地ステークホルダーをもっとうまく巻き込み、市場にあふれる海賊版に対処していく道を探りながら適応していかなければ、中国では成功しないと理解した。政府の電子工業部（現情報産業省）と広範囲に及ぶ交渉を重ね、一九九四年にはより協働的なアプローチを採用して、中国の大手ソフトウェア・ベンダーとローカライズ版ウィンドウズの共同開発を開始する。また、将来的なソフトウェア開発プロジェクトに向けて、ほかにも現地ソフトウェア・ベンダー六社と合弁事業を立ち上げた。

それでも、海賊版のせいで、マイクロソフトは膨大な市場機会に見合う収益を確保できなかった。中国政府に問題提起したところ、逆に、中国のソフトウェア産業発展に貢献するよう求められた。中国市場の重要性は理解していたが、市場環境の問題を解決して政府その他のステークホルダーとの関係を構築する必要性も痛感していたマイクロソフトは、一九九八年に新たな取り組みを立ち上げた。中国の教育・研究開発構想に協力し、中国国内のソフトウェアおよびITセクターの発展を援助することによって、市場環境の改革を試みたのだ。『ニューズウィーク』誌の記事にあった表現を借りれば、「独自のソフトウェア産業が育っていれば、中国も海賊版撲滅に乗り出すだろう[38]」と考えたからだった。ステークホルダーとの提携を通じて経営を現地化し、中国のソフトウェア産業の発展に投資することで、この市場で自社の事業を支える制度環境を自ら構築していったのである。

海賊版問題にも適応を通じた解決を試みた。現地の価格的制約に応えつつ、なおかつ海賊版撲滅につなげる目的で、製品を複数のバージョンで発売している。たとえばウィンドウズ・スターター・エディションは、初めてパソコンに触れる利用者を想定し、機能を単純化した廉価版として販売した。新興国市場の低所得者層に手が届く価格で提供することで、海賊版需要の縮小を期待したのだ。また、新しい顧客セグメントや若い世代を取り込み、あわよくばブランドを刷り込んでしまおうと、学生限定ソフトや安価なパッケージも実験的に投入した。こうした取り組みが、低所得者が利用できる消費者向け金融サービスが整っていないという「すきま」を埋める役割を果たした。

さらに、中国およびインドにおける携帯電話の爆発的成長に便乗するべく、そして普通のパソコンを所有していない顧客でも基本のアプリケーションが使えるようにするために、ウィンドウズ・モバイルのスターター・エディションという位置づけの簡易パソコン「フォンプラス」を開発した。携帯電話でパソコン機能の一部が使えるという製品だ。テレビにつないで外付けキーボードを接続すれば、普通の家庭用コンピューターにもなる。マイクロソフトは、新興国市場の環境および嗜好に適応するには実験的取り組みが不可欠だと考えた。同社幹部の言葉にその考えが表れている。

こうした破壊的イノベーションやビジネスモデルが、長期的な優位性につながると考えなくてはならない。遅かれ早かれ、同じビジネスモデルが他の国々に――発展途上国にも先進諸国にも――広がっていくからだ。私はマイクロソフトに入って二年半になるが、その間ずっと「インドとは第一に破壊的イノベーションのラボと考えるべきだ」と主張しつづけている。リソース確保の基盤である以上に、戦略的に重要な存在として見なければならない。インドは、短期的には破壊的でも、未来の競争優位を生み出すような奇抜な革新を試していける場所なのだから。(39)

知的財産権侵害の問題を政府に〝教え諭す〟方法では、うまくいかなかった。代わりに現地企業と手を組み、自らを成長パートナーと位置づけ、さらに価格設定の差別化という実験的手段で適応を目指した(図表4-5参照)。また、現地の人材とともに中国の研究開発能力向上に力を入れ、同国の要素市場を活用して「制度のすきま」に対応し、市場に雇用と職業訓練機会を提供した。中国政府にとっては価値ある貢献であり、マイクロソフトに対する世間の支持につながるものだった。

海賊版は今も深刻な課題だ。だがマイクロソフトは、現地の産業を刺激することによって、中国の海賊版問題の解決にいくらかの成功を収めた。また、正面から海賊版を非難するのではなく、セミナーの開催や、新興国市場で知財法を学ぶ法学部学生に奨学金を出すといった試みを通じて、知財意識の向上に努めている。

図表 4-5　マイクロソフトの中国進出：「制度のすきま」に対応する

「制度のすきま」発見のチェックポイント	マイクロソフトが直面した「すきま」	マイクロソフトの対応
政府は外資の受け入れに関してどのような規制を設けているか。その規制は、国内企業の成長を支えるために存在するのか、国営企業の独占体制を守るためのものか。または、国民が多国籍企業に対して懐疑的であるために、そうした規制があるのか。	外国企業は当局から公平に扱われない。 （規制する制度の「すきま」）	**協働**：現地のソフトウェア開発会社と、ウィンドウズのローカライズ版を共同開発した。
品質のよい原材料や部品を入手できるか。サプライヤーのネットワークは発達しているか。サプライヤーの品質と信頼性を評価する機関は存在しているか。現地サプライヤーは契約どおりに業務を遂行するか。	国内のソフトウェア産業の専門技術が限られている。 （集約と流通を担う制度、信用の裏付けを行う制度の「すきま」）	**協働**：中国のソフトウェア産業発展のために投資をした。
消費者はクレジットカードを利用しているか。それとも現金払いが主流か。消費者との信用取引は可能か。消費者の返済能力を調べられるか。	所得の低い顧客は資金繰りの手段が限られている。 （取引支援制度の「すきま」）	**適応**：学生限定モデルや、多様なバージョンを出すという方法を実験。
法は企業秘密や知的財産の漏洩を禁じる効力があるか。	知的財産権が保護されていない。 （規制する制度の「すきま」）	**市場環境の改革を試みる**：知財に関するセミナーを開催したり、知財法を学ぶ法学部の学生に奨学金を出したりした。

こうした市場環境の改革は長期的な作業となるかもしれないが、マイクロソフトを成長パートナーとして認識させるための重要な取り組みだ。あるマイクロソフト幹部は、新興国市場における自社の積極的関与について、次のような見解を示している。

マイクロソフトのような企業がやってきて、「われわれがここの人材を利用する」と言ったとしたら、善意だとは思われない。ここの人材プールを搾取しにきたのだ、と見られる。経済にとっても国にとっても、われわれの存在は得だと思ってもらえる方法を探らなくてはならない。そのためには、第一に謙虚さが必要だ。第二に、相当の投資が必要だ。とりわけ人材開発、パートナー・エコシステムの開発、現地ソフトウェア会社が儲かるための支援などに力を入れていかなければならない。それができなければ、いずれどこかのグループから反発を受ける。そうしたグループは、えてして地元の政治家や当局を動かす力をもっていて、こちらの経営の邪魔をする。だから、信頼を獲得し、好意的な目で見られるようにして、国にとってよい存在と思われる方法を学ぶことがとても重要なのだ。こうしたことを、われわれは主に中国で学んだ。インドでは同じ失敗をしないよう努めている。(40)

マイクロソフトは、知的財産権侵害を取り巻く頑迷な「すきま」の前で、忍耐を強いられ、現地の状況にも配慮を示さなければならなかった。「ここは海賊版の天国だ、などと言われたい国があるわけがない」と、先のマイクロソフト幹部は語っている。(41) そして、中国のような新興国市場で「制度のすきま」に対応していくためには、適応・実験・協働に対するオープンな姿勢が必要だと理解したのである。

独力で競争するか、協働するか——GEヘルスケアの新興国市場進出

GEヘルスケアは一九九七年から、医用画像処理装置やその他の医療機器の製造および部品調達先を新興国市場に移転しはじめた（当時は「GEメディカルシステムズ」という社名だった）。当初は輸出を目的として、低コストの部品や製品と、世界水準の製造ラインの両方を新興国で確保することが狙いだった。[42] そのためにGEが必要としたのは、現地サプライチェーンとの緊密な協働関係だった。

GEの高性能な医用画像処理装置やその他の医療機器は、部品の大多数を外部のサプライヤーから購入していた。当時のGE幹部が、「多くのものを購入するので、わが社の戦場は製造ではなく、主にサプライチェーンだ」と述べている。[43] GEのもつ最も重要な資産は特許だ。変動費である製造原価は二三億ドルに及び、うち約二〇億ドルが外部サプライヤーの納める部品に支払われていた。つまり、この調達手段をコスト抑制の利く新興国市場にシフトすれば、莫大な節約が可能となる状態だった。

だが、新興国市場でサプライヤー——特に、複雑な技術を用いる部品や組立品でGEの厳格な品質基準に応えられるサプライヤーを見つけるのは困難をきわめる作業だった。何しろ、情報分析とアドバイスを提供する制度や、信用の裏付けを行う制度が存在しないのだ。「インドや中国の商工会議所に行けばサプライヤーが見つかるわけではない。長期的な戦略が必要だ」と、先のGE幹部は述べて

いる。(44)

そこでGEは、先進国市場で作られている製品の品質と精巧さを再現するため、既存拠点から調達および品質管理チームを結成。これを新しいサプライヤーと緊密に連携させ、円滑な移転を目指した。こうした協働作業はかなりの時間とリソースを食う。インドのバーラト・エレクトロニクスと手を組んだときには、エンジニア二〇人による調達チームと、社員七人による品質管理チームを送り込んだ。エンジニアの労働時間の二五％と、社員の労働時間の五〇％を充当したことになる。また、バーラト・エレクトロニクスの経営陣に対してシックス・シグマの研修を実施した。ベンダーの研修機関および能力認証機関として機能し、信用を裏付ける制度の「すきま」を埋めたのである。おかげで、単純部品の調達先だったバーラト・エレクトロニクスは、より高度な部品の調達先へと進化した。その他のサプライヤーも同様だ。GEはサプライヤーに資金援助はしなかったが、GEの事業を請け負っているという事実が新興国の資本市場で信頼性の証となったため、サプライヤーは他のルートから資金援助を受けやすくなるという効果があった。

さらに新興国市場と協働する取り組みとして、エンドユーザーおよび規制当局への教育にも力を入れた。GEヘルスケアの製品によって実現する診断医療に関する理解を広めるのが目的だ。もちろんこれはマーケティングの一環だが、自社を成長パートナーとしてポジショニングするための努力でもあった。別のGE幹部は次のように説明している。

昨年はブダペストで、東欧の顧客のための懇親会を開いた。するとクロアチアの代表団が、国内の放射線科医には高度な医療機器の使用訓練が必要だと主張した。われわれは、そこに真の差別化チャンスがあると理解した。そこで今、利用者を対象としたセミナーの開催を計画している。現時点で当社製品を使っているかどうかは問わない。また、時間をかけて規制当局にはたらきかけ、機械（ＭＲＩなど）への投資を節約するのはコスト効率がよいとは言えないと説明している。[45]

新興国市場における協働の取り組みが困難を伴わないわけではなかった。中国では、医療監督機関の一部をなす製造会社と合弁事業を構成したり、提携関係を結んだりしていたのだが、ＧＥメディカルシステム中国の幹部によれば、こんな出来事があった。

「ある合弁事業のパートナー企業が、わが社からの発注を受けておきながら、完全子会社の工場からの注文を優先し、ＧＥの発注をキャンセルしようとした。これを止める手段はなく、再交渉しなければならなかった[46]」

のちにＧＥは、こうした合弁事業二社の株式を完全所有し、もう一社も九〇％の株式を押さえた。また、新興国市場で高度な業務体系を確立するためには、知的財産権保護の仕組みが未発達という「制度のすきま」にも適応しなければならなかった。ＧＥヘルスケア社長兼ＣＥＯ（当時）のジョー・ホーガンの見解はこうだ。

こうした人々を教育し、電子信号を画像に変換するＣＴ再構成の高度なアルゴリズムを教えつつ、彼らに逃げられないようにするには、どうしたらいいか。彼らが勝手に競合他社と契約してしまったら、どうしたらいいか。それは新しいライバル会社かもしれないし、シーメンスやフィリップスかもしれない。……われわれは新しいタイプの工場に、最高のエンジニアをそろえ、彼らにたくさんの手錠をかけておくつもりだ。ストックオプションや高収入という手錠をかけ、よそに盗られないよう、つなぎとめておかなければ。[47]

しかし、緊密な協働関係を築いたおかげで、GEヘルスケアは新興国市場で世界水準の品質を備えた製品を作れるようになった。こうした協働関係を成立させるため、GEは自ら「制度のすきま」を埋め、また適応していかなければならなかったのである（図表4 - 6参照）。

GEヘルスケアはのちに方向転換し、新興国市場を輸出製品の部品調達市場として利用する戦略から、こうした経済圏の市場に製品を提供する戦略へとシフトした。「その国の中で、その国のために（In Country For Country）」と題した新しいビジネスモデルを導入し、製品を現地ニーズに適応させていったのである。そのためには現地に対応するケイパビリティの獲得が必要だった。たとえば中国では、アメリカで売られているCTスキャナの三分の一の値段で、「エコノミー版」CTスキャナを発売している。GE幹部は「アメリカでは中国向けのローエンドな製品は設計できない」と述べた。「アメリカで設計すれば、不必要な機能をつけ、逆に使いづらくしてしまう。同様に、中国ではメイヨー・クリニックで通用する製品は設計できない[48]」

だが、新興国市場における適応と実験から、成果が先進国市場に戻っていく例もあるようだ。GEヘルスケアは、二〇〇九年に発表した「ヘルシーマジネーション」と銘打つ取り組みのもと、新興国

図表 4-6　GE ヘルスケアの新興国市場進出：「制度のすきま」に対応する

「制度のすきま」発見のチェックポイント	GE ヘルスケアが直面した「すきま」	GE ヘルスケアの対応
品質のよい原材料や部品を入手できるか。サプライヤーのネットワークは発達しているか。サプライヤーの品質と信頼性を評価する機関は存在しているか。現地サプライヤーは契約どおりに業務を遂行するか。	水準が低く、認証機関が未発達。（要素市場の情報分析とアドバイスを提供する制度、信用の裏付けを行う制度の「すきま」）	**協働：**サプライヤー企業にシックス・シグマの研修を行うことで、自ら情報分析とアドバイスを提供する制度と、信用の裏付けを行う制度の役割を担った。
企業は上級幹部と法的拘束力のある雇用契約を結ぶことができるか。雇用契約は、幹部の離職と競合他社への転職を禁じる効力があるか。企業機密や知的財産の漏洩を禁じる効力があるか。	知的財産権保護の仕組みが未発達。（労働市場の規制する制度の「すきま」）	**適応：**ストックオプションなどの手段を使って、従業員を通じた知的財産権侵害のリスクを低減した。

市場だけでなく、先進国市場でサービスが行き届いていない地域の医療ニーズにも焦点を当てていくことを計画している。すでに低価格の医療機器を研究開発するため、今後六年間の予算として三〇億ドルを確保した。現在のアメリカでは病院のコスト削減対策が広がり、ＭＲＩやＣＴスキャナといったＧＥの高額製品の売上に影響を与えている。だが、中国向けに開発したＣＴスキャナや、インド向けに開発した携帯用心電計のような製品を応用すれば、先進国市場で新しい機会につながると考えられる(49)。

市場環境を受容するか、改革を試みるか――マクドナルドのロシア進出

新興国市場のグローバル・セグメントという狭い層にとどまらず、その先に手を伸ばしたいという野心をもつなら、現地の市場環境に適応するか、協働または市場環境の改革を試みてケイパビリティを獲得していかなければならない[50]。トルコのドウシュ・グループ会長フェリト・シャーヘンクは、トルコに進出し、「制度のすきま」に直面しながら何の適応もしない多国籍企業がぶつかる壁について、こんな見解を示している。

残念ながら、新しい市場にカネをつぎ込むだけでは成功しない。その市場の現状について考え、理解しなければならない。トルコに進出している企業の一部にもあてはまることだ。そうした企業は、特定のやり方で運営することに慣れているが、ときにはアウトソースする先がトルコに存在しないこともある。その場合はどうするか。……まるでマクドナルド方式だ。バンズを開いて肉を載せ、はさんで閉じて、レジに持っていき、お金を受け取り、ハンバーガーを渡す。そんなやり方はトルコ流とは少し違う、と私は思う[51]。

奇しくも、ここで引き合いに出されているマクドナルド自身の新興国市場戦略が、この主張に賛同するものとなっている。ファストフードチェーンであるマクドナルドは、世界中の市場でほぼ同じ商品を提供する力がある――部分的にメニューを地元の嗜好に適応させながら――が、それを実現するために市場の「制度のすきま」に応じた調整を行っているのだ。

図表 4-7　マクドナルドのロシア進出：「制度のすきま」に対応する

「制度のすきま」発見のチェックポイント	マクドナルドが直面した「すきま」	マクドナルドの対応
品質のよい原材料や部品を入手できるか。サプライヤーのネットワークは発達しているか。サプライヤーの品質と信頼性を評価する機関は存在しているか。現地サプライヤーは契約どおりに業務を遂行するか。	資本に対するアクセスが限られている。サプライチェーンの専門技術が限られている。 （集約と流通を担う制度、取引支援制度の「すきま」）	**市場環境の改革を試みる：** マックコンプレックスを建設し、サプライヤーのケイパビリティ向上のために資金援助と協力を行った。
どのような製造環境で、どのような安全規制の遵守が求められているのか。当局はどのように規制を執行しているか。	製造環境の安全水準が低い。 （信用の裏付けを行う制度の「すきま」）	**市場環境の改革を試みる：** サービスおよび品質水準を教える研修プログラムを確立。
特に技術および経営スキルに関して、この国の教育インフラは確立しているか。	農業運営の訓練が行き届いていない。 （労働市場の集約と流通を担う制度の「すきま」）	**市場環境の改革を試みる：** 外国から農業の専門家を呼び、訓練を行った。
物流と交通インフラはどの程度整備されているか。国際的な物流会社がこの地に事業拠点を置いているか。	物流のハードおよびソフト・インフラが未発達。 （製品市場の集約と流通を担う制度の「すきま」）	**市場環境の改革を試みる：** 独自にトラックをそろえた。

アメリカのマクドナルドは、サプライチェーン業務のほとんどをアウトソースしている。しかし、一九九〇年にロシアでのフランチャイズ展開を試みたところ、主に「制度のすきま」が原因で、適切な地元のサプライヤーを見つけることができなかった（図表4-7参照）。ヨーロッパのベンダー数社に支援を頼んだが、各社ともロシア市場がもつ規制や、その他の壁に立ち向かおうとは考えなかった。

マクドナルドはあきらめず、現地のサプライチェーンの「すきま」に自力で対抗する道を選んだ。市場環境のほうを動かして自社のビジネスを可能にするために、本章で挙げた他の企業よりも広範囲にわたる改革に取り組んでいる。まず、合弁契約を交わしたモスクワ市当局の力を借りて、提携できる現地の農家やパン製造業者を選定した。そしてオランダから牛を、アメリカからジャガイモを輸入した。さらに、カナダとヨーロッパから農業の専門家を呼び寄せて農家の業務手法を改善させるとともに、資本の流れを近代化して、農家が品質のよい種や設備に投資できるようにした。

次に、牛肉、ケチャップ、マスタード、ビッグマックのソース、パイ、ポテト、乳製品を製造する工場施設として、モスクワに約三〇〇〇坪の「マックコンプレックス」を建設。食材を店舗へ輸送するトラックも自前でそろえたほか、サプライヤーが近代的な設備をもてるように資金援助も行った。また、本国から五〇人ほどのマネジャーを呼び、ロシア人従業員にサービス基準、品質管理、業務手順の教育を行った。反対に二三人のロシア人マネジャーをカナダに送り、四カ月の研修プログラムを受けさせた。

こうして「制度のすきま」に対応し、ロシアで垂直型の運営体制を生み出しながらも、マクドナルドは「ハンバーガーとフライドポテトとドリンクを、清潔な環境でスピーディに販売する」という原則を守った。この戦略は当たった。モスクワのプーシキン広場で初めてビッグマックを販売してから一五年、マクドナルドはロシアに二億五〇〇〇万ドル以上の投資をして、同国のファストフード市場の八〇%を押さえるまでになったのである。

市場環境を受容するか、改革を試みるか――モンサントのブラジル進出

アメリカを拠点とする化学製品メーカーのモンサントは、農業セクターにおけるバイオ技術開発のパイオニアだ。収穫量が増大する種子、特定の性質をもった種子（数世代でその性質は消える）、植物病原菌に耐性のある種子などを開発している。そのモンサントは、ブラジルの市場環境で厳しい問題に直面した。マイクロソフトと同じく、その壁があまりに深刻だったため、同国でのビジネス継続が危ぶまれたほどだ[52]。それに対応するため、モンサントは積極的に市場環境の改革に乗り出した。

アメリカでのモンサントは、高度に発達したソフト・インフラを頼りに、自社技術を開発・保護していた。研究開発部門は、しっかりとした教育および技術訓練インフラの力を借りて従業員を確保、採用、研修し、また長期にわたる新商品開発を支える資金も確保していた。品種改良した種子を開発したら、遺伝子組み換え植物の特許を取るか、米農務省の植物品種保護の認証を受け（ときには、その両方）、農家にそのライセンスを供与して種子使用を許可する。トラブルが起きても、アメリカなどの先進国市場なら法の力――市場仲介者の分類では、仲裁・審判を行う制度に相当する――で解決し、契約更新料を払わずに収穫した種子を再利用して作付した農家を訴えるなど、知的財産権を行使することができた。

先進国市場で生み出されたモンサントの技術は、発展途上国に対して魅力的なバリュー・プロポジションをもつものだった。発展途上国では、技術訓練やハイテク専門技術といった領域に「制度のすきま」があることが一因で、農家はモンサントの種子のような技術的な支援がないまま、世界の市場で競わなければならない状態にあったからだ。新興国市場における需要は、モンサントから見れば絶大な機会である。だが、こうした市場の多くでは、その技術を保護するソフト・インフラが発展していなかった。

世界最大の大豆輸出国であるブラジルは、モンサントが開発した遺伝子組み換え作物「ラウンドアップ・レディー」の大豆種子の市場として、きわめて有望だった。ラウンドアップ・レディーは、モンサントの除草剤「ラウンドアップ」に耐性をもち、この除草剤と併用できることを売りにしている。アメリカでは大ヒットし、発売から三年間で大豆作付面積のシェアが五〇%に達した。モンサントがラウンドアップ・レディーの大豆でブラジル進出を試みたのは、アメリカで発売を開始してからわずか一年後のことだった。

一九九八年には、ブラジルでラウンドアップ・レディーの大豆での特許を取得し、同国のバイオセイフティ委員会から販売認可も取り付けた。しかし、環境保護団体と小規模農業団体の両方から反対の声があがり、それを受けて現地の裁判所が承認取り消し命令を出したため、ラウンドアップ・レディーは法的に宙に浮いた状態となった。裁判所命令により、ブラジルでラウンドアップ・レディーの大豆を販売するのは非合法となったのだが、農家はアルゼンチンから密輸された種子を買っていたため、ラウンドアップ・レディー自体はブラジル南部で広く使用されていた。モンサントは政府にはた

図表 4-8　モンサントのブラジル進出：「制度のすきま」に対応する

「制度のすきま」発見のチェックポイント	モンサントが直面した「すきま」	モンサントの対応
この国の政府、メディア、国民は外資の受け入れに対して理解があるか。国民が企業や個人を信頼する場合、その信頼度は相手の国によって偏ることがあるか。	多国籍企業の進出を恐れる農業団体の反対に遭う。	**市場環境の改革を試みる：** 農家と話し合いの場をもった。
司法は独立しているか。裁判所は遅滞なく公平に争議を裁き、契約を履行させているか。事業活動にルールを課す準司法的な規制機関は、どの程度の効力をもっているか。	法的問題の解決に時間がかかる。モンサントのラウンドアップ・レディーの大豆種子の認可も、法的に宙に浮いたままとなった。（仲裁・審判を行う制度の「すきま」）	**市場環境の改革を試みる：** 先進国の市場制度を「借りた」。
私有財産権が法的に定められ、保護されているか。	知的財産権保護の仕組みが未発達。（規制する制度の「すきま」）	**市場環境の改革を試みる：** 種子代金回収のPODシステムを考案。また、ヨーロッパの納入先市場における知的財産権保護の制度を「借りた」。
銀行、保険会社、投資信託会社は、預金口座などから集めた資金を効率的に運用しているか。	農家は、資本および保険へのアクセスが限られている。（集約と流通を担う制度、取引を支援する制度の「すきま」）	**市場環境の改革を試みる：** PODシステムを通じて、リスクを共有するパートナーとなり、実質的な貸金業の役割を担った。

らきかけてこの問題を解決しようとしたが、実際に解決に至ったのは、市場環境の改革に取り組んでからのことだった（図表4－8参照）。

モンサントは承認取り消しの命令に異議を申し立てたが、ブラジルの法制度における「制度のすきま」のせいで、なかなか判決が出ない。不明確な法と規制、そしてブラジル農家の密輸品利用に不満を抱くアメリカの顧客からのプレッシャーを受け、モンサントは技術代金の回収方法を変更しなければならないと考えた。ラウンドアップ・レディーの販売と、前払いでの代金徴収が禁じられているとすれば、収穫後に徴収すればいいのではないか。そこで、納品時（ＰＯＤ）課金システムを開発。一方で農家からあらかじめ年間技術料を取ることで、ラウンドアップ・レディーの非合法使用を訴える必要が生じないようにした。

このＰＯＤシステムを施行するにあたっては、ブラジル国外の市場制度を借りて関連するステークホルダーを巻き込み、インセンティブを与えて従わせる必要があった。ラウンドアップ・レディーを使うブラジル農家の主たる納品先は、アーチャー・ダニエルズ・ミッドランド（ＡＤＭ）、ブンゲ、カーギルなど、先進国市場を拠点とする大手多国籍企業だ。そこで、こうした穀物メジャーに対し、必要なら納入先であるヨーロッパ市場の税関を通してでも種子代金を回収すると通告した。この脅しに説得力があった理由は、ひとえにラウンドアップ・レディーがブラジルとヨーロッパの両方で特許権を有していたからだ。

しかし、このような形で先進国市場の制度を〝借りる〟だけでは、ラウンドアップ・レディーの代金を回収することはできない。成功したのは、ＰＯＤが農家にとっての「すきま」を埋めると説得したからだ。モンサント幹部は、次のように説明している。

「われわれにとってのブレイクスルーは、農業団体や協同組合と話し合いの場をもったことだった。種子代金は納品時に回収するので、われわれも生産リスクと価格リスクを共有すると説明した」[53]

ラウンドアップ・レディーを使う農家は、収穫できた場合のみ、モンサントに種子代金を支払う。モンサントは財政的余裕をもった大手多国籍企業という相対的優位を活用して、農業におけるリスクを共有すると申し出たのである。また、ラウンドアップ・レディーの作付を自己申告した農家には、アメリカの農家よりも安く課金する仕組みを設け、事実上の貸金業に相当する役割を果たした（自己申告した農家には、収穫物検査で初めてラウンドアップ・レディー種子の使用が発覚した農家よりも、技術料を低く設定した）。

このシステムは二〇〇四年一月にスタートしている。モンサントはADMやブンゲ、カーギルといった穀物メジャーに回収代行業の役割を担わせ、エレベーター（穀物倉庫）で種子代金を回収させた。見返りとして、収益の一部を分配。穀物メジャーおよびエレベーターとの連携・交渉には多大な努力を要したが、その甲斐あって一年目には約九五％の農家がモンサントの種子作付を自己申告している。

根深い「制度のすきま」――知的財産権の保護が施行されず、裁判でスピーディに判決が出ない――に直面したモンサントは、独創的なソリューションで自社技術に課金する方法を考案したのである。納品時に代金を回収するというアイデア自体は新しくなかったが、バリューチェーンにかかわるステークホルダーを巻き込み、納得させることで、このアプローチは成功した。市場環境が変わり、ブラジル政府が種子販売の認可を出してからは、農家が前払いでも納品時でも支払える二つのシステムを用意し、早期の支払いを促すインセンティブを与えた。

PODシステムは、ブラジル特有の市場環境への対応として考案されたものだ。たとえばアルゼンチンでは、ラウンドアップ・レディーの特許権が取得できなかったので、ブラジルのように権利を主張する法的根拠がなかった。ブラジルの「制度のすきま」に対応したモンサントのやり方は、まず先に知的財産権を押さえ、その絶対的な説得力のもとで市場環境の改革に臨むという、独創的な試みの例なのである。

参入するか、待つか、撤退するか

本章で考察している先進国の多国籍企業は、いずれも「制度のすきま」に直面しつつも新興国市場への参入を選んでいる。多くの例で、これは先行者優位のメリットを意識した戦略的決断だった。たとえばGEヘルスケアにとって中国への早期参入が重要だった理由は、市場の急成長だけではなく、医療セクターがまだ揺籃期にある中国で顧客のブランド・ロイヤルティと、政府との関係性を固めてしまうことが必須だったためでもある。あるGE幹部は、こう説明している。

「GEのように、政府との連携というマクロ的なレベルからも、また医師や看護師に医療機器の使用方法を教えるといったミクロなレベルからも、今後の中国医療市場の形成に関与できる立場になっておきたいのなら、今、中国に参入するしかない。……そこまでの深いレベルで、できるだけ早期に入り込んでいくのだ[54]」

GEヘルスケアはこうした取り組みを通じて、未来の需要基盤を作ろうと目論んだのである。マイクロソフトのビジネスの成否も市場環境の形成にかかっている。ソフトウェア開発会社、ベンダー、ハードウェアメーカー、システムインテグレーターなど、パートナーとなる現地企業のエコシステム構築に取り組むことで、新興国市場のスタンダード・プラットフォームとして自社の立場の確立を目指した。グーグルが検索エンジン事業を軸としたエコシステムを形成し、検索エンジン市場を支配したように、新興国市場における多国籍企業は先行者となって時間とリソースを投じることで支配的ポジションを確保できるのだ。あるマイクロソフト幹部は、こう指摘している。

長期的な視野をもたなければ駄目だ。はじめの数年で、損失を最低限に抑えながらもエコシステムを形成し、デファクトスタンダードになってしまうことが重要なのだ。われわれは早くからインド、中国、ロシアといった国々に参入し、こうしたエコシステムの構築に努めている。もっとも、まだ十分とは言えないが。新興国市場で成功している多国籍企業は、サプライヤーと流通業者のネットワークを築くといったことを、早い段階で必ず行っている。(55)

本章で紹介した事例の多くが示しているとおり、「制度のすきま」は、新興国市場における先進国企業に苦戦を強いることがある。適応、協働、市場環境の改革によって「すきま」を埋めようとする試みは、困難を伴い、コストも高くつくかもしれない。新興国市場への参入を待つか、あるいは撤退することによって別の場所の機会に目を向けるというのも、過酷な「制度のすきま」に直面した多国籍企業にとっての選択肢だ。複数の新興国市場に進出したホーム・デポと、アルゼンチンに進出したテトラパックに、この選択肢の例が見てとれる。

参入するか、待つか、撤退するか――ホーム・デポの新興国市場進出

アメリカのＤＩＹ用品チェーン、ホーム・デポは、新興国市場への参入には慎重だ。同社は低価格、優れたサービス、高品質といったバリュー・プロポジションをアメリカの顧客に提供している。そうした価値を提供するため、アメリカならではのさまざまな制度に頼っている。高速道路や物流管理システムの力を借りて、倉庫スタイルの大型店舗に運ぶ在庫の量を効率よく管理する。従業員持ち株制度を利用して店員にモチベーションを与え、一流のサービスを提供させる。アメリカの人件費の高さも、消費者が自分で改装する動機となるので、ホーム・デポのバリュー・プロポジションにとっては有利だ。

新興国市場では、こうした市場環境の特徴が欠けている。ゆえに、ホーム・デポが新興国市場でビジネスモデルの再現を図るのは難しかった。たとえば資本市場が未発達の新興国市場では、報酬体系として従業員持ち株制度を利用できない。同様に、物理的インフラが未整備の市場では、北米市場では重要な競争優位である在庫管理システムを活用するのが難しい。人件費が安いので、マイホーム所有者ではなく、店とマイホーム所有者の間で仲介者として機能する工事業者をターゲットにせざるを得ないが、そのためにはこれまでと異なるマーケティング・アプローチ、異なる業務プロセスが必要になる。

図表4-9　ホーム・デポの新興国市場進出：「制度のすきま」に対応する

「制度のすきま」発見のチェックポイント	ホーム・デポが直面した「すきま」	ホーム・デポの対応
物流と交通インフラはどの程度整備されているか。国際的な物流会社が事業拠点を置いているか。	物流、流通インフラはハード、ソフトともに未発達。	【初期】**待つ**：ビジネスモデルを再現できないため、他の場所で機会を探した。 【のちに】**協働**：買収による成長へと戦略を転換。

ホーム・デポは一九九八年にチリで二店舗、二〇〇〇年にアルゼンチンで一店舗を立ち上げて、実験的に新興国市場への進出を図った。しかし二〇〇一年にはこれらを売却し、一四〇〇万ドルの純損失を計上している。経営陣はその時点で、ホーム・デポの将来的成長が見込めるのは主に北米だと判断した。そこで、チリとアルゼンチンからの撤退以降は、新興国ではグリーンフィールド戦略ではなく、買収主導型のアプローチへとシフトしている。独力での競争に失敗したため、協働に価値を見出そうと考えたのだ。二〇〇一年には、メキシコのホームセンターであるトータル・ホームを買収し、メキシコ市場に進出した。翌年には小型チェーンのデル・ノルテを買収。二〇〇四年には、メキシコのホーム・デポ店舗は四二軒になっていた。

リフォーム市場が急成長している中国も、ホーム・デポのような企業にとって絶大な機会をもつ国だ。アルゼンチンとチリでの体験に鍛えられたのだろう、ホーム・デポは中国参入の戦略的岐路では検討に時間をかけた。中国事業を統括したホーム・デポ幹部は、二〇〇六年のインタビューで「われわれは慎重に判断していくつもりだ。適切なビジネスモデルを確実に選んでいく」と話している。[56]

中国には、一般的な市場環境の課題のみならず、別の「制度のすきま」もあった。中国で売られている住宅の多くはコンクリート造なので、アメリカの消費者が行うリフォームよりも、大々的な工事が必要になる。イギリスのB&Qをはじめとして、先に中国に進出していたホームセンターは、商品を設置するための工事作業員を各店舗に置いていた。[57] しかし労働市場の「制度のすきま」があるので、ホーム・デポもこの手法を模倣していくのは困難となる可能性があった。そこで二〇〇六年に、中国でホーム・デポのビジネスモデルを模倣していたチェーン店ホームウェイ——ホーム・デポの制服である有名なオレンジ色のエプロンまで採用していた——を買収。[58] 早くに中国に参入してビジネスモデルを大胆に適応させていったB&Qに、ホーム・デポが対抗していけるかどうか、答えはまだ出ていない。だが、初期のつまずきを経て、新興国市場に対するアプローチを変えたホーム・デポの手法からは、既存のビジネスモデルやケイパビリティを新興国の市場環境にマッチさせる方法を模索する先進国市場の多国籍企業にとって、「待つ」というのが一つの選択肢であることがわかる（図表4-9参照）。

参入するか、待つか、撤退するか——テトラパックのアルゼンチン進出

整わない規制環境、企業のリスクや経済全般に関する情報の欠如など、「制度のすきま」が一因となって、新興国市場では金融危機、政治的危機、その他さまざまな危機が生じやすい。[59] こうした環境を前にして、しっぽをまいて逃げ出し、ほかの場所で機会を探す多国籍企業もある。だが、本社から

図表4-10　テトラパックのアルゼンチン進出：「制度のすきま」に対応する

「制度のすきま」発見のチェックポイント	テトラパックが直面した「すきま」	テトラパックの対応
物流と交通インフラはどの程度整備されているか。国際的な物流会社が事業拠点を置いているか。	低温流通システムが不在。（製品市場における集約・流通を担う制度の「すきま」）	**市場環境の改革を試みる：**欠けている低温流通システムの代理となる製品を販売した。
どのような製造環境で、どのような安全規制の遵守が求められているのか。当局はどのように規制を執行しているか。	製品安全管理体制が未発達。（信用の裏付けを行う制度の「すきま」）	**再現：**世界水準の技術とグローバル・ブランド、高い品質を持ち込んだ。
多国籍企業にとって、現地の小売業者からの売掛金回収は困難ではないか。	一方的な通貨切り下げと経済危機のせいで、契約の履行が困難になった。	**とどまる：**顧客と契約の再交渉を行い、事実上、保険会社の役割を果たした。

資本その他のリソースが与えられる多国籍企業は、現地企業よりも、そうした危機の痛みに耐えやすい。危機が生じても、新興国市場に対して長期的な視野をもてる多国籍企業ならば、相対的優位を活用し、混乱のさなかでも事業を維持・構築できるかもしれない。

二〇〇一～〇二年のアルゼンチン金融危機に直面したスイスの企業、テトラパックが選んだアプローチを考えてみたい。テトラパックは、飲料や液状の食品の無菌包装素材（牛乳パックやジュースの容器、あるいはトマトペーストやアイスクリームなどの容器）と、その充填機器を販売する会社だ。腐りやすい飲料品を冷蔵庫のない状態で輸送・保管することができるので、発展途上国における低温流通システムの未発達という「すきま」を埋める存在だった。テトラパックは世界水準の技術、規模、グローバルなサプライチェーンを提供し、農業やワインが主要産業であるアルゼンチンの食品・飲料セクターに効率性を持ち込んだ。金融危機によってビジネスモデルに影響が及んだとき、同社は多国籍企業としてのケイパビリティを活かし、アルゼンチンに残るための適応を行っている（図表4-10参照）。

二〇〇一年一二月にアルゼンチンが債務不履行《デフォルト》に陥った直後、政府はアンバランスなペソ切り下げを実施した。そのせいで、米ドル建ての輸入債務価値は変わらないまま、債権の価値だけが三〇％下がった。信用と消費市場は崩壊し、物価は急上昇。アルゼンチンの人口の五〇％が貧困線を下回り、失業率は二〇％以上に達した。

テトラパックはこれ以前にも、新興国市場でマクロ経済的危機に耐えた経験があった。アルゼンチンは一九八九年にも危機に見舞われている。当時のテトラパックの事業は小規模であったとはいえ、ビジネスの三分の二を失った。同社幹部は、ハーバード・ビジネススクールで行った講演で、こうした体験から学んだと語っている。

「会社としての姿勢を変えてはいけない。変えなければ報われる。われわれはメキシコでも、ロシアでも踏みとどまった。その甲斐はあった。だが、損失を低減する方法について、もう少しプロらしく見極められるようにならなくてはいけない。損失は出る。しかし、それを軽くすることは可能なのだ」[60]

テトラパックは、まずアルゼンチン市場の経済の基礎的条件《ファンダメンタルズ》――世界で最も低コストな牛乳生産国の一つであること、国民一人当たりのワイン消費量が世界トップレベルであることなど――に目を向け、たとえ危機が生じてもこの市場にとどまるべきだと判断した。先のテトラパック幹部は、「会社と違って、国は破綻しても死ぬわけではない」と語る。「国は必ず立ち直る。会社は破綻すればすべてのカネを失うが、たいていはその国で二度目のチャンスがあるものだ。少なくともこれまで、わが社には必ず二度目のチャンスがあった[61]」

アルゼンチンの経済的混乱から生じた損失以上に、政府の行ったアンバランスなペソ切り下げがテトラパックを苦境に立たせた。世界で展開しているテトラパックのビジネスモデルは、サプライヤーおよび顧客との長期的な関係性を前提とする。そこで、商品の安全性と品質の評判を守るため、投入要素の供給に対して厳しい仕様書を作った。設けた基準のほとんどは、長期的なパートナー関係であれば容易に、かつ一貫して守れるものだった。テトラパックが自ら信用の裏付けを行う制度となって、発達していない製品安全管理体制の代理の役割を果たしたのである。

顧客から見れば、テトラパックは包装サービス業者であり、飲料品や食品の生産者ではない。同社の「本当の武器」は、液状の食品の処理と包装を行う高度な特許設備だ。そこでテトラパックは単なる包装資材の売上を守るのではなく、顧客バリューチェーンの維持を優先し、「本当の利益」を守ることにした。アンバランスな通貨切り下げのせいで、同社の売掛金は米ドルに換算すると三分の一になっている。テトラパックの売買契約には米ドル換算に関する条項が含まれていたが、金融危機を受けてアルゼンチンの顧客――支払いはペソが中心だが、為替ヘッジの契約をもたない――が事業継続にすら苦戦する状況で、その条項を実際に履行させるのは不可能だ。「国と違って、顧客が破綻した場合、その顧客に追い打ちをかけてしまうことも可能だ。そうなれば顧客は二度と帰ってこない」と、先の幹部は述べている。

「だから、とどまりたい国を特定したように、守りたい顧客を見極めることが重要なのだ(62)」

テトラパックは自社にとって必要不可欠な顧客や提携先を特定し、関係を継続させられる現実的な契約交渉を行い、テトラパックへの支払期限を延長した。財政的に余裕があり、本社からの支援が得られる企業だけに許される選択肢だ。また、顧客、サプライヤー、銀行、従業員といったステークホルダーに対し、自社がアルゼンチンに残る決意であることを意識的に伝えていった。危機の最中にも従業員を一人も解雇せず、研修プログラムも予定どおり行い、採用プロセスも変えなかった。

「われわれはこの国に賭けている。この国にとどまりたい、この国は回復する、と確信していた。だからあえて、いいオフィスへの移転も行った。テトラパックは長期的にとどまるつもりである、という強いメッセージになった(63)」

多国籍企業には多国籍企業ならではのケイパビリティがあり、新興国市場が危機にあっても、たいていの場合はそれを活かすことができる。こうした市場環境の課題の前では撤退したい誘惑に駆られるが、苦境にある市場にとどまる意思を見せることで、長期的な成功を得やすくもなるのである。

新興国市場を制するための心構え

先進国市場を拠点とし、新興国市場へ参入しようとする多国籍企業は、必ず「制度のすきま」に直面する。その対応にはさまざまな選択肢がある（ツールキット4 - 1参照）。本章で紹介した企業は、いずれも労せずに新興国市場への進出を果たしたわけではなかった。各社とも、自社のビジネスと、その市場ならではの環境をマッチさせていくための適切なアプローチの組み合わせ、またはその順番を探るために、実験的な取り組みが必要だった。多国籍企業は、その市場の制度的環境の中で競争優位を追求するにあたって、実験的取り組みに対してオープンな姿勢で積極的に取り組んでいくべきなのだ。

こうした戦略的岐路に加えて、多国籍企業は、本書がエマージング・ジャイアントと呼ぶ存在との競争に直面する。エマージング・ジャイアントとは、母国市場の制度環境に詳しく、世界レベルの競争力をもった組織を築きつつある新興国市場の現地企業のことだ。このあとの二つの章で、これについて考察していく。

ツールキット4－1

新興国市場に進出する多国籍企業のためのチェックリスト

1．自社の評価

A

ビジネスモデル

・自社のビジネスモデルの核は何か。
・変更可能なものは何か。

B

母国の市場制度

・自社のビジネスモデルが、母国市場で最も頼っている市場制度は何か。
・どれが最重要か。
・どれは移転可能か。

母国市場において、自社のビジネスモデルが大きく依存している制度は何か。市場ごとに整理して記入する。

制度インフラの分類	機能	資本市場	製品市場	人材市場
信用の裏付けを行う制度	第三者の認証機関として、サプライヤーや顧客の主張を裏付ける。			
情報分析とアドバイスを行う制度	当該市場の生産者や消費者について、情報を収集し分析する。			
集約と流通を担う制度	専門知識・技術と規模の経済を通じて、サプライヤーと消費者に対して、低コストなマッチングと付加価値サービスを提供する。			
取引支援の制度	情報や財・サービスを交換するプラットフォームを提供し、取引が完結するようサポートする。			
仲裁・審判を行う制度	法や民間の契約に則って、紛争を解決する。			
規制する制度（規制当局、公的機関）	適切な規制と指針のフレームワークを策定・施行する。			

2. 新興国市場の評価

A

機会の定義

・この新興国市場において、自社にとっての機会は何か。

B

市場のセグメンテーション

・この市場機会に存在するのは、どのセグメントか。
・どのセグメントをターゲットにするか。

C

「制度のすきま」の特定

・ツールキット2‐1を使用して、この市場（または、狙うセグメント）にはどんな「制度のすきま」があるか特定する。
・母国市場では必要不可欠で、この新興国市場では欠けている制度インフラは何か。
・この新興国市場の「制度のすきま」は、ターゲットとする市場セグメントにアクセスするにあたり、どう影響してくるか。

3. 制度環境への対応

下記のフレームワークを使用して、特定した「制度のすきま」にどのように対応すべきか検討する。

戦略的岐路	先進国の多国籍企業の選択肢
再現か、適応か	・既存のビジネスモデルを再現し、グローバルなブランド力、信頼性、ノウハウ、人材、経済力など、相対的優位を活用する。 ・ビジネスモデル、製品、組織のほうを、「制度のすきま」に適応させる。
独力で競争するか、協働するか	・独力で競争する。 ・現地企業との提携や合弁事業の形成を通じて、「制度のすきま」を切り抜けるケイパビリティを獲得する。
市場環境を受容するか、改革を試みるか	・市場環境を甘受する。 ・自社事業を支える形で「制度のすきま」を埋める。
参入するか、待つか、撤退するか	・「制度のすきま」があっても、その市場に参入する、またはとどまる。 ・別の場所に機会を求める。

第5章　エマージング・ジャイアント——母国で競う場合

経済の自由化により、軛《くびき》から放たれた新興国市場の起業家や企業は、積極的に母国および海外で成長機会を追求している。(1)母国の急速な経済成長と足並みをそろえるように次々と花開き、多くの場合は二ケタ成長を記録して、国際市場でも頭角を現している。

一方、国際化と自由化は多国籍企業の参入にもつながり、新興国市場における競争は激化している。第4章で考察したとおり、先進国を拠点とする多国籍企業にはグローバルな規模があり、ブランド力、技術、経済力、人材、組織的ケイパビリティといった競争優位がある。新興国企業は、こういった外国企業だけでなく、地元企業との厳しい競争にも立ち向かわなければならない。人材、技術、資本へのアクセスを困難にする母国市場の「制度のすきま」にも直面する。だが、母国で強いポジションを確立してからグローバルな資本にアクセスし、外国の顧客セグメントに切り込み、海外企業を買収し、新たなパートナーを見つけてビジネスを拡大している新興国企業もある。

こうした企業は、少ないながらも増加しつづけている。母国市場どころか、先進国市場でもライバル企業と競っていける一流のケイパビリティを伸ばしている。メキシコのセメックス、インドのインフォシス、南アフリカのサウス・アフリカン・ブルワリーズ（SAB、現在のSABミラー）、そして中国の海爾集団《ハイアール・グループ》は、いずれも世界で順調に競争し、国際通商の舞台で活躍中だ。インドのバーティ・エアテル、中国の中華電力《チャイナ・ライト&パワー》、トルコのコチ・グループ、ブラジルのペトロブラスも、母国の縄張りを守りながらもビジネスを成長させ、世界クラスの企業と評価されている。

　このように世界で成功している新興国市場出身の企業を、われわれは、「エマージング・ジャイアント」と呼ぶ。エマージング・ジャイアントに勢いがあるのは、保護主義的な規制に頼っているからではなく、持続性のある競争優位をもっているからだ。本章では、こうした企業が母国市場で競争優位を得るために、「制度のすきま」の前で戦略的岐路にどう対応したかを考察していく。

「制度のすきま」は弊害だ。それは疑いようもない。だが、新興国企業はこの「すきま」を回避するにあたって比較的有利な立場——あくまで、外国の大手多国籍企業と比べれば——にあるという事実を糸口にすることができる。先進国の企業が激化する競争を理解し、新興国市場の起業家が目指すべき前例（小規模な事業として始まり、世界的大手に発展していった企業の経緯）を把握するためにも、エマージング・ジャイアントのルーツに着目しよう。

多国籍企業との競争

新興国を拠点とする企業は、いかにして発展途上の母国市場にとどまらぬ成長を果たし、国際競争力を身につけていったのか。国内市場の急成長が追い風となったのは確かだが、まずは国内の「制度のすきま」を制し、参入してくる多国籍企業に破られなかったからこそ、競争の激しいグローバルな舞台に出ていくこともできたのだ。

多国籍企業は、世界レベルのブランドとリソースという競争優位を武器に、新興国市場のグローバル・セグメントに切り込み、またたく間に現地企業を追い落とす力をもつ。対する現地企業は、「制度のすきま」が原因で、母国内でリスクキャピタルや経験豊富な研究者といった人材にアクセスできない場合が多い。たとえば研究開発費に巨額を投じるのは難しいかもしれないが、世界の大手企業と効果的に競っていくつもりなら、そうした投資が必要不可欠だ。ブラジル、インド、ロシアなど一部の新興国市場では、インフラが旧式であったり、供給するサプライヤー・ネットワークの品質が信頼できなかったりするせいで、現地企業ですら不便を強いられる。こうしたハードルを回避し、急成長の軌道に乗ったとしても、今度は幹部職となるべき国内の人材プールの薄さが足かせとなる。

だが、新興国の企業が多国籍企業と争うことを選んだ場合、そうした業務上の不利を武器に転じることもできるのだ。あるいは、ブランドネームや資本および技術へのアクセスといった多国籍企業の武器を鈍らせるくらいはできる。そもそも新興国市場の起業家は、母国の「制度のすきま」に対処した経験があり、文化的にも馴染んでいるので、外国の多国籍企業よりも有利だ。「制度のすきま」は、その市場で事業を展開するすべての企業に苦戦を強いるが、たいていは現地企業のほうが切り抜けやすい壁なのである。

こうした相対的優位を活かせる企業が、エマージング・ジャイアントとなりうる。多国籍企業のマネジャーの多くは、高度に発達した制度インフラをもつ環境に長年身を置いてきたせいで、すっかり牙を抜かれている。信頼できる市場情報へのアクセスや、信頼できる契約に基づく提携関係に慣れているので、それらの構築を困難にする「制度のすきま」に対し、往々にして立ち向かう覚悟ができていない。

新興国企業にとっての選択肢

エマージング・ジャイアントとなる企業も「制度のすきま」に直面し、多国籍企業と同じ戦略的岐路に立つ。だが、国内に拠点を置き、独特のケイパビリティをもつ新興国企業の場合、選択肢が異なってくる（図表5－1参照）。

再現か、適応か

新興国に拠点を置く企業の多くが、先進国の多国籍企業を手本として観察し、そのビジネスモデルの再現を試みた。だが多くの場合、単なる再現では通用しない。外国の市場環境で作られたビジネスモデルを文字どおり再現しただけの企業は、その外国市場からやってくるライバルのために布石を敷くはめになり、多くのリソースとグローバルな規模の経済を備えた多国籍企業の参入を容易にしかねない。新興国企業の成功とは、現地環境に対する理解を活かし、未発達のハードおよびソフト・インフラに独創的な解決策を見出し、多国籍企業の牙を折っていく戦略を考案・実行していくことにある

図表 5-1　新興国市場の「制度のすきま」に対応する

戦略的岐路	新興国の現地企業の選択肢
再現か、適応か	・先進国市場のビジネスモデルを模倣する。 ・ローカルな知識、ケイパビリティ、「制度のすきま」を切り抜ける力を活用して、適したビジネスモデルを構築する。
独力で競争するか、協働するか	・独力で競争する。 ・多国籍企業との提携や合弁事業の形成を通じて、先進国市場から、「制度のすきま」を回避するケイパビリティを獲得する。
市場環境を受容するか、改革を試みるか	・市場環境を甘受する。 ・自社事業を支える形で「制度のすきま」を埋める。
参入するか、待つか、撤退するか	・「制度のすきま」があっても、母国市場でビジネスを構築する。 ・自社のケイパビリティが母国で報われない場合は、早期に母国市場を離れる。

はずだ。簡単に言えば、ローカルな知識を活用した適応こそ、新興国企業の強みなのである。

第4章で説明したとおり、適応するというのは難しい。多国籍企業は、発展途上国ごとに制度環境や現地の嗜好に合わせてビジネスモデルや戦略を変えられない、または変える意欲をもたないことが多い。一方で現地企業は、多岐にわたるローカルな知識にアクセスし活用することで、提供する財・サービス、あるいは営業方法を、多国籍企業よりもはるかに調整しやすい。

全世界で統一されていることが強みであるブランド、組織文化、コスト構造を変更・調整しにくいとすれば、多国籍企業の既存の競争優位は、ローカライズという面では逆に競争劣位になるのだ。その点で現地企業は、多国籍企業と比べて既存のコスト構造や組織プロセスに縛られていないので、ローカルな知識をビジネスモデルに速やかに組み込んでいける。第4章で考察したとおり、多国籍企業は（現地に適応しなければ）グローバル・セグメント以外の市場にリーチできないが、新興国企業は相対的優位を活かして、世界品質の財・サービスを現地向けの特徴と値段で求めるミドルクラス・セグメントや、現地品質を現地価格で求めるローカル・セグメント、そしてとにかく安い財・サービスを求めるボトム・セグメントに照準を合わせていくことができる。

エマージング・ジャイアントになる企業にとっては、「再現」という選択肢を選ぶことは現実として考えにくいが、だからといってこの戦略的岐路で何も検討する必要がないというわけではない。母国の製品市場と要素市場に関する知識を活用し、市場の環境にビジネスモデルをどう適応させていけばいいか、考えなくてはならない。製品市場の知識とは、現地の消費者が求めている財や、その生産・提供方法に関する知識のことだ。新興国市場の消費者――特に、規模が大きく、人口という面でも地理という面でも多様性に満ちた市場の消費者には、当然ながら独特の嗜好やニーズがある。地元の企業は地元の顧客をよく理解しているので、財・サービスを希望に沿った手ごろな内容へと適応させて、消費者のニーズを満たし、価値を提供できる。つまり、ローカルな知識が、新興国市場に欠けている市場調査といった仲介者の代理の役割を果たすのである。

たとえば発展途上国のファストフード会社には、現地の嗜好を理解し、外国の競合他社よりも消費者の口に合うメニューを提供することで、防御力をもったビジネスを構築しているところもある。フィリピンのジョリビー・フーズは、フィリピン人が好むバーガーの味を研究して、ビジネスを成長させた。南アフリカで生まれたナンドスは、現地の味覚に合ったチキン料理を提供して伸びていった。グアテマラで誕生したポージョ・カンペーロも、地元の味覚に合ったローストチキンで国内市場のシェアを確保している。

こうした企業は、いずれも大手の多国籍企業と戦い、範囲に差こそあれ、ある程度の勝利を収めている。それぱかりか、国内市場の顧客の嗜好に対する理解を利用して、グローバルな拡大も試みている。ジョリビー・フーズは、世界各地のフィリピン人コミュニティに懐かしの味を届けるようになった。ナンドスはイギリスやマレーシアなどにも展開し、ポージョ・カンペーロはエルサルバドル、ホンジュラス、ニカラグア、エクアドル、ペルー、メキシコ、そしてアメリカのラテン系コミュニティに焦点を当て、南北アメリカにまたがる成長を実現している。

現地の製品市場のインフラに対する経験と馴染みがあるのも、新興国企業の有利な点だ。新興国には、先進国のような市場インフラが存在せず、代わりにユニークな流通チャネルや物流ネットワークが広がっている。その特異性は、新たな競合他社を阻む大きな壁になる。外国企業にとっては、たとえ消費者のニーズに合った製品を発売できたとしても、その消費者にリーチするにはコスト面で無理があり、ビジネスの足を引っ張られる可能性があるのだ。その点、たとえばサウス・アフリカン・ブルワリーズ(現在のSABミラー)は、製品市場に対する知識を活かして、南アフリカの伝統的な居酒屋——「シビーン」と呼ばれる——や一般世帯に行き渡る効率的な流通システムを構築し、地元消費者の間でブランドを定着させた。こうしたシステムの開発は、ハイネケンやアンハイザー・ブッシュのような多国籍企業には難しい。本章の後半で見ていくが、インドに拠点を置くタタ・モーターズも、製品市場に対する知識を活かして、「制度のすきま」を踏まえたビジネスモデルの適応を図っている。

一方、要素市場の知識とは、市場に送り出す財・サービスの創出を可能にするもの、すなわち労働力や、サプライチェーンから供給される材料などに対する理解のことだ。新興国企業は現地の人材やリソースを選定・管理する能力があるし、地元のサプライヤーとの付き合いもある。これを武器として、現地と世界の顧客に応えていくことができる。

新興国市場では、先進国市場よりもはるかに安い値段で、先進国市場と同じレベルの人材や生産リソースを確保できる場合が多い。だが「制度のすきま」のせいで、先進国市場の企業にとっては、かえって困難と高いコストを強いられる。人材の質や教育機関の評判にバラツキがあり、実務経験や研修が先進国市場で期待されるそれとは大きく異なるため、多国籍企業はしばしば適材の確保に苦戦する。サプライチェーンの面から見ても、インフラの整わない地域で外国企業が調達や流通サービスを運営・管理するのは至難の業だ。

その点でも新興国企業なら、要素市場に関するさまざまな専門知識を活用できる。ブラジルの砂糖およびバイオエタノール・メーカーであるコサンは、砂糖・エタノール分野における国内要素市場に対する知識を活かし、見事な成果を出している。

独力で競争するか、協働するか

エマージング・ジャイアントとなる企業にとって、母国に参入してくる多国籍企業は手ごわいライバルだが、同時に貴重なパートナーでもある。新興国企業は、多国籍企業と並行する形で、「独力で競争するか、協働するか」という戦略的岐路に立つ。多国籍企業の多くは、新興国市場に参入するにあたって現地企業と協働せざるを得ない。ゆえに新興国企業にとっては、協働という道を選んだほうが戦略として賢明だ。協働すれば先進国市場から新たなケイパビリティを獲得できるし、組織の信頼性も高まる。「制度のすきま」が原因で、自力でケイパビリティや評判を獲得するのが困難であることを鑑みれば、その協働はとりわけ貴重だ。本章の後半で、エマージング・ジャイアント二社、トルコのドウシュ・グループとインドのバーティ・エアテルに注目し、外国企業と協働する道を選んだアプローチについて考察していく。

市場環境を受容するか、改革を試みるか

エマージング・ジャイアントとなる企業は、「すきま」に適応するにとどまらず、しばしば発展途上国の市場インフラに投資をして、自ら「すきま」を埋めていかざるを得ない。「すきま」を埋める作業は、ときに強力な競争優位の源泉になる。外国の多国籍企業は、市場環境の改革という代償の大きい試みには投資したがらないからだ。(2) 中国の家電メーカー海爾集団《ハイアール・グループ》は、数々の「制度のすきま」を自ら埋めることによって、母国市場で強いブランドとして発展した。

参入するか、待つか、撤退するか

先進国市場に拠点を置く多国籍企業には、新興国市場から撤退するという選択肢がある。多数の市場の中から投資すべき場所を選ぶ余裕があり、失敗した際のコストをカバーするリソースがある。新

興国市場の起業家や企業にとっては、ほかの場所で機会を探すというのは、はるかに難しい選択肢なのだ。だが、母国市場の「制度のすきま」の中では報われないミスマッチなケイパビリティを備えているのなら、早期に撤退するのも一つの道である。

母国で競うエマージング・ジャイアント

本章の後半では、母国市場の「制度のすきま」の前で戦略的岐路に対峙したエマージング・ジャイアントの例を考察していく（図表5-2参照）。第4章と同じく、各社とも戦略的岐路のすべてを経ているが、それぞれ最も顕著な意味をもった岐路に注目したい。また、エマージング・ジャイアントの多くは、「制度のすきま」を前にして組織の系列化という道を採用した。企業グループという構造が新興国企業にもたらす利益とコストを考えていきたい。

図表5-2　母国で競うエマージング・ジャイアントの具体例

戦略的岐路	例
再現か、適応か	タタ・モーターズ（インド） コサン（ブラジル）
独力で競争するか、協働するか	ドウシュ・グループ（トルコ） バーティ・エアテル（インド）
市場環境を受容するか、改革を試みるか	ハイアール（中国）
参入するか、待つか、撤退するか	ソフトウェア開発会社（インド）

再現か、適応か——タタ・モーターズ（インド）

新興国市場で最も成功しているインドのタタ・グループの自動車会社であるタタ・モーターズは、「制度のすきま」を踏まえて、製品および組織構造を慎重に適応させた。その象徴的な例が、四輪ミニトラック「エース」の開発だ(3)。二〇〇五年の時点でタタ・モーターズはインドの商用トラックメーカーとして最大手だったが、母国市場内で増えつづける外国企業に押されぎみであった。ハイエンド市場では、ボルボなどの外国メーカーが、大型トラック市場におけるタタの支配を脅かしていた。小型商用車においては、日本製や韓国製のピックアップ・トラックが台頭していた。そしてインド商用車市場のローエンドでは、国内外の企業が生産する三輪自動車が占拠していた。

タタ・モーターズはこの厳しい競争に立ち向かうべく、製品市場に対する知識を活かし、エース開発にかかる業務プロセスを見直して、ニッチ市場にターゲットを絞った。そしてエースを通じて新しいセグメントを開拓し、メインだった商用トラック事業——きわめて景気に左右されやすい分野だった——への依存リスク低減につなげている。

エースは、当時のインド市場の状態を見極めて独自につきとめた、手つかずの顧客ニーズを満たすために開発された車だった。インドでは、農村部で農産物や商品を輸送したり、都市部で製品を配送したりといった業務用トラックとして、三輪自動車が多く使われていた。大型トラックでは混雑を通り抜けられない地域もあるからだ。だが三輪自動車は低価格で小回りがきく代わりに、安全性に欠けるし、スピードも出ないし、積載量が少ないので過積載になりやすい。そんな車に頼っているせいで、商品の破損や配達の遅れもしばしばだった。しかも三輪自動車は、インドの大都市を結ぶ新しい高速道路網、通称「ゴールデン・カドリラテラル（黄金の四角形）」の走行を禁じられていた。

エースは、三輪自動車に取って代わる存在という位置づけだった。積載量と価格は三輪自動車を上回るが、三輪自動車よりも大きな軽自動車としてのメリットを多く備え、渋滞が慢性化しているインドの都市部でも、いわゆる「最後の一マイル」まで入り込むことができる。エースはインドで唯一、すべての道を走行可能な車として作られていた。購入した場合の初期費用は約五〇〇〇ドルと三輪自動車よりも高いが、積載量と燃費のよさを計算に入れれば、三輪自動車より経済的だ。さらにインドで求められる一般的な安全基準よりも高い基準を採用し、インドの規制当局が安全基準を強化した場合や、高い基準を採用している国際市場に出ていくことを想定して、国内の競合他社より強いポジションを押さえた。

ユニークなのは、そうしたコンセプトだけではなかった。目標価格を実現し、ターゲット層にリーチするため、開発プロジェクトの進行体制を通常のスタイルから変更。潜在顧客への取材を通じて広範囲に及ぶ市場調査を行い、ニーズや制約事項を特定して、エースの設計、価格、特徴に反映した。これが市場調査を担う仲介者の役割を果たした。顧客の目線から製品を見ることにより、過積載せざるを得ない実情や、貧困かつ人口密度の高い地域の習慣といった情報を取り入れたのである。

低価格を実現するためには、開発費を抑えなければならない。それには製品開発と調達の面で革新的な手法を採らなければならない。そこで事業部門をまたがる製品開発チームを立ち上げ、日本式の生産準備手法を採用し、サプライヤーをはじめとするステークホルダーを開発プロセスの初期段階から関与させた。アウトソーシング、eソーシング、既存の製造工場の利用を統合することで、いっそうの低コスト化を図った。

また、エースは複数の製品セグメントにまたがる新しい商品であったため、新たなセグメントとして市場に周知させる必要があった。開発プロセスを通じて顧客の意見を吸収したあとで、今度は顧客教育に投資して需要を創出。特にエースの経済性を理解させていった。さらに初期費用の高さに対する懸念を払拭するため、タタ・モーターズ内の消費者向け金融サービス事業を通じてローンの提供を始めた。インドでは自動車ローンは比較的新しい習慣で、エースのターゲット層にはほとんど知られていなかったので、これが「すきま」を埋める対策となった。

流通とアフターサービス事業でも適応を図り、ターゲット層のニーズに応える内容に変更している。エースの潜在顧客の多くは、農村部に住む出費にうるさい消費者なので、試乗するためにわざわざ遠方から足を運ぶ気はない。そこで顧客にエースを知ってもらう手段として、フルサービスのディーラー網の構築にコストをかけるのではなく、より簡易な販売代理店制を導入した。サービスセンター網を新たに構築するのもコストがかかるので、代わりに地元の整備工に研修を受けさせ、よくあるトラブルへの対処法を教育した。事故などで大がかりな修理が必要になったときに限り、大都市のサービスセンターへ送ることにした。

エースは二〇〇五年五月に発売を開始した。国内の四分の一の地域でしか販売されていなかったにもかかわらず、発売から一年で三万台が売れた。購入者への調査から、顧客の半数以上は初めて商用車を買った人だったことがわかった。つまり、エースは商用車の市場を広げたというわけだ。タタ・モーターズ幹部は、「もはやニッチな商品ではない」と語っている。

「エースは自力で、一つの分野を作った。われわれがこれを通じて生み出そうとしているのは……新しく運送業に乗り出すビジネスマンや起業家だ。それこそが、われわれの求めている需要創出の促進要素だ(4)」

当初の製造工場で需要に追いつかなくなると、インド北部に新工場を建設し、エースを含めた二五万台の車を製造できる体制を整えた。ほかの発展途上国市場にもエース投入を狙って、スリランカ、ネパール、バングラデシュに進出した。そして、やはりローカルな知識を活かして「ナノ」を開発。二五〇〇ドルの「国民車」という位置づけで、さらに難しい市場セグメントを狙って二〇〇八年から販売している。

タタ・モーターズはローカルな知識を活かしてエースのコンセプトを作り、「制度のすきま」に適応して製品の提供に成功したのである（図表5-3参照）。だが、エースで市場機会をつかめたのは、当時のインドのインフラ状態によるところが大きかった。すぐに国内外の競合他社がエースの成功に注目し、インド向けに類似の車を生産するようになった。タタ・モーターズは、自社の製品開発のために自ら市場調査の「すきま」を埋めたことによって、競合他社のための市場調査会社の役割も果たしてしまったのである。

しかしここで重要なのは、タタ・モーターズがそのセグメントで一足先にスタートを切ったことだ。開発と販売の方法を適応させて臨んだ点も、タタの成功に大きく貢献した。革新的な調達プロセスと、流通・サービスにかかわるエコシステム全体の開発に力を入れたことで、タタ・モーターズの競争優位が維持されたのである。

図表 5-3　インドのタタ・モーターズ：「制度のすきま」に対応する

「制度のすきま」発見のチェックポイント	タタ・モーターズが直面した「すきま」	タタ・モーターズの対応
顧客の嗜好と購買行動に関する信頼性のあるデータを容易に入手できるか。市場調査に対する文化的障壁が存在するか。世界クラスの市場調査会社が、この国に展開しているか。	市場調査を提供するセクターが未発達。 （製品市場の情報分析とアドバイスを行う制度の「すきま」）	**適応**：独力で潜在顧客への聞き取り調査を行い、その結果をエースの設計および価格設定に取り入れた。
この国には大手小売チェーンが存在しているか。あるとすれば、国全体をカバーしているか、それとも主要都市だけをカバーしているのか。全消費者にリーチしているか、富裕層だけを対象としているか。物流と運輸インフラはどの程度整備されているか。	ディーラー網が未発達。 （製品市場における集約と流通を担う制度の「すきま」） 農村部の顧客は、都市部のディーラーに試乗に来にくい。 （ハード・インフラの「すきま」）	**適応**：都市までエースを見に行きたがらない（見に行くことができない）農村部の消費者の近くにショールームを作った。
消費者は新しい財・サービスを積極的に試そうとするか。地元企業の製品を信頼しているか。海外企業の製品は信頼しているか。	消費者のための情報提供が未発達。 （製品市場における情報分析とアドバイスを行う制度の「すきま」）	**適応**：顧客教育に投資をして、エースのバリュー・プロポジションを示した。
消費者はクレジットカードを利用しているか。それとも現金払いが主流か。消費者との信用取引は可能か。消費者の返済能力を調べられるか。	ターゲット層が利用できる資金が限られている。 （製品市場における取引支援制度の「すきま」）	**適応**：自社の金融部門を通じて、エース購入者に自動車ローンを提供した。
企業は消費者にどんなアフターサービスを提供しているか。全国規模のサービスネットワークの確立は可能か。	自動車修理のサービス網が未発達。 （製品市場における集約と流通を担う制度の「すきま」）	**適応**：地元の整備工に研修をし、必要な工具を提供して、よくあるトラブルに対応させた。

再現か、適応か――コサン（ブラジル）

コサンは、ブラジルの要素市場における「制度のすきま」に適応し、世界最大級の砂糖・エタノール生産者として台頭した。かつて同国では政府が砂糖およびエタノールの値段、生産、仕入れを厳しく規制していたが、一九九〇年代の規制撤廃から産業が成長。コサンのような企業が、恵まれた気候と土壌という、砂糖とエタノール生産におけるブラジルの本質的優位を活用するようになった(5)。

ブラジルの砂糖・エタノール産業は細分化され、競争も激しかった。コサンはそうした環境で、主に代には、小規模で非効率的な家族経営の企業が大多数を占めていた(6)。コサンはそうした環境で、主に買収を通じて成長し、とりわけ規制撤廃後は積極的に買収を進めて、規模の経済による生産効率向上を目指した(7)。二〇〇九年六月の時点でブラジル砂糖市場の九％、エタノール市場の七％を押さえ、両市場で国内最大の生産者となっている(8)（二〇〇七年一二月の時点でも、コサンに次ぐ第二位の企業のシェアは四・三％、その他の企業もせいぜい二％程度だった(9)）。

二〇〇七年には、ブラジルのバイオ燃料会社として初めてニューヨーク証券取引所でＩＰＯを果たし、一〇億ドル以上の調達に成功(10)。この資金を使って、引き続き買収やグリーンフィールド投資を通じた拡大を計画した(11)。ある証券アナリストは「コサンは、買収される側ではなく買収する側でありたいのだ、というメッセージを打ち出している」と評している(12)。

最近では、外国の多国籍企業が、ブラジルのバイオ燃料という成長セクターの機会に飛びつくようになった(13)。大手多国籍企業による関心の高まりを受けて、コサンは買収防衛策として組織構造を再編し、創業者のルーベンス・オメット・シルヴェイラ・メロが会社の支配権を維持できるようにした。

別の証券アナリストは「彼が議決権を失ったら、コサンは吸収合併される」と説明している。[14]一方でコサンは、大手多国籍企業が参入してセクターを統合するのは、自社にとってメリットでもあると見ていた。同社幹部いわく、「ブラジルには競合が三五〇社もある。それより、成長中の競合が二〇社になったほうが、統制がとれるので好ましい」からだ。[15]

国内企業や参入してくる外国企業との差別化を図るにあたり重要な役割を果たしたのが、コサンの業務ノウハウと、製糖工場を中心とした生産システム全体に投資する意欲だった。「工場の周囲に広がる社会を運営している。それがカギだ」と、先の幹部は説明している。

「われわれが行っているのは農業ビジネスだ。サトウキビを植え、肥料をやり、育て、刈る。工場を稼働させる。あらゆることを行う。大手のアグリビジネスは、こうした農作業をやらない。仕入れと販売をするだけだ[16]」

砂糖・エタノール産業は、バリューチェーンの下流よりも上流に「制度のすきま」が多い。そのため、このように生産システム全体を管理できるケイパビリティは、外国のアグリビジネス大手や、バイオ燃料市場に目をつける石油会社に対する競争優位の源泉となった。

農業研究に対する投資と、テクノロジーを活用した業務管理も、コサンの競争優位だった。[17]作物、生産、土壌品質の高度なモニタリング技術と、サトウキビ洗浄などの製造工程の改善を通じて、業務効率の最大化を追求。こうした効率化を買収した工場にも導入した。たとえば二〇〇二年八月に買収したダ・バーハ工場におけるサトウキビ取扱量は、当時が七九トンだったのに対し、二〇〇八〜〇九年には八九四トンに増えている。[18]自由化直後から数々の「制度のすきま」の中で買収を繰り返し、買収先企業を管理する能力を育んできたことが、コサンにとって今も競争優位の源泉なのである。

一方、ブラジルにおける砂糖の生産は、もっぱらサトウキビを手刈りする契約労働者の力に依存していた。彼らの労働環境は、かねてから批判の対象だった。コサンはこうした問題への対応として、二〇〇七年に、大手生産者としては他に先駆けて非正規雇用の削減に着手している(19)。

また、買収に加えて、生産性は高いが競争も激しいサンパウロ地域で既存の工場を改修するブラウンフィールド・プロジェクトを、内陸ではグリーンフィールド開発を推進。コサン幹部の一人は、「われわれは砂糖工場のない場所を必要としている」と説明している。

「そういった場所に工場を建て、周囲にサトウキビ畑を作って、その集合体《クラスタ》全体をシステムとして機能させる。クラスタの中心に工場があれば、工場までの輸送コストや消費エネルギーを削減できる」(20)

ブラジルで生産されるエタノールの約八五％は、五社の流通業者を通じて販売されており、この五社が強い交渉力をもっていた(21)。生産者は、工場から流通センターまで、そしてガソリンスタンドまで輸送する燃料費を負担させられていた(22)。そこでコサンは国内初となるエタノールの一貫生産・流通体制の確立を目指した(23)。二〇〇八年にはエクソンから、一五〇〇店のガソリンスタンドを有する小売チェーン「エッソ」を買収。大手生産者としては初めて小売流通に乗り出した(24)。別のコサン幹部は「消費者と直接に接する場所を確保したかった。この買収により、われわれが必要としていた規模が得られた」と話している(25)。

バイオ燃料製造の上流に向かおうとする大手石油会社をよそに、コサンは上流から下流に手を広げたのである(26)。ローカルな知識と経験が、参入してくる外国の多国籍企業に対する競争優位になると考えたからだ。コサン幹部は「労働者、労働組合、気候、裁判所、市当局、宗教家とも付き合っていかなければならない。どんな会社であっても、それは簡単なことではない。時間をかけて伸ばしていかなければならない専門知識だ。ブラジル人として私は、アメリカ人やヨーロッパ人よりもブラジル文化をよく理解している。もし私がヨーロッパで小麦製造業者を買収しようとしたら、きっと簡単ではない。フランスなら、激しいロビー活動を行う労働組合と対峙しなければならない。どのケースでも、それなりの経験が必要だ[27]」と語っている。

ブラジルにおけるコサンの成長と発展には、新興国に拠点を置く企業が要素市場という川で巧みに舵を取り、現地および外国企業に対抗する競争優位を獲得した経緯が見てとれる（図表5‐4参照）。

エマージング・ジャイアントとなる企業は、多国籍企業と協働するか、それとも独力で競争していくか、しばしば戦略的岐路に立たされる。次に考察するインドのバーティ・エアテルとトルコのドウシュ・グループは、それぞれ社歴における異なるステージで、外資との協働という道を選んだ。手を組んだ外国企業から、資本、業務能力、戦略的アドバイス、その他世界水準のリソースへのアクセスを獲得した。さらに、両社とも、自社の信頼性の向上とアピールにつながるパートナーを探したことがわかる。

独力で競争するか、協働するか――バーティ・エアテル（インド）

起業家スニル・ミタルが立ち上げ、一九九二年には年間五〇〇〇万ドル以上の売上を実現していたバ

図表 5-4　ブラジルのコサン：「制度のすきま」に対応する

「制度のすきま」発見のチェックポイント	コサンが直面した「すきま」	コサンの対応
品質のよい原材料や部品を入手できるか。サプライヤーのネットワークは発達しているか。サプライヤーの品質と信頼性を評価する機関は存在しているか。現地サプライヤーは契約どおりに業務を遂行するか。	サプライヤーを十分に確保できない。（要素市場における情報分析とアドバイスを提供する制度と、信頼の裏付けを行う制度の「すきま」）	**適応**：技術力と業務プロセス改善によって実現した高い品質と、買収を通じた規模の確保により、細分化されたセクターで差別化を図った。
物流と交通インフラはどの程度整備されているか。国際的な物流会社が事業拠点を置いているか。	物流および交通インフラが未発達。（製品市場の集約および流通を担う制度の「すきま」）	**適応**：一貫生産・流通体制を構築した。
労働者はどのような権利で守られているか。現地の競合他社やサプライヤーの業務慣行に倣った場合、海外で（その国以外の土地で）イメージダウンになるか（たとえば児童労働など）。	サトウキビ生産における劣悪な労働環境。（労働市場における規制当局、その他公的機関の「すきま」）	**適応**：非正規雇用労働者の削減に着手。

ーティ・エンタープライズから、現在ではインド最大手の通信事業者、バーティ・エアテルが誕生した。二〇〇八年には時価総額三一八億ドルを達成している[28]。資本集約産業で成長を果たし、国営企業や、莫大な資金力をもつ親会社にバックアップされた他社との厳しい競争に立ち向かってこられた理由は、創業以来さまざまな外国企業と結んできたパートナーシップによるところが大きい。外国企業の力を借り、インド初の携帯電話事業ライセンスを落札。そしてシンガポール・テレコム（シングテル）と、アメリカの投資会社ウォーバーグ・ピンカスから大規模な株式投資を得られたおかげで、買収を通じた成長を追求することができたのである。

バーティの最初のパートナーは、フランスの水道会社ジェネラル・デ・ゾー、モーリシャスの携帯電話会社エムテル、イギリスのコンサルティング会社モバイル・システムズ・インターナショナルだ。この三社の力を借りて、インド初の携帯電話事業ライセンスへの共同入札を成功させた。一九九五年九月にデリーで携帯電話サービスを立ち上げたが、すぐに、インドの鉄鋼業大手エサールの子会社スターリング・セルラーとの厳しい競争に直面することとなった。

バーティは、リソースに恵まれたライバルといかに戦うかを判断し、機敏に実行に移した。まず、大手の企業グループのほうに分がある法人市場は避けて、中小企業経営者や小売客をターゲットにした。新興国に拠点を置く企業は、系列子会社の拡大によって競争優位を得られる（本章の後半で説明する）が、バーティはあえて事業を絞ることを選んだ。創業者スニル・ミタルは次のように話している。

「われわれには、他社が既存事業で抱えているお荷物がなかったのが幸いだった。他社のようなリソースをもたないのは不利だとよく言われたが、結果を見ればわかるように、それは間違いだ。たしかに、ほかのビジネスにも手を出したい誘惑には何度も駆られた――航空会社を始めようとしたこともあった。だが、そのたびに考え直し、NOと言ってきた。そして今、フォーカスを絞ったことこそが、われわれの最大の資産になっている」[29]（バーティ・エンタープライズとしては、のちに小売や生命保険など、インドで複数のセクターに進出している）

一九九六年には、イタリアの国営通信事業者だったSTETが、バーティに五八〇〇万ドルを投資した。一九九七～九九年にかけて、ブリティッシュ・テレコム（BT）が二億五〇〇〇万ドルの株式投資を行った。[30] BTは、企業広報のサポートや技術支援を提供しただけでなく、自社のベンダー・ネットワークを通じて調達の便宜を図り、バーティの業務改善にも貢献した。だが、重要なのはバーティが経営権を守ったことだった。「相手のほうが規模は大きいが、提携関係は対等だ。得ているものは本当に大きい」と、ミタルは話している。[31]

一九九五年には、インドで二度目となる携帯電話事業ライセンスの入札があったが、バーティは希望地域で最高入札額を入れることができなかった。権利は最終的に高額で落札された。新規参入企業にはまかないきれない額だった。バーティは買収を通じて拡大を目指したが、そのためにはさらに資本がいる。一九九九年には投資会社ウォーバーグ・ピンカスがバーティの株式二〇％を六〇〇〇万ドルで購入し、翌年にはシングテルが四億ドルを出資した。さらに二〇〇一年、ウォーバーグ・ピンカスとシングテルがそれぞれ追加で二億ドルを、さらにはニューヨーク・ライフ・インシュランスやアジア公共投資基金、国際金融公社（IFC）からも出資を受けた。

バーティがこのように莫大な出資を受けられたのは、まだ同社が比較的小規模なビジネスだった頃だ。急成長を遂げようとする市場で、唯一利益をあげている携帯電話サービス事業会社として有望性を示せたからこそ、外国企業を説得できたのだった。ウォーバーグ・ピンカスの幹部も、競合他社と比べたバーティの経営および消費者中心型モデルの強さについて、こう指摘している。

わが社がバーティに大きく賭けたのは、正しい戦略、正しいチーム、正しいフォーカスをもっていると見たからだ。スニル・ミタル氏のビジョン、彼のインド国内に関する深い知識、優秀なマネジメントチームに感銘を受けた。多くの実績を挙げているにもかかわらず、彼には学ぶ意欲、耳を傾ける意欲、変化に対応する意欲がある。「何でもわかっている」というふりをしない。起業家にはなかなか見られない特徴だ。わが社の事業は、人を支援することだ。バーティはこの戦略に最適な対象と言える。(32)

ウォーバーグ・ピンカスやシングテルのような企業と手を組み、出資を受けることで、バーティは資金以上のものを手に入れた。バーティの競合他社は、大手のグループ企業を親会社にもち、資金、政治力、サポート、管理職の潤沢な人材プール、そして貴重な評判といった後ろ盾がある。その点バーティはグローバル企業から出資を受けることで、自社の信頼性をアピールし、ハンデを埋めたのである。

ウォーバーグ・ピンカスやシングテルが提供した資金やアドバイスは、事業の基盤増強の手助けにもなった。バーティの役員会一三人の中にも、シングテルから二人、ウォーバーグ・ピンカスから二人を迎えている。また、バーティとシングテルの合弁事業として、バーティの国内通話およびデータ通信ネットワークと、シングテルの国際ネットワークを結んだ海中ケーブルネットワークを構築した。ウォーバーグ・ピンカスはバーティの地理的拡大、買収アプローチ、資金調達、営業方法に対して多種多様な戦略的アドバイスを与えた。スニル・ミタルは、「ウォーバーグ・ピンカスのおかげで、われわれは大局的な発想ができるようになった」と語っている。(33) 既存企業の買収を目指したのも――バーティの高い基準を完全には満たしていない企業も含めて――、北インドにとどまらずインド全体を視野に入れた戦略で裕福な南部での機会を追求したのも、ウォーバーグ・ピンカスのアドバイスがあったからだった。

バーティは二〇〇二年に上場し、株式の一〇%をインド・ナショナル証券取引所で公開した。その後、融資などを利用して、さらに資金を調達した。ウォーバーグ・ピンカスは二〇〇五年時点でバーティ株の三分の二を売却し、一一億ドルを得た。ウォーバーグ・ピンカス幹部は、「創業以来、最高の取引の一つ」と述べている。(34)

早くから外国企業とパートナーシップを組んだことで、バーティは必要としていた資本、リソース、戦略的アドバイスを得て、成長を果たした。発展途上の国でビジネスを広げるなら、リスクキャピタルは重要だ。「制度のすきま」のある市場では、シングテルの国際ネットワークとの連携のように、地元では得られない深い専門技術と潤沢なリソースが得られる外資とのつながりは貴重だ（図表5‐5参照）。バーティはこうしたケイパビリティとリソースを確保できたからこそ、国営企業や、大

図表 5-5　インドのバーティ・エアテル：「制度のすきま」に対応する

「制度のすきま」発見のチェックポイント	バーティ・エアテルが直面した「すきま」	バーティ・エアテルの対応
ベンチャー・キャピタル業界は存在しているか。あるとしたら、優れたビジネスアイデアをもった個人による資金調達は可能か。株式市場で多額の自己資本を調達できるか。企業の債券市場は存在するか。	資本を提供する仲介者が未発達。（資本市場における集約と流通を担う制度、取引支援制度の「すきま」）	**協働**：外国企業から資金を調達した（世界水準のリソースやアドバイスも得られた）。
消費者は新しい財・サービスを積極的に試そうとするか。地元企業の製品を信頼しているか。海外企業の製品は信頼しているか。	消費者が情報入手する方法が未発達。（製品市場における情報分析とアドバイスを提供する制度の「すきま」）	**協働**：外国のパートナー企業の力で、大手のブランドネームという安心を求める消費者に、信頼性をアピールすることができた。
独立性を有する金融分析機関、格付け機関、メディアなどが、企業についてバイアスのかかっていない情報を提供しているか。コーポレート・ガバナンスの規範・基準は、効果的に株主の利益を守っているか。	資本市場で情報を提供し、認証する制度が未発達。（資本市場における情報分析とアドバイスを提供する制度、信用の裏付けを行う制度の「すきま」）	**協働**：外国のパートナー企業の力で、IPOをした際に、未来の投資家に向けて信頼性をアピールできた。

手の親会社をもつ競合他社の本質的優位に立ち向かい、インド有数の通信サービス事業者に加わることができた。また、外国企業とのパートナーシップを通じて、世界にパーティの信頼性をアピールできた。だがそれも、有望なビジネスモデルと業績、そして運営体制とコーポレート・ガバナンスの優秀性を示せたからこそ実現したことだ。新興国に拠点を置き、海外からの支援を必要とする企業は、これを教訓として学んでおく必要がある。

独力で競争するか、協働するか――ドウシュ・グループ（トルコ）

トルコ屈指の企業グループの一つ、ドウシュ・グループは、旗艦子会社である金融サービス会社ガランティの競争力アップとケイパビリティの獲得を目的として、二〇〇五年に外国企業とのパートナーシップ構築に乗り出した。[35] ドウシュ・グループは二〇〇〇年代前半に、母国市場の経済危機と外国企業参入への対策として、組織再編を実施している。その一環としてポートフォリオを簡素化。子会社はそれぞれ自主的な経営を行うものとしながら、全体にまたがる基準のシステム化を図った。

再編を経て、消費者とマーケティングに主眼を置いたビジネスとして確立したのが、ガランティ銀行である。ガランティはブランド力を伸ばし、金融サービス商品にＩＴを活用して、銀行業界の先頭を行く存在となった。二〇〇五年に外国企業との提携を検討した時点で、すでに資産は二〇〇億ドルを超え、国内第三位の商業銀行となっていた。[36] だが当時、トルコに進出した外資系銀行が、少数ながらも徐々に地歩を固めていた。二〇〇四年六月に資産管理市場に占める外資系銀行の割合は二・六％、融資市場では四・一％、預金市場では二・五％だった。[37] 二〇〇五年初頭には、フランスの大手銀行BNPパリバ・グループと、ベルギーのフォルティスが、それぞれトルコの銀行の株式取得に乗り出している。[38]

こうした状況で、ドウシュはいくつかの目的から、ガランティに外国のパートナーが必要だと感じた。第一に、ガランティのバランスシートにおける負債を低減すること。第二に、外国企業の力を借りて事業を拡大すること。第三に、コーポレート・ガバナンスその他のベストプラクティスをシステム化することだ。特に第三の効果は大きかった。リーン・マネジメントなどパートナー企業の業務ノウハウを獲得し、家族経営の企業が組織再編をしていくうえでのデリケートな問題を検討できるようになったからだ。ドウシュ・グループ会長のフェリト・シャーヘンクはこう話している。

「他社と手を組んだり、新しい株主を迎えたりすれば、それまで議論や検討できなかった問題が話し合いやすくなる。新興国市場のファミリー・ビジネスが成長してくると、一族、オーナー、経営陣が家族のようになりすぎて、批判や否定が個人攻撃になってしまうのだ[39]」

ドウシュが望んでいたのは、新たなケイパビリティを獲得し、なおかつ従業員に研修やキャリアアップの機会を与えること。逆に望んでいなかったのは、既存の競争優位の源泉を失うことだ。特に重要なのはガランティのブランド力と、革新性があってスピーディな意思決定を行う企業風土を守ることだった。

「外国企業と提携したら、どう変わってしまうか。誰もが心配していた。私も、それまでの企業風土を失いたくなかった[40]」

ドウシュはこうした条件のもと、複数の外資系銀行からの提携オファーを検討した。そして最終的にGEコンシューマー・ファイナンスと対等なパートナーシップを結んだ（ガランティの株式のうち、ドウシュの保有株式の半分にあたる二五・五％をGEが取得している）。他の外資系銀行はガランティの過半数株式取得と、同行のブランド一新を望んでいたが、「彼らと提携した場合、その先は目に見えている」と、シャーヘンク会長は語っている。(41)

「ガランティの看板を下ろし、彼らの看板を掲げる。……そうした外資系銀行が世界にまたがり商品を展開しているのは素晴らしいことだが、すべてに同じ手法をあてはめているだけだ」(42)

GEは入札額こそ最高額ではなかったものの、ガランティおよびドウシュ・グループに対し、金額以外の特典を提示した。(43) GEは銀行業だけを行っているわけではないので、役員会に幅広い視点を提示し、他の外資系銀行とは異なる視点でガランティを見ることができる。「一般的な外資系銀行と組んだ場合、役員会で収益性以外の話題が出るとは思えない」と、シャーヘンクは言う。(44)

GEは多角展開をする多国籍企業として、銀行以外のセクターにおける将来的な協力関係の可能性も提示した。(45) ドウシュは一九九八年から、GEの有するテレビネットワークCNBCのトルコ部門と提携していたが、二〇〇六年からは合弁事業として、不動産事業GEリアル・エステートとも手を組んでいる。一方でGEはフルサービス型の金融機関ではなかったので、GEがもたない金融サービスにおいて、ドウシュが他社と提携する自由もあった。これについてシャーヘンクは、ドラッグストアでマルチビタミンのサプリメント一種類ではなく、さまざまなビタミンを個別に買うようなもの、と表現している。(46)

GEに株式譲渡したあと、ガランティはルーマニア事業の成長を追求すると同時に、ウクライナへの拡大を目指しはじめた。だが、決して一方的にＧＥの恩恵にあずかったわけではない。「書類上では見えないさまざまな価値がある。手を組んだその日から、ＧＥはそれに気づいていた」とシャーヘンク会長は話す。たとえば、ガランティのクレジットカード・サービスにおける技術力とブランド力とマーケティング力。ＧＥのもたない流通チャネル。顧客データを利用し、窓口を通じてさまざまな商品を顧客に勧めることもできる。[47] ドウシュ傘下の三銀行をガランティに合併した際に指揮を執った幹部を、ＧＥのヨーロッパ事業の責任者として派遣する一方で、[48] ＧＥの研修施設でガランティの行員の能力開発を行ったりもした。シャーヘンク会長は、「われわれはシックス・シグマを活用してリーン・マネジメントを行うようになった」と話している。「すでに成果が出はじめている。ある面では、マッキンゼーのような組織の力を借りる必要はなくなったのかもしれない。パートナー企業からタダで力を借りられるのだから[49]」

ドウシュ・グループは、パートナーから何を得たいのか、はっきりとしたビジョンをもって協働に臨んだ。追求したのは、ガランティのブランド——情報分析とアドバイスを提供する高度な制度が不在の市場において、ブランド力は貴重な資産である——を残しつつ、パートナーシップを活かして、母国市場における他の「制度のすきま」を補完していくことだ（図表5-6参照）。新興国市場で事業を展開する企業のすべてがそうであるように、新興国企業がエマージング・ジャイアントとなるためには、もっているケイパビリティが母国の市場環境に合っていなければならない。協働を通じて、欠けているケイパビリティ——その市場環境における競争力強化に貢献する組織能力——を獲得し、もともと有する力と連携させていくのである。

図表 5-6　トルコのドウシュ・グループ：「制度のすきま」に対応する

「制度のすきま」発見のチェックポイント	ドウシュが直面した「すきま」	ドウシュの対応
消費者は新しい財・サービスを積極的に試そうとするか。地元企業の製品を信頼しているか。海外企業の製品は信頼しているか。	消費者の情報入手方法が未発達。 （製品市場における情報分析とアドバイスを提供する制度の「すきま」）	**単独競争：**外国企業と手を組みながらも、既存の貴重なブランド力を維持した。
特に技術および経営スキルに関して、この国の教育インフラは確立しているか。	教育と研修を行う仲介者が未発達。 （労働市場における集約と流通を行う制度の「すきま」）	**協働：**外国企業と教育機会の交換を行った。
コーポレート・ガバナンスの規範・基準は、効果的に株主の利益を守っているか。	コーポレート・ガバナンスの水準が低い。 （資本市場における信用を裏付ける制度の「すきま」）	**協働：**外国企業との提携を利用して、家族経営企業の再編成にベストプラクティスを取り込み、システム化した。
取締役会は独立し、権限をもっているか。社外取締役はいるか。	社外取締役となるべき人材が限られている。 （資本市場における情報分析とアドバイスを提供する制度の「すきま」）	**協働：**役員会に参加し、戦略的アドバイスを提供してくれる外国企業を求めた。

市場環境を受容するか、改革を試みるか――ハイアール（中国）

エマージング・ジャイアントを目指す企業にとって、適応や協働だけでは、厳しい「制度のすきま」に対抗できるとは限らない。[50]企業の成長と発展を制限されたくないなら、積極的にその「すきま」を埋めていくことだ。その点で中国の海爾集団《ハイアール・グループ》は、製品市場に対する知識を活用し、特に流通とサービスという面で自ら「すきま」を埋めて母国の市場環境を巧みにくぐり抜けていくことで、家電分野で国際的な競争力を獲得している。

一九八四年一二月の時点で、ハイアールは青島《チンタオ》冷蔵庫工廠という社名で、多額の債務を抱え、従業員の給与支払いが数カ月も遅れる状態だった。この頃の中国都市部で冷蔵庫を所有していた世帯は、わずか六・六％。冷蔵庫メーカーは三〇〇社ほどあったが、製造される商品はおしなべて低品質だった。[51]中国の生活水準が上がり、冷蔵庫市場の需要は爆発的に伸びつつあったが、ハイアールはあえて大量生産を目指さず、品質とブランド構築にこだわった。信用の裏付けをする独立した仲介者が十分に発達していない市場で、これはきわめて有効な戦略だった。

はたして二〇〇四年頃には中国の白物家電市場のシェア約三〇％を確保。テレビやパソコンなど、いわゆる「黒物家電」でも存在感を高めて、中国市場の支配者となっていた。企業合併、価格競争、外国の有名ブランドの参入が続く中で、アフターサービス分野の「すきま」を埋め、効率的な流通システムを確立することによって、顧客の嗜好とニーズに革新的かつ迅速に対応し、競争優位の構築と維持に成功したのである。

国内外の競合他社と比べ、ハイアールは市場需要に対して特に敏感で、顧客ニーズに応えて差別化した商品を出そうという意欲があった。細かい機能変更やカスタマイズなど、モジュール化すれば安く抑えられ、なおかつ顧客に高く評価されるバリエーションを生み出しつづけた結果、製品カテゴリーは九六分野、仕様は一万五一〇〇種類に拡大した。あるとき、四川省の農村部の顧客から、洗濯機が故障したと苦情が寄せられたことがあった。作業員が調べたところ、配管に泥が詰まっていることがわかった。衣類洗濯用に設計された洗濯機が、ここではサツマイモなど野菜を洗うのに使われていたのだ。そこでハイアールは洗濯機を再設計し、なんと野菜を洗える仕様に変更した。以来、四川省で販売されるハイアールの洗濯機には新しい説明書きが付されている――「主な用途は衣類、サツマイモ、落花生の洗濯・洗浄」(52)

また、頻繁に服を着替える夏の生活様式に合わせるため、一回分の衣服を洗う小型洗濯機も開発。大型の洗濯機と比べて電力と水の消費量が少ないため、発売直後から上海でヒット商品となった。同様に、都会の狭い住宅に合わせた小型冷蔵庫も開発した。積極的に市場に合わせていくハイアールの適応力は、特に外国企業との競争において貴重な武器となった。高度な情報収集を行う仲介者が存在しない市場で、外国企業が消費者の嗜好に合わせるのは難しいからだ。

ハイアールが母国市場で競争力のあるビジネス構築に成功した最大の要因は、このように自ら「制度のすきま」を埋め、市場環境の改革を試みたことだった。アフターサービスの面では、一九九〇年に青島でサービスセンターを設立。コンピューター管理のシステムで何万人という顧客に対応した(53)。二〇〇四年には、全国の店舗に一人ずつ、合計五五〇〇人の契約社員によるサービスネットワークを完成させ、全国のホットラインを通じて持ち込まれる依頼に応じて出張修理を行うようになった。修理期間中は代用品の貸出もした。中国の常識と顧客の期待を上回るサービスを提供することによって、差別化を果たすと同時にブランド・ロイヤルティを構築したのである。

さらに、商品配送を統合して行う物流部門も立ち上げた。中国の競合、美的《メイダ》やTCLなどは商品ラインごとに異なる物流部門を使っていたが、ハイアールは規模や販売量に加えて、一貫型の流通機能をもつことによって、競合他社の中でも一、二を争う低コストの物流システムを誇るようになった。これも大きな競争優位だ。一九九九年に海爾物流《ハイアール・ロジスティックス》を設立し、全国に先駆けてジャスト・イン・タイム（JIT）方式の購買、原材料配送、製品配送を実現。それまでハイアールが主に使っていた倉庫の広さは二〇万平米で、在庫回転期間は三〇日以上だったが、JIT方式のハイアール・ロジスティックスを立ち上げてから五年後には、二万平米の流通センターで、在庫回転期間も七日間で回せるようになった。起用するサプライヤーの数も劇的に削減している。こうした流通センターを中国全域の四二拠点に立ち上げ、内陸部への配送を可能にすると同時に、ハイアール・ロジスティックスの統合型業務体制および情報システムを通じて、注文から製品配達までの時間を三分の一以上も短縮することに成功した。

「制度のすきま」のある中国で、ハイアール・ロジスティックスは、ハイアールの強力な競争優位となった。起伏に富んだ地形、均等に発達していない道路網と小売ネットワーク、地方ごとに異なる行政――そうした地理的障害と手続きの煩雑さのせいで、この国で物流ネットワークを立ち上げるのは困難だったからだ。上海のような大都市では、白物家電を運ぶ巨大トラックが入れる倉庫を確保しに

図表 5-7　中国のハイアール：「制度のすきま」に対応する

「制度のすきま」発見のチェックポイント	ハイアールが直面した「すきま」	ハイアールの対応
顧客の嗜好と購買行動に関する信頼性のあるデータを容易に入手できるか。	市場調査を担う仲介者が未発達。（製品市場における情報分析とアドバイスを提供する制度の「すきま」）	**適応**：ローカルな知識にアクセスする力と、製品開発で顧客ニーズに応えていく力を活かして、競合他社より優位に立った。
消費者は、買いたい財・サービスの品質について、バイアスのかかっていない情報を容易に入手できるか。そうした情報を提供する独立した消費者団体や出版物が存在するか。	製品の情報を提供し、認証する制度が未発達。（製品市場における情報分析とアドバイスを提供する制度、信用の裏付けを行う制度の「すきま」）	**適応**：作業員からの報告やフォーカスを絞った経営を通じて、社内の品質管理能力の向上に主眼を置いた。
物流と交通インフラはどの程度整備されているか。国際的な物流会社が事業拠点を置いているか。この国には大手小売チェーンが存在しているか。あるとすれば、国全体をカバーしているか、それとも主要都市だけをカバーしているのか。全消費者にリーチしているか、富裕層だけを対象としているか。	物流および小売インフラが未発達。（製品市場における集約および流通を担う制度の「すきま」）	**市場環境の改革を試みる**：専門の物流部門と、中国全域にわたる流通センターを設立した。
企業は消費者にどのようなアフターサービスを提供しているか。全国規模のサービスネットワークの確立は可能か。第三者のサービス提供者は信頼できるか。	アフターサービスのネットワークが未発達。（製品市場における集約および流通を担う制度の「すきま」）	**市場環境の改革を試みる**：顧客追跡能力、顧客サービス・ホットライン、出張修理を行う契約社員を備えたサービスセンター網を構築した。

くい。ほとんどの遠隔地では、倉庫と本社の情報ネットワークを結ぶのが難しい。トラックの重量制限など、運搬にかかわる規制事項も地域によってまちまちだった。

外国の多国籍企業は中国の流通業者に頼らざるを得なかったが、全国展開の物流プロバイダーが不在のため、コストは高く、カバーできる範囲も限られている。こうした制約のせいで、外国ブランドの多くは、より発展した東部沿岸部に集中していた。複数の物流プロバイダーを使って全国ネットワークを構築するのは困難なうえに割高で、試みたとしても失敗するのが関の山だ。ハイアールにとっても、中国における「制度のすきま」は事業確立の障壁だったが、それをうまく回避することで、逆に「すきま」を競合他社に対するバリアとして機能させたのである（表5-7参照）。

だが、競争優位は変わる。特に、その競争優位がローカルな知識と「制度のすきま」に基づいたものだった場合、前者は競合他社も時間をかけて学んでいくことができるし、後者も時間の経過とともに解消される可能性が高い。ハイアールは、初期に製品品質とサービス水準に主眼を置いたことで、企業合併や価格競争の荒波を生き延びた。だが、こうしたバリュー・プロポジションは、競争に勝ち抜いたライバルが追いついてくれば、価値が薄れる。しかも、製品品質を評価する市場仲介者――アメリカにおける『コンシューマー・リポート』誌に相当するもの――が発達すれば、ハイアールが多くを投じて構築したブランドによって時間をかけて獲得した信頼性も、新規参入企業が簡単に獲得できるようになる。地元顧客に関する知識の価値も、競合他社――特に、初期の急速な学習曲線の過程にある外国企業――が経験を積んだり、模倣や提携、あるいは発達してきた市場調査仲介者の利用によってローカルな知識を手にすれば、徐々に消えていく。規制が緩和され、全国展開する有能な物流プロバイダーの参入が容易になったり、小売セクターが成長したりすれば、ハイアールのような専用の物流・流通機能をもつ価値も薄れる（たとえば中国国内の小売業者、国美電器控股《ゴメ・エレクトリカル・アプライアンス》は、二〇〇九年半ばの時点で全国に七七九店舗を展開している[54]）。

新興国市場に拠点を置く企業は、現地の製品市場に関する知識と、「制度のすきま」を巧みにくぐり抜ける能力——たとえ自ら「すきま」を埋めることになったとしても——を活用することができるし、ぜひ活かすべきだ。しかし、そうした競争優位は、母国市場が発展すれば消えていく可能性があるのだ。事実、ハイアールの中国国内における冷蔵庫市場のシェアは、二〇〇四年の二九・一%から、二〇〇六年には二五・六%に落ち込んだ。国内外の競合他社が初期の失敗から学んで再参入するなどして、競争が厳しくなったからだ[55]。

待つか、とどまるか、撤退するか——インドのIT系人材派遣とソフトウェア開発ビジネス

「制度のすきま」や、その他の市場環境の壁に直面した新興国企業は、特定のセクターへの参入を避けたり、創業まもない段階で海外事業の構築に力を入れたりして、母国市場に全力投球しないという道を選ぶこともできる[56]。起業を試みたとしても、その時点の制度環境ではビジネスが報われないとすれば、その市場ではまだ土壌が育っていないと判断することもあるだろう。たとえばバイオ技術会社が新規市場に参入しようとしても、規制などに阻まれてビジネスを展開できない場合がある。さまざまなセクターに投資をしている起業家や企業グループが、その市場の制度環境——プライベート・エクイティや大型小売店を受け入れる準備が整っていないなど——は投資の足を引っ張ると判断する場

合もある。
インフォシス・テクノロジーズ、タタ・コンサルタンシー・サービシズ（TCS）、ウィプロ・テクノロジーズなど、インドのソフトウェア開発およびITコンサルティング会社は、母国の労働力を活用して、世界でITサービスを提供している。こうした企業は、人材を採用してインセンティブを与え、研修を行い管理していく能力と専門知識を武器に、世界に通用する競争力をもったビジネスを築いた。インドはソフトウェア分野の人材が豊富だ。先進国レベルの人材を、はるかに安く雇うことができる。しかし、インド経済に広がる「制度のすきま」のせいで、先進国の企業がこうした人材を雇用するのは困難でコストもかかる。そこでインドのソフトウェア開発会社は、インドの人材を先進国市場の需要にマッチさせるビジネスモデルと、それを行う組織的ケイパビリティの開発に力を入れた。

各社は、国内の顧客に応えつつも、創業初期には自社のケイパビリティが報われやすい海外に主眼を置いていた。インドでソフトウェアやITコンサルティング会社が誕生しはじめた頃、国内企業の大半は、こうしたサービスを必要とする高度なITシステムを利用していなかったからだ。ITシステムを有する数少ないインド企業は社内にIT部門を持ち、アウトソーシングに積極的ではなかった。その点、先進国市場のほうが顧客対象となる企業も多く、インド企業に同じサービスを提供するより高い価格をつけることができたのである。

一九八一年にインドで創業したインフォシス・テクノロジーズの場合、創業からわずか六年後に、初の海外支社をアメリカで開いている。その一〇年後には、インド国内で新たな研究開発センターを

図表 5-8　インドのソフトウェア開発会社：「制度のすきま」に対応する

「制度のすきま」発見のチェックポイント	直面した「すきま」	対応
特に技術および経営スキルに関して、この国の教育インフラは確立しているか。この国の教育機関のレベルを把握するデータは入手できるか。	世界水準の教育制度が未発達。 （労働市場における集約と流通を担う制度の「すきま」） 認証を行う仲介者が未発達。 （労働市場における信用の裏付けを行う制度の「すきま」）	**適応**：ローカルな知識を活用し、適材特定の能力を伸ばした。
消費者は新しい財・サービスを積極的に試そうとするか。地元企業の製品を信頼しているか。海外企業の製品は信頼しているか。	インドには高度なITシステムを備えた企業が少なく、またITシステムのアウトソーシングという習慣は広がっていなかったため、ITサービスのB2B市場が限られていた。	**撤退**：創業初期は、先進国市場で顧客企業を探した。

設立したほか、カナダとイギリスにも支社を立ち上げた。一九九九年までに、ドイツ、スウェーデン、ベルギー、オーストラリアの支社と、アメリカで複数の研究開発センターを設立。その後もカナダ、日本、イギリス、アメリカで新たな研究開発センターを開いたほか、二〇〇一年にはフランス、香港、アラブ首長国連邦、アルゼンチンでも支社を設立した。二〇〇二〜〇三年にかけて、中国とオーストラリアで子会社を、オランダとシンガポールとスイスでも支社を立ち上げた。

人件費の安い豊富な労働力を手にできたものの、初期にはその評判が広まっていないうえに、国内で入手できるハードウェアも限られていたことから、インドの多くのソフトウェア・メーカーは客先への技術者派遣《ボディ・ショッピング》というビジネスモデルで市場のローエンドからスタートした。国際市場に人材を送り、クライアント企業に常駐させ、その国のプログラマーよりも大幅に安い賃金でプロジェクトに取り組ませる。こうして徐々に信頼性と品質の評判を築き、さらなる付加価値サービスの提供を始める。たとえばインフォシスは、一九九〇年代半ばをターニングポイントとして、クライアント企業への派遣だけでなく、インド国内でのソフトウェア開発も行うようになった。これを第一歩として、顧客にさらなるサービスを提供するとともに、創出した価値の特許取得にも乗り出している。

小さな転換だったが、結果は大きかった。インフォシスは入れ替え可能な労働力という投入要素を低価格で供給する単なる派遣会社ではなく、高い能力をもつ技術エンジニアやプログラマーによるビジネス・ソリューションという、新たな価値を構築するITサービス会社へと転身したのである。インド国外に拠点を置くフォーチュン500企業にターンキー・ソリューション（すぐに利用できるシステム）を提供し、バリューチェーンの上流で差別化を図ることに成功した（図表5－8参照）。

企業グループ

エマージング・ジャイアントとなる企業は、ここまでに挙げた戦略を実行すると同時に、組織を系列化して、母国市場の「制度のすきま」がもたらすコストの低減を図る例が多い[57]。フィリピンのアヤラ・グループ、トルコのコチ・グループ、インドのタタ・グループ、チリのルクシック・グループ、

図表 5-9　アヤラ・コーポレーションの企業グループ構造

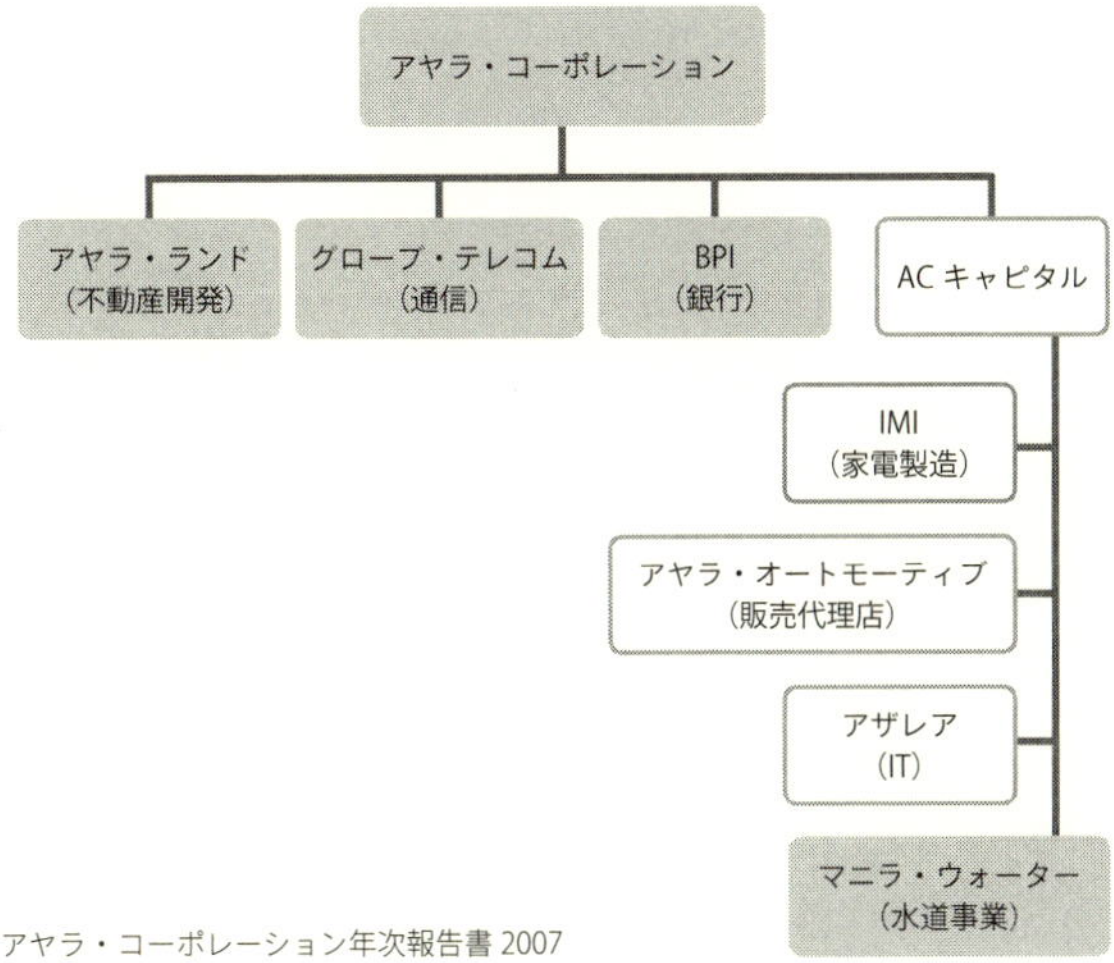

出典：アヤラ・コーポレーション年次報告書 2007

メキシコのグルポ・カルソは、いずれも母国の「制度のすきま」に対抗するケイパビリティを内部に育てたことで成功した企業グループだ。ここで言う企業グループとは、主に法的に独立した複数の会社の集合体を指す。多くの場合は多様な業界に広がりながらも、さまざまな範囲の公的なつながり（資本関係、取締役員の兼任、共通のブランドネームなど）や、非公式なつながり（同族経営など）で結びついている。

欧米の先進国市場では、企業グループは時代遅れの企業形態と見られがちだ。しかし「制度のすきま」のある新興国市場においては、合理的な意味をもつ。新事業に参入する際、グループ内の別の部門が築いた資本・人材・評判を利用できるので、他社が直面する「すきま」を回避しやすいのだ。発達した仲介者ネットワークが存在しない市場でも、企業グループなら、プライベート・エクイティ・ファーム、ヘッドハンティング会社、ブランディング・コンサルタントといった役割が身内でそろうのである。

たとえばフィリピンの財閥アヤラ・コーポレーションは、家族経営の不動産会社として誕生したが、その後に通信、金融サービス、ITなど、さまざまなセクターに広がる高度に多様化した企業グループに成長した（主な企業構成は図表5‐9を参照）。子会社のうち株式公開しているのは一部（図表では灰色で示している）で、残りの非上場子会社を監督するため、アヤラは二〇〇二年にACキャピタルという事業を立ち上げている。このACキャピタルが、アヤラ・グループ内のベンチャー・キャピタルまたは投資管理会社となって、リスクキャピタルを得にくいフィリピンの「制度のすきま」を埋めた。アヤラ財務部長レイモン・オピュレンシアは、「ACキャピタルは独自の資産運用を任され、新事業を積極的に運営していく」と説明している。

「投資するか、それとも親会社のために利益を回収していくか。ACキャピタルが投資会社の役割を果たし、判断する」(58)

ACキャピタルに支えられて成長したマニラ・ウォーター・カンパニーは、二〇〇五年に株式を公開した(59)。ほかにも、グローブ・テレコムという通信事業の立ち上げに成功。通信業界には、新参の起業家の手には負えない厳しい壁――高いコスト、トラブルになりやすい当局との交渉、すでに地歩を固めた競合企業など――があったが、アヤラにはグループとしてのリソースがあり、また長期的展望で計画する余裕があったおかげで乗り越えられたのである(60)。

グループ構造であれば、新興国市場の企業でも、品質、信頼、透明性を示すブランドネームを育てていくことができる。ブランド構築・維持にかかるコストを分散して負担できる。単独企業の財・サービスを宣伝するよりも、グループ全体のアイデンティティのほうが広告機会も得やすい。こうしたブランド力は、ひとたび確立されれば絶大な威力をもつ。新興国の消費者はグループ・ブランドを評価するからだ。逆に言えば、いずれかの事業でブランドに傷がつけば他の事業にも響いてしまうので、グループ全体としてブランドを守ろうとする動機が生じる。

企業グループの財・サービスの品質に定評があるなら、新事業に参入するにあたって、たとえ既存の製品ラインとは無関係だったとしてもグループの名前を利用できる。おそらく最も積極的にグループ・アイデンティティを多彩な製品分野に拡大したのは、韓国の財閥《チェボル》だろう。サムスン・ブランドは、テレビ、商船、化学製品、携帯電話、電子レンジなど幅広い生産財を傘下にもち、急速に世界で台頭した[61]。ブラジル、中国、インド、マレーシア、トルコでも、多くの企業グループが同様の多角展開戦略を採っている。

現地の株式市場で資金調達するにも、グループとしての評判が助けになる。新事業への出資を得るために、既存事業の株主利益の実績を示すことができる。既存事業が小規模で金融機関の融資を受けられない場合や、既存事業から新しい産業に参入する場合は、グループとして得た資本を投入できる。社内にベンチャー・キャピタリストがいるようなものだ。

また、現地の「制度のすきま」を回避する能力をもった企業グループは、新興国市場に参入する多国籍企業の提携候補になりやすい。急成長する市場に目をつける外国の投資家にとっても魅力的だ。新興国では信頼できる金融アナリストや、知識豊富な投資信託マネジャーに頼ることができないため、外国企業や投資家は多角展開する企業グループを選ぶ傾向がある。その企業グループが外国企業に代わって国内の多彩な産業に投資をする。外国企業は、現地の企業グループによる機会の見極めや、監査と監督機能を信頼する。事実上、投資信託会社と同じはたらきである。

つまり企業グループは、資本不足の母国に多額の投資をもたらすパイプ役となるのだ。香港に拠点を置く複合企業ジャーディン・マセソンはインドでの投資を希望し、一九九六年にタタ・インダストリーズ（タタ・グループの新事業開発部門）の株式二〇％を取得した。これをインドのさまざまな産業への足がかりとしている。

新興国企業が、労働市場の発達していない母国で幹部職の人材を確保・開発する場合も、グループ構造は有利だ。ビジネススクールのような経営訓練を行う仲介者が発達していなくても、複数の事業にまたがった能力開発を行い、固定費を分散させることもできる。たとえばインドの大手企業グループの多くは、独自の能力開発プログラムと専用の研修施設をもっている。すでに管理職となった人材の能力向上を目的とする場合が多いが、あらゆる階級の従業員を対象として、幅広い人的資本の開発を目指す研修プログラムを敷いた企業もある。韓国の財閥の中には、アメリカの一流ビジネススクールと共同で特別研修プログラムを立ち上げているところもある。

一方、人材斡旋会社が不在の新興国市場では、産業間での人材の流動性が低い。その点でも、グループ企業ならグループ内でさまざまな産業を経験させ、多角的な経営課題を学習させることができる。単独では集められない管理職人材を集めることもできる。

新興国市場では往々にして政府に足を引っ張られ、経済情勢に合わせた労働力の調整が難しい。柔軟性のない法が一方的に従業員の解雇を禁じたり、政府が失業手当を給付しないせいで労働組合が強硬に職の保障を主張したりする。しかし企業グループなら、グループ内に労働市場がある。融通が利くし、セーフティネットの整わない経済圏でも安定して職を提供できる。グループ内の一企業が業績不振に傾いたなら、成長性のある別の事業に従業員を異動させてもいい。異動先の土地を従業員にとって魅力的な拠点に変えている例もある。たとえばインドでは、一部の企業グループが僻地の製造工場の周囲にコミュニティを築いた。学校、病院、礼拝堂といった施設が提供されており、将来的に事業が拡大した際のキャリアアップの道にもつながるので、管理職もその他の従業員も、異動と引っ越しに前向きになる。こうした方法で信頼できる従業員を確保する企業は増えている[62]。

新たな人材の活用という面でも、グループ構造は便利だ。グループ内で適材を見つけることによって、新規事業でも有利なスタートを切れる。インドのウィプロ・テクノロジーズの場合、スキルを積んだエンジニアを、まず彼らの技術的ノウハウを活かせるコンピューター・リース・サービスに配置した。その後で幅広い金融サービスに従事させていくというプロセスを経て、コンピューター専門だった事業を金融サービスにも拡大したのである。その点、系列化していない企業の場合、新事業の構築に際して一般から人材を探さなければならない。労働力のクオリティに大きなバラツキがあり、信頼できる認定機関が存在しない新興国市場では、これは一筋縄ではいかない作業だ。

とはいえ、グループ企業にもリスクがある。グループ内で資金を調達すれば、仲介者不在の市場で外部の独立機関から資金調達するよりコストを抑えられるというメリットがあるが、そこには潜在的なコストも存在する。提携関係のない中立的な投資会社による外部監査がないため、キャッシュが軽率な投資に回されかねないのだ。

マレーシアの企業グループ、サイム・ダービーの例を考えてみよう。東南アジアのプランテーション運営、製造、一般消費財、金融サービス、建設業といった分野で影響力をもつ企業グループだ[63]。サイム・ダービーは一九九〇年代後半、銀行セクターにも事業を拡大した。当時の銀行業界は急成長していたが、同社のもつ専門知識・技術は十分ではなく、明らかに力不足だった[64]。また、グループ構造が、外部からの資金調達コストを膨らませる場合もある。複雑な組織構造をもつ新興国企業、特に系列子会社同士でややこしい株式の持ち合いをしている企業グループに対し、外部の企業、とりわけ外国企業は実態をつかめず、出資に二の足を踏む。

成熟市場ではコングロマリットは不人気だ。一方、「制度のすきま」のある新興国市場の場合は、これまでの経緯を見る限り、系列化による利点がコストを上回るだろう[65]。ただし企業によって差は大きい。グループ構造を成すことによって得られる利点が潜在的コストを上回るかどうか、それを左右するのはグループ管理の腕しだいなのだ。新興国企業が「制度のすきま」を補完し、エマージング・ジャイアントになっていくにあたって、グループ構造の採用はあくまで一つの選択肢なのである。

エマージング・ジャイアントとなる

母国市場の成長機会を追求し、外国から参入してくる競合他社のプレッシャーに耐え、制度環境の障害を切り抜けていく過程で、新興国企業は数々の課題に直面する（ツールキット5-1参照）。「制度のすきま」を制するのは容易ではないが、多国籍企業よりは有利だ。しかも、多国籍企業はたいてい、母国市場以外の制度インフラの発達に投資したがらない。エマージング・ジャイアントとなる企業は、「制度のすきま」を特定して対応する力と、「すきま」の補完に投資していく意欲を活かして、競争優位を獲得できるはずだ(66)。

協働を通じて新たなケイパビリティを獲得することも可能だが、その場合、母国市場の制度環境に照らして自社に付加価値を与えるケイパビリティは何なのか、明確に判断できていなければならない。グループ構造を成すことによって「制度のすきま」に対抗する力をもつとしても、グループ構造には独自の課題があり、ときにコストを強いる。持続性のあるビジネスモデルを構築しても、その後にビジネスのグローバル化を進めるならば、また新しい課題に直面する。この点については次の章で考察していきたい。

ツールキット5-1

母国で競うエマージング・ジャイアントのためのチェックリスト

1. 自社の評価

A

ビジネスモデル

・自社のビジネスモデルの核は何か。

2. 母国市場の評価

A

機会の定義

・この市場において、自社にとっての機会は何か。
・自社のビジネスモデルにおいて、どの部分がユニークな競争力をもっているか（特に、外国の競合他社と比較して）。

B

市場のセグメント

・この市場機会に存在するのは、どのセグメントか。
・どのセグメントをターゲットにするか。

C

「制度のすきま」の特定

・ツールキット2・1を使用して、この市場（または、狙うセグメント）にはどのような「制度のすきま」があるか特定する。
・この市場の「制度のすきま」は、ターゲットである市場セグメントにアクセスする自社の能力に、どう影響するか（特に、外国の競合他社と比較して）。

3. 制度環境への対応

次のフレームワークを使用して、特定した「制度のすきま」にどのように対応すべきか検討する。

TOOL KIT 5-1

戦略的岐路	新興国市場の現地企業の選択肢
再現か、適応か	・先進国市場のビジネスモデルを模倣する。 ・ローカルな知識、ケイパビリティ、「制度のすきま」を切り抜ける力を活用して、適したビジネスモデルを構築する。
独力で競争するか、協働するか	・独力で競争する。 ・多国籍企業との提携や合弁事業の形成を通じて、先進国市場から、「制度のすきま」を回避するケイパビリティを獲得する。
市場環境を受容するか、改革を試みるか	・市場環境を甘受する。 ・自社事業を支える形で「制度のすきま」を埋める。
参入するか、待つか、撤退するか	・「制度のすきま」があっても、母国市場でビジネスを構築する。 ・自社のケイパビリティが母国で報われない場合は、早期に母国市場を離れる。

第6章　エマージング・ジャイアント──海外に進出する場合

　エマージング・ジャイアントとなる企業が、母国市場で独自のバリュー・プロポジションを特定し、強い競争力を持ったポジションを確立したあとで、次は自分自身が多国籍企業を目指す場合、そこにはまた新たな課題が立ちふさがる。[1] 世界レベルで競っていく企業になりたいとしても、そのケイパビリティをいかに獲得していくのか。あらゆる地域に進出していく真のグローバル・プレイヤーになりたいとしても、選べる道はおそらく限られている。企業は、ビジネスの国際化をどう考えていくべきなのだろうか。

　先進国に拠点を置く多国籍企業が新興国市場に参入するときと同じように、エマージング・ジャイアントが海外展開を図る際にも、母国の事情が大きな意味をもつ。エマージング・ジャイアントの母国には「制度のすきま」がある。拡大のための資本や高度な研究開発能力、一流の人材などが十分に得られないまま、特に先進国市場で世界のリーディング・カンパニーを相手に競っていくのは困難だ。さらに、もともと新興国特有の制度環境にビジネスモデルを合わせているため、制度環境の異なる市場に参入するなら、新たに適応していかなければならない。本章では、エマージング・ジャイアントとして成功した企業が母国市場の外を目指した際に、こうした課題にどのように取り組んだか考察していく。

世界展開の戦略

エマージング・ジャイアントが世界へ出ていくのには理由がある。世界の市場では、新しい顧客基盤が得られる。生産プラットフォームやイノベーションの拠点が得られる。横の規模という点では、事業を拡大してキャッシュフローやブランドを確立していくことができるし、縦の規模という点でも、母国では得られない新たなケイパビリティを身につけることができる。

一九九〇年代の金融自由化により、外国為替や資本規制に関する法が緩和されるまで、多くの新興国企業にとってはグローバル化できる範囲に限界があった。だが、経済と株式市場の急成長に伴い、外国の投資家にとって魅力が増した新興国企業は、国際事業を立ち上げるためのリソースも手に入れやすくなった(2)。

世界のある地域を安価な要素市場として利用し、別の地域の製品市場の需要に応えるというように、そもそもビジネスモデルがグローバルな性質をもっている場合もある。インドのソフトウェアおよびＩＴコンサルティング会社や、中国メーカーの手法がこれにあてはまる。こうした企業は多くの場合、創業初期から世界を目指した。その一方で、自国内で完結するビジネスモデルもある。特に、母国市場が大きくて国内で規模の経済を活用できるなら、このビジネスモデルが有効だ。すべての新興国企業が海外に足場を築ける、あるいは築くべきというわけではない。企業が本来もっているケイパビリティが母国市場の外では報われない場合や、外国市場に適応したり新たなケイパビリティを獲得したりするためのリソースや経営体力がない場合は、先進国進出の時期を遅らせて、母国市場を含む別の場所で機会を探すのが得策だろう。

一九九〇年代に西欧市場に進出し、短期間で失敗に終わったタイタン――インドのタタ・グループ傘下の時計およびジュエリー・ブランド――は、その後は主に自国に焦点を置く道を選んだ。そして中東などに住む在外インド人をターゲットとする小売ビジネスで成功を収めてから、アメリカでも小規模ながら小売のプレゼンスを確立。サプライチェーンの一部を国際化して香港にも拡大した。しかし二〇〇八年になっても、まだ世界の主要な時計ブランド、ジュエリー・ブランドに挑もうとはしなかった。(3) タタ・グループ幹部の一人は、「世界的な時計メーカーになるためには、スイス・ブランドでなければ」と語っている。

「時計メーカーとして大手になるためには、どこかの時点でスイスのメーカーを買収しなければならない。タイタンはその点を理解している。現在の規模とリソースを考慮して、『そのような大きな手段に出られるほどの資金力がつくまでは、基本的に国内企業でいよう』と判断している。ゆえにタイタンはインド国内の時計セグメントに主眼を置き、そこを支配している」(4)

新興国市場の急成長ぶりと、参入してくる多国籍企業との競争を鑑みると、たしかに多くの場合は国内市場に限定するほうが合理的だ。実際、新興国市場を拠点とし、世界の一流企業となりながらも、一般に言われるグローバル化をしていない企業も決して少なくない(5)。

しかし、バランスシート上の黒字に勇気づけられたり、規制緩和によって自由を得たり、あるいは母国市場のもたれ合いや「制度のすきま」に嫌気がさしたり、さもなければ産業の国際化の波に押されるなどして、新興国市場を拠点とする企業の多くが海外に目を向ける。その場合、戦略的にきわめて重要となるのが、市場の選択だ。先進国企業なら失敗する余裕もあるが、新興国企業はリソースも資本も限られているため、海外でビジネスを立ち上げる機会は一回限りとなるかもしれない。

新興国企業が海外進出を決めたのであれば、自社の事業を母国市場の外でどのように育てていくか、どのケイパビリティを新たに求める必要があるか、体系的に考えていく必要がある。この「どの方向に向かうべきか」と「何を獲得していくべきか」という二つの判断は、本来もっている競争優位の源泉と関連づけて下さなければならない。外国市場に進出するエマージング・ジャイアントの旅路は企業によって大きく異なるが、それを左右するのは往々にして、母国で育てたコア・ケイパビリティだ。「制度のすきま」のはびこる市場環境をルーツとするせいで、海外進出そのものが阻まれる可能性もある。だが、その「制度のすきま」の中でうまく舵を取っていく能力こそが、同様の構造をもつ別の市場への進出を叶える可能性もある。また、世界の市場制度を〝借りた〟国際化により、世界に通用するケイパビリティを構築し、母国市場の「制度のすきま」の補完につなげることもできる。

構造的類似性のある市場でビジネスモデルを再現する

母国で「制度のすきま」を経験していれば、類似の構造的障害をもつ別の新興国市場でも事業を立ち上げやすい。先進国に拠点を置く多国籍企業が、母国市場に一番近いセグメントを新興国市場で特定し、ビジネスモデルを再現するのと同じだ。エマージング・ジャイアントも、母国市場で開発したビジネスモデルを新しい市場に持ち込み、規模を確保することができる。ユニークな顧客知識を土台とするビジネスモデルを活かして、別の新興国で類似の市場セグメントに手を広げることができる。

新興国に拠点を置く企業の多くは、単純に、先進国市場で財・サービスを売り出したり、営業戦略を実施したりするためのリソースをもたない。しかし、新興国市場の消費者ニーズ、特に低価格帯でのニーズに応えてきた経験は、成熟市場に拠点を置く多国籍企業を相手に別の新興国市場で競っていく武器になるのだ。同様に、要素市場をベースにした新興国ならではのビジネスモデルを、母国に似た投入要素をもつ別の新興国市場で再現することもできる。たとえばインドのＩＴ企業の多くは、創業初期の段階では先進国市場で顧客を追求したが、のちに中国や東欧諸国など、別の新興国市場でソフトウェア開発の拠点を築いている。

先進国市場にビジネスモデルを適応させる

真のグローバル企業になりたい新興国企業は、世界の最も発展した市場で事業を展開し、競っていきたいと考える。高度に発達した小売チャネルなど、先進国の市場インフラの中で競っていく方法を学べるし、要求の厳しい顧客への対応力もつくからだ。この経験があれば、先進国市場の競合他社が母国に参入してきても、母国の市場インフラが発達して要求の厳しい顧客が増えても、立ち向かっていくことができる。あるいは、母国市場では信頼性のある市場情報や品質認証を提供する市場仲介者が欠けているため、ブランドや評判を構築する手段として先進国市場を利用した例もある。先進国市場への参入にはコストがかかる。バリューチェーンの上流にのぼろうとすれば、なおさらだ。だが、そのコストは、信頼性構築の貴重な長期投資となるかもしれない。

新興国市場のグローバル・セグメント以外で地歩を確立したい多国籍企業と同様、エマージング・ジャイアントが先進国市場に出ていくなら、そこでの市場環境に適応していく必要がある。先進国では母国と同じ「制度のすきま」に直面するわけではないが、かといって、母国市場の「制度のすきま」と無縁になるわけではない。世界の多国籍企業がもつリソースとケイパビリティに対抗していこうにも、母国の「すきま」が足を引っ張る。だが、母国市場で育てたケイパビリティが報われるターゲット層、すなわち先進国において満たされていないニッチな層を参入の入口とすることで、先進国市場に首尾よく適応しつつ、母国市場の「すきま」を補完して成功している企業もある。

世界の「制度」を借りて、世界に通用するケイパビリティを獲得する

エマージング・ジャイアントにとって海外進出とは、単に国境の外で新たな市場に参入するだけの問題ではなく、グローバル・ケイパビリティ構築の道でもある。ケイパビリティを伸ばし、資本にアクセスし、信頼性を構築したい新興国企業は、先進国市場に存在する世界水準の「制度」を、地元の「制度のすきま」の代替補完として利用することも可能なのだ。アメリカなど外国の証券取引所に上場する（インフォシスやウィプロなど、インドのＩＴ企業はこのアプローチを採用した）、先進国市場の特許制度で自社の知的財産権を守る（韓国のサムスンが有する特許の数は、世界的にもトップレベルだ）、先進国市場の

図表6-1　海外に進出するエマージング・ジャイアントの具体例

戦略的岐路	例
構造的類似性をもった市場でビジネスモデルを再現する	ザイン タタ・コンサルタンシー・サービシズ・イベロアメリカ（TCSI）
先進国市場にビジネスモデルを適応させる	ハイアール テバファーマスーティカル・インダストリーズ ICICI銀行
世界の制度を通じて世界レベルのケイパビリティを獲得し、「すきま」を補完する	海外での株式上場 海外企業の買収

企業を買収する（中国のレノボやTCL、インドのタタ・グループの子会社数社が、この手段を採った）といった手法で、世界の制度を〝借りる〟のである。

だが、母国市場の「制度のすきま」の中でビジネスモデルの特定・活用に成功していなければ、世界の制度を借りることはできない。海外で上場して投資家の関心を集めたくても、母国市場での確固たるポジションなど、注目に値する新しい魅力を示すことができなければ不可能だ。海外M&Aを行いたくても、それだけの資本を蓄えていなければ不可能だ。

こうした戦略を採用する目的は、資本やブランド、その他のリソースなど、直接的かつ具体的なケイパビリティ獲得のためである場合が多い。だが、世界水準の制度を借りると、コーポレート・ガバナンスの向上と信頼性構築の貴重なツールにもなる。

本章では、こうしたアプローチを追求してビジネスのグローバル化を図った新興国企業の例を見ていく（図表6-1を参照）。クウェートに拠点を置く通信会社ザインは、発展途上国市場、それも主にアフリカにターゲットを絞った。新興国ならではのセグメントのニーズに応え、製品市場に存在する「すきま」に対応していく力を活かして、世界最大の通信事業者の仲間入りを果たした。インドに拠点を置くIT会社のタタ・コンサルタンシー・サービシズ（TCS）は、新興国の要素市場を活用してきた経験を踏まえて、母国と同じ新興国市場であるラテンアメリカに手を広げた。中国のハイアール、イスラエルのテバファーマスーティカル・インダストリーズ、インドのICICI銀行は、いずれも海外のニッチを選ぶことによって既存企業《インカンベント》との競争を避け、母国市場で育てたケイパビリティを活かして先進国市場への適応を果たしている。また、多くの新興国企業が外国の資本市場やM&Aなどに着目し、先進国市場の制度を借りて母国市場の「制度のすきま」を補完することによって、ケイパビリティのグローバル化に成功している。

構造的類似性のある市場でビジネスモデルを再現する——ザイン

クウェートの通信事業者、ザインは、国際的な規模とケイパビリティ獲得のためには母国の外に足場を広げる必要があると理解していた。(6) しかし、一部のエマージング・ジャイアントの判断とは異なり、ザインは、グローバル化の初期に先進国市場を目指すのはハードルが高いと考えた。「グローバル企業へと成長するためには、報われる可能性の高い発展途上国に目を向けなければならない」と同社幹部は語っている。

「アフリカには多大なポテンシャルがあると見ていた。もっとも、これは大きな賭けでもあったのだが(7)」

クウェートおよび湾岸地域で携帯電話通信サービスのパイオニア的存在であったザインは、母国と似た環境が有利にはたらくと見て、サハラ以南のアフリカでの通信事業開発に大胆な投資をしていく道を選んだ。当時のザインCEO、サッド・アルバラックはこう説明している。

「アフリカは、地理的、文化的、宗教的、その他さまざまな面で似ているし、人々とも歴史的につながりがある。……アフリカのことは理解しているし、他社よりもアフリカのことを考えてもいる[8]」

ザインは、発展途上国市場に存在する制度およびインフラの「すきま」を巧みにくぐり抜けていく能力と、ローカル・セグメントとボトム・セグメントの顧客にリーチする能力を再現して、短期間でアフリカ・中東全域での事業を成長させた。世界の多国籍企業にとっては、アフリカ市場の「制度のすきま」――さらには、「制度のすきま」に対する認識――が、アフリカ進出を阻む壁だった。ザインはその制度とインフラの「すきま」を積極的に特定し埋めていくことによって、誰も手を出していなかった機会を活用し、競合他社との差別化を果たして事業のグローバル化に成功したのである。

二〇〇五年、ザイン（当時はMTCといった）はアフリカの携帯電話事業者セルテルを買収して、サハラ以南のアフリカに進出した。買収金額は三四億ドルで、当時、中東からアフリカに対して行われた投資としては最大規模だった[9]。セルテルは一九九九年に開発機関の支援を得て設立された企業だ。世界でも最低レベルだった通信網の普及率向上を望むアフリカ政府から、携帯電話事業のライセンスを比較的安価に購入して、急速に足場を固めてきた経緯があった[10]。

買収の時点で、すでにセルテルはアフリカのブランドとして成功していた。しかしザインは、アフリカ大陸の市場に適応し事業を拡大していくにあたって、無数の壁に直面することになった。セルテルのビジネスモデルがアフリカの通信インフラを発展させ、「すきま」を埋めていくと予測していたが、ザインがアフリカの多数の市場で先行者として事業を成長させるためには、その他の「すきま」を自主的に埋めていく必要があったのである。物理的な通信インフラの未整備以外に、銀行が存在しなかったり——ザインが自分で料金を回収していかなければならない——、基地局の電力供給が不十分であったり、埋めなければならない「すきま」は多かった。そこで、たとえばナイジェリアでは、たった一日で五〇〇〇台の発電機を購入。一部の市場では、その国の電力会社よりも多くの電力を供給するようになった[11]。イラクでも二年かけてインフラの構築を進め、二〇〇八年半ばには四〇〇〇キロメートルの送電網を完成させている。このときザインは、一一〇〇人の警備員による「小軍隊」を採用し、基地局と交換局の施設および従業員の警護にあたらせた[12]。

ザインがアフリカで大胆に規模を広げると、中東の大手競合他社はもちろん、先進国の多国籍企業も注目するようになった。アルバラックは「アフリカに進出した当時、私は社内で、『猶予は二年だ。二年も経てばこの地域に関心が集まる』と話していた」と語っている。

その方法が、自ら「すきま」を埋めることだったのだ。「すきま」を埋めて、既存および将来的な「その二年を最大限に活用するには、どうしたらいいか。それが課題だった[13]」

競合他社との差別化に専念したことが、ザインのアフリカ進出を大きく支えたのである。

商品や価格の差別化だけではない。網羅する地理的範囲の広さが、競合他社に対する最大の武器、あるいは将来的な優位につながると考えた。その強みを活かすべく、二〇〇六年九月にケニア、タンザニア、ウガンダ、コンゴ民主共和国、コンゴ共和国、ガボンを対象に、携帯通信網「ワン・ネットワーク」を導入。ローミング料なしの国内通話料金で、この六カ国をまたがった通話やテキストメッセージの送信ができるようにした。ワン・ネットワークが登場したとき、経済誌『エコノミスト』は「セルテルは事実上、ヨーロッパの当局が夢見ることしかできない統一市場を作り出した」と書いている[14]。この戦略の焦点はローカル・セグメントとボトム・セグメントにあった。アルバラックはこう語っている。

「金持ちはローミング料金など気にしない。ローミング料金に悩んでいるのは貧困層だ。プリペイド携帯［貧困層ではプリペイドを利用する顧客が多い］の利用者のために、ワン・ネットワークを作った[15]」

このサービスが実現したのは、ザインの組織内にイノベーションに対するオープンな姿勢があったからでもあった。

「ワン・ネットワークは、上層部が指示したものではなかった。現場から生まれてきた戦略だ。われわれ経営陣が『戦略的競争優位を見つけてくれ』と言ったわけではない。社員が現場での試行錯誤を通じて考え出した。われわれは提案を受けて、ゴーサインを出した[16]」

戦略やバリュー・プロポジションではなく、組織と倫理における自社の差別化アプローチについても、アルバラックはこう語っている。

> どこの企業も大手のサプライヤーが提供するネットワークを利用し、とにかく短時間で構築できる財やサービスを提供している。だからこそわが社は、コミュニティのレベルから差別化を目指した。……リーダーシップのスタイル、人事、組織構成、経営手法、世界に対する見方、態度で

差別化を目指した。……（ワン・ネットワークは）模倣される可能性があるかと言えば、もちろんある。だが、模倣される頃には、われわれはほかのものを得ている。多数の持続可能な優位性をもつこと、それが肝心なのだ。商品、サービス、テクノロジーを模倣するのは簡単だ。だが、コミュニティを模倣するのは容易ではない[17]。

先進国市場から新興国市場に進出し、成功している多国籍企業の多くがそうであるように、ザインは自らを成長パートナーと位置づけることで迅速な成長を可能にした。

「ビジネスをしているコミュニティとの関係性。世界に対する自社のポジション。それこそが大きな資産だ。われわれはそうした差別化を目指している[18]」

ザインはアフリカに進出してから二年半で一四〇億ドルを投じ、アフリカ大陸における史上最大の投資家となった[19]。また、社内の業務一件につき八件のサポート業務を社外に委託することで雇用を創出した。進出したアフリカ市場の多くで、最大の納税者ともなった[20]。

「だから当然、わが社は人々に愛されている。企業はこの大陸の未来に投資していかなければならないのだ。国ではなく、大陸全体が成長しようとしている。われわれのミッションは歴史を塗り替えることにあるのだ[21]」

エマージング・ジャイアントは、先進国市場への参入を急ぐ場合が多い。しかしザインは二〇〇八年の時点でもまだ先進国には向かわず、別の場所での機会追求を続けている。おそらく、この戦略の背景には通信業界ならではの性質もあるのだろう。ヨーロッパでは携帯電話がすでに広く普及してい

図表 6-2　ザイン：グローバル化における制度的課題に対応する

直面した制度的課題	対応
新興国市場ではソフトおよびハード・インフラが未発達。	**再現：**電力の供給、銀行システム、通信インフラ、安全性（イラクにおいて）などの「すきま」を埋めた。
ローカル・セグメントとボトム・セグメントにリーチしにくい。	**再現：**プリペイド式携帯電話を利用する貧困層にターゲットを絞り、ワン・ネットワークを開発して、経験を活用。

るし、サービスにしても資源にしてもコストがかかる。「最初から最大の価値を見込める場所に、われわれの限られたリソースを投入したい。それが成長ということだからだ。未開発の市場で採るべき戦略は、とにかく急ぐこと。先行者優位をつかむことだ。……あらゆる面で大きく強固な存在になり、そのうえで次のステージへと舵を切り、リポジショニングを行っていく」[22]とアルバラックは説明している。ボーダフォンやテレフォニカなど、先進国市場を拠点とする大手の携帯通信事業者との熾烈な争いを予期していたザインにとって、自らのルーツこそが競争優位だった。制度やインフラの「すきま」が多い市場での経験のおかげで、アルバラックの言う「長期的に見て、大手の競合よりも効果的に機敏性と能力を発揮する」準備ができていた。「われわれはそこに賭ける」ことができた[23]。むしろザインにとっての懸念は、バーティ・エアテルや中国移動通信《チャイナ・モバイル》など、同じような環境から台頭してきた大手の新興国企業の存在だった[24]。

二〇〇二年の時点では、クウェートでわずか六〇万人の顧客を有する政府主導の独占企業だったザインは、二〇〇八年になる頃には中東およびアフリカ全域の二二カ国で三二〇〇万人の顧客を抱え、世界最高の成長スピードを誇るワイヤレス通信事業者へと進化していた。ザインは、まずセルテルを買収することによって、短期間でアフリカに大規模な地盤の構築を実現した。そして「すきま」を埋める事業に投資し、貧困層にターゲットを絞り、成長パートナーとして貢献していくことによって、発展途上国市場でビジネスを展開する力を再現し、参入してくる競合他社の先を行ったのである（図表6－2参照）。

構造的類似性のある市場でビジネスモデルを再現する——TCSI

タタ・グループ傘下のITコンサルティングおよびソフトウェア・サービス会社、タタ・コンサルタンシー・サービシズ（TCS）は、インド人技術者のクオリティと人件費における優位性、母国市場の「制度のすきま」の中で人材を選定・採用・管理していく特権的能力を活かして、エマージング・ジャイアントへと成長した。要素市場をベースとするエマージング・ジャイアントの例にもれず、TCSはその成長の旅路の後半で、要素市場として母国に近い特徴をもつ別の発展途上国でビジネスモデルを再現し、新たな市場を自社のリソースに加えていった。ザインと同様、差別化と競争優位の源泉として自ら「制度のすきま」を埋め、母国以外の新興国市場からもITサービスを提供していく「グローバルネットワーク・デリバリーモデル」を構築したのである。ラテンアメリカ、スペイン、ポルトガルをカバーするタタ・コンサルタンシー・サービシズ・イベロアメリカ（TCSI）〔「イベロアメリカ」とは、ラテンアメリカの二二カ国の地域全体を指す〕は、そうした経緯で誕生したTCSの子会社だ。

TCSにとって、ラテンアメリカでの拠点拡大は、いくつかの競争優位をもたらすものだった。インドへのアウトソーシング・ブームに押され、インド人技術者の給与水準が上がっている中で、ラテンアメリカが新たな人材確保の場となった[25]。給与面だけではない。アウトソーシング産業の成長により、インド在住の優れた技術者たちにとっては、働きやすい勤務時間で職を見つける余裕が生じた。TCSにしてみれば、夜勤シフトの人材確保が難しくなっていた[26]。TCSIのガブリエル・ロズマンCEOは、「インドの深夜はアメリカの昼間の時間帯にあたる。深夜シフトは惨憺たる状態で、離職率が四〇%にのぼる」と話している[27]。ラテンアメリカに拠点を開いたことで、この時間帯の業務をカバーできるようになった。

「顧客はトラブルがあったとき、インドが朝を迎えるまで待ちたいとは思わない。すぐに解決させたいと望むものだ[28]」

TCSのグローバル・モデルの一部として誕生したTCSIは、インド事業を別の場所に置き換えるものではなく、インド事業の補完を目指すものだったのである[29]。

TCSIはウルグアイに拠点を構えた。政治的安定性、教育レベルの高さといった制度環境の特徴が、選定の主な理由だ。ウルグアイは規模が小さい。失業率も高く、政府は国内の雇用創出を望んでいた。このためTCSIは、政府との関係において影響力をもてる立場にあった。たとえば就労ビザの取得に、ブラジルなら平均四カ月、メキシコでは八週間かかっていたが、ウルグアイ外務省との交渉により、TCSスタッフの就労ビザは二四時間以内で取得可能になった[30]。TCSIは、インドからラテンアメリカへ人材を送り、同時にラテンアメリカで採用した人材をインドへ送り込み専門機関で研修を行うことによって、母国でのビジネスモデルの再現を目指した[31]。ロズマンCEOは、「ラテンアメリカでインド式を目指した」と説明している。

「すべてはインドで決め、それをここに持ち込む。多少のローカライズはするが、基本的には、ここをもう一つのインドにする」[32]

インフォシスやウィプロなど、インドの競合による参入も警戒されたが、現地企業と多国籍企業もＴＣＳＩのライバルだった。現地の競合とは「主に、客先への技術者派遣《ボディ・ショッピング》」の面で対立する一方、アクセンチュアやＩＢＭといった多国籍企業には技術者市場のハイエンドを独占されていた。

「彼らは市場を支配していることに安心しきって、市場に注意を払わない」[33]

ＴＣＳＩは品質に主眼を置くことで、そうした競合他社との差別化を図った。世界的に利用されている組織能力基準値「ＣＭＭＩ（能力成熟度モデル統合）」のレベル5の認証を、ラテンアメリカで初めて取得[34]。信用を裏付ける世界の制度を利用して、自社事業のクオリティを保証してみせたのだ。また、水面下でスピーディに規模を確保し、母国の競合に対する参入障壁を築いた。

「一〇〇の力しかもっていないところに、誰かが四〇の力でやってきても、たいした差にはならない。だが、一〇〇〇の力をもっていれば、大きな優位性になる」[35]

この地域の教育制度の「すきま」――労働市場の流通と集約を担う制度、信用の裏付けを行う制度の欠如――も、ＴＣＳＩの成長を阻んでいた。ロズマンは二〇〇六年に、『ニューヨーク・タイムズ』紙でコラムニストであるトーマス・フリードマンの取材に応じ、「現時点で五〇〇人分の雇用が埋められていない。問題は教育だ。インドで憧れのキャリアと言えばエンジニアだが、ラテンアメリカでは、いまだに弁護士か公務員だ[36]」と述べている。

図表6-3　TCSI：グローバル化における制度的課題に対応する

直面した制度的課題	対応
ウルグアイで事業を構築するための研修および認証を担う制度が未発達。	**再現：**インドの人材や研修プログラムを活用し、CMMIのレベル5認証を受け、研修センターを設立。

ＴＣＳＩが早期に成功を収めたことにより、ラテンアメリカに興味をもつ競合が増え、それがさらに人材確保を難しくした。そのためＴＣＳＩは、自ら「制度のすきま」を埋める決意をして、二〇〇七年にウルグアイに現地研修センターを設立。(37)ロズマンによると、ＴＣＳＩにとって、この戦略がバリューチェーンの上流にのぼる手段になると思えたからだった。

それまでのわが社のビジネスは、いわば「アウトソーシング１・０」だった。とにかくコスト削減を目指し、すべてをインドに集約しようとしていた。今のアウトソーシングは、もっと戦略的だ。技術者の素質をできるだけ活かす。とても効率的なシステムで、うまくいっている。アウトソーシングの次なる波は、ビジネスバリューの面で貢献していくことだと考えている。Ｊａｖａを熟知している人材を確保して銀行業務を教えるのは何年もかかるが、銀行で一〇年のキャリアがある人材を確保してＩＴを教え、技術の応用方法を理解させるほうがずっと易しい。今後のアウトソーシングは、ＩＴの知識よりビジネスの知識が重視されるだろう。ＴＣＩＳは、会計士、銀行員など、さまざまな分野でキャリアを積んだ人材を豊富に起用してITを教える。ウルグアイのような場所でも、同じことを行っていく。そのためにも独自の大学を創設しようと思う。教育制度が変わるのを待ってはいられない。[38]

ハイアールが中国で独自の流通ネットワークを構築し、マクドナルドがロシアでサプライヤーを育て、ザインがサハラ以南のアフリカでワン・ネットワークを提供したように、TCSIは差別化と競争優位の源泉として「制度のすきま」を埋めることに賭け、母国での成功を再現した（図表6-3参照）。二〇〇七年になる頃には、一四カ国で五〇〇〇〇人のスタッフを抱えるまでに成長し、TCSの全世界の収益の四％を占めるようになっていた。[39]二〇〇八～〇九年に生じた金融危機と世界的不況を受けて、企業はさらなるコスト削減に走り、ラテンアメリカへのアウトソーシングはさらに需要が伸びている。TCSIにとっては機会増加につながったが、同時に競争も激しくなっている。[40]

先進国市場にビジネスモデルを適応する――ハイアール

第5章で考察した中国の家電メーカー、ハイアールは、事業成長の初期段階において、母国に参入してくるグローバル・ブランドに対抗する目的で、多国籍企業を受託製造の顧客、また合弁事業のパートナーとみなして付き合う道を選んだ。[41]一九九七年には中国の支配的ブランドとしての立場を確立していたが、外国企業との競争の激化と利益率縮小が予想されたため、自ら多国籍企業となってグローバル・ブランドを展開する戦略を立案。[42]すでに九〇年代半ばから、ザインやTCSIの再現戦略と同じくインドネシア、マレーシア、フィリピンといった他の新興国市場で生産工場の立ち上げを進めていたが、新興国市場にとどまらないグローバル企業となるためには、製品ポートフォリオでの適応が必要と判断した。その方法として特に重要だったのが、アメリカにおけるニッチ市場にターゲットを絞ったことだ。おかげで、先進国市場について学ぶと同時に、大手小売業者との関係構築に成功している。

先進国市場は大手競合他社の本拠地だ。ハイアールはアウェーで事業を行うことによって、ホームにおいて自社を脅かすであろうブランドに対抗する力を身につけられると期待した。そもそもハイアールは、母国をはじめとする発展途上国市場の「制度のすきま」——製品市場の集約と流通を担う制度の不在——を逆手にとって成長してきたが、そうした「すきま」は時間が経てば解消されていく。先進国市場の発達した流通ネットワークや要求の厳しい小売業者と渡り合う経験を積むというのは、ハイアールが母国で競争力を持ちつづけるために重要なことだった。

新興国企業にとって、先進国市場における有機的なブランド構築は、往々にしてかなりのコストを伴う。だが、そこで構築したブランドは貴重だ。特に新興国市場においては、製品市場の情報分析とアドバイスを提供する制度が不在でも、先進国のブランドであるというプレミア感が代理となって補完してくれる。また、先進国市場で経験と評判を積めば、他の新興国市場でも大手の流通チャネルに受け入れられやすい。先進国市場でヒットした商品がほんの数種類だけだったとしても、それによってハイアール・ブランドの評判に磨きがかかれば、発展途上国市場では参入と同時にすべての商品ラインを投入できる。先進国市場で事業を展開しているという事実が信用の裏付けとなるとともに、必然的に高い品質が保たれるため、世界水準の品質を求めるようになった母国の顧客から評価を得やすくなる。

ハイアールはハイアール・ブランドを先進国に持ち込む前に、まず競争力のある品質水準の確立を目指した。当初はオリジナル・ブランドを出さず、外国企業数社と受託製造契約を結んでいる。その一社、ドイツの家電メーカーであるリープヘルのもと、「ブルーライン」というブランドで冷蔵庫を販売した。ドイツの業界誌が八部門のランキングでブルーラインをトップに選んだ――リープヘル・ブランドは七種類だった――ことを受けて、ようやくハイアール・ブランドを先進国市場に送り込む時機が来たと判断した。雑誌という外国市場の仲介者が信用の裏付けを行う制度の役割を果たしたことによって、ハイアールはオリジナル・ブランドを展開できるという自信を得たのである。

ハイアールが中国の熾烈な競争から一歩抜きん出ていたのは、同国の製品市場に関する知識を活用する力と、地元の顧客ニーズに迅速に応え実験的に取り組んでいく意欲があったからだ。グローバル化を進めるにあたり、ハイアールはこのケイパビリティを先進国に移転した。一九九九年にアメリカに進出した当初は、大手ブランドと直接競合するのを避けるため、白物家電市場におけるマイナーでニッチなセグメントに照準を合わせた。最初に販売したのは、オフィスやホテル、学生寮などで使用する小型冷蔵庫だ。販売数が少なく価格も安いため、アメリカの大手家電メーカーの大半が避けていたセグメントだった。同じくニッチな商品として、ワインセラーの販売にも成功した。ハイアール・アメリカのCEO、マイケル・ジェマルは、「(家電の)主流ではなく周辺からスタートし、さらにニッチな商品に踏み込んだ。ワインセラーは中心的な家電とは言えないが、ビジネスとしては大きい」(43)と話している。

そうした商品は競争が少ないため、当初は高い利益率を確保できた。だがハイアールは、中国の人件費や価格の安さが競争優位の源泉であるとは考えていなかった。アメリカ事業はほぼ一〇〇%をアメリカ人のスタッフに任せている。[44]「ハイアール・アメリカとしてビジネスをしている。中国らしさは出していない」[45]。低コスト市場に本拠地を置く身でありながら、ハイアールは、コストだけでは持続的な競争優位にならないと理解していたのだ。品質、イノベーション、サービスの面で差別化を目指し、それが中国における競争でも差別化につながった。[46]

その後も受託製造業者として、競合他社を含む先進国企業のための生産を続け、世界で通用する品質と能力を構築。これがノウハウと信頼性の獲得につながった。アメリカの空調機器製造会社トレインと手を組み、業務用エアコンの製造を行った経緯について、ジェマルCEOはこう語っている。

「わが社がもっていなかったエアコン開発の知識を、トレインが送り込んだエンジニアから学んだ。……おかげでわが社の製造能力は飛躍的に伸びた。また、ハイアールがトレインの下請けであることは、いわば公然の秘密であったため、ハイアール・ブランドとして戦わないうちから市場で大きな信頼を勝ち取った。トレインの基準に合格しているならハイアール・ブランドも優れているに違いない、と[47]」

母国におけるハイアールのもう一つの競争優位、物流と流通の市場インフラに投資していく意欲のほうは、そうした「すきま」の存在しない先進国市場に移転できない。むしろ、アメリカの製品市場で集約と流通を担う主要な存在、すなわち大型小売店との関係を作る必要があった。ウォルマートを交渉の席に着かせるまで一年かかったが、製品品質と、小型冷蔵庫やワインセラーのような数点のヒット商品が決め手となり、ウォルマートに多くの家電製品を卸せることになった。

「あらゆる課題をクリアしなくてはならない。卓越した品質、手厚い保障、外見の美しさ。実に高いハードルだ。それらをすべてクリアしたうえで、商品を販売する人々に、われわれの主張は正しいと納得してもらわなければならない[48]」

こうして、ウォルマートやベストバイなど大手小売チェーンと強固な関係を構築したことにより、ハイアールはアメリカの主要な流通チャネルに足がかりを得た。それは、外国の小売業者が勢力を拡大しつつあった母国での有力な武器ともなった。

ハイアールはニッチを利用することで、アメリカという競争の厳しい市場で地歩を確立するとともに、アメリカの大手小売業者との連携を実現させたのである。だが、ニッチな製品に主眼を置くことで、「ニッチなブランド」というレッテルを貼られるリスク、メジャーな家電ブランドとして台頭できなくなるリスクも生じた。二〇〇二年の時点で、あるアメリカの産業アナリストは「ハイアールはブランドとして成功していない。消費者はハイアールの小型冷蔵庫を買っているかもしれないが、聞いたこともない会社の家電に大金を出すとは思えない[49]」と指摘している。

実際、二〇〇七年にアメリカ市場で高級冷蔵庫を発売し、品質と価格の両面で競合他社に追いつこうとした際、ハイアールは苦戦を強いられることとなった。冷蔵庫の値段は二〇〇〇ドル。南カリフォルニアにあるハイアール工場で開発・生産し、中国で同等の商品にかける開発費の一〇倍を投じたと報じられている[50]。しかし、アメリカの景気低迷に加え、高級冷蔵庫というセグメントでハイアール・ブランドの知名度が限られていたことが相まって、売れ行きは伸び悩んだ[51]。それまでは小型冷蔵

図表 6-4　ハイアール：グローバル化における制度的課題に対応する

直面した制度的課題	対応
先進国市場での現地知識が限られている。	**再現**：現地で管理職およびスタッフを雇用した。
先進国市場でブランドを構築する力が限られている。	**再現**：注目されていないニッチな製品セグメントにターゲットを絞った。
大手小売業者の流通チャネルにアクセスする力が限られている。	**再現**：ニッチな製品を利用して、小売業者から品質に対する信頼を獲得した。

庫で、アメリカのローカル・セグメントに相当する層をターゲットにしていたハイアールが、いきなり市場のトップ・セグメントに焦点を移したのは、結果的には飛躍しすぎていたのである。

新興国市場に拠点を置きながらも、世界で最も競争の厳しい市場、すなわちアメリカで強敵と競う道を選んだハイアールは、数々の壁に直面した（図表6‐4参照）。競合との対決を避けるために、製品ポートフォリオを改良し、アメリカの大手企業が狙っていないニッチな層を特定・活用する必要があった。さらにはブランド認知度の低さを解消するために、大手小売業者に取り入って、商品を扱ってもらい、宣伝してもらわなければならなかった。こうした戦略で成功を勝ち取ったあとでも、高級製品セグメントではさらに厳しい壁にぶつかった。また、先進国市場でブランドを構築した実績が他の新興国市場で飛躍的な競争優位になると期待したが、インドに参入した際には、この市場ならではの「制度のすきま」の難しさを思い知らされることとなる。ある幹部の説明によると、「アメリカではチェーン店の上位一〇社を簡単に特定できるが、インドでは、それがわからない」のだ。インドでは製品市場における情報分析とアドバイスを提供する制度が欠けているせいだった。[52]

中国の厳しい競争の中で、「制度のすきま」を武器に強いブランドと組織を構築するために、ハイアールは相当の苦労を重ねた。そしてアメリカでビジネスを構築するために、また異なる競争と異なる制度環境に適応しなければならなかった。それほどの労を払い、アメリカ市場で芳しい業績をあげたあとでさえ、一般的な多国籍企業と同様、また別の新興国市場では別の「制度のすきま」に出くわさざるを得なかったのである。

先進国市場にビジネスモデルを適応する――テバファーマスーティカル・インダストリーズ

テバファーマスーティカル・インダストリーズは、イスラエルの小さな財団法人として誕生し、母国市場における要素市場の競争優位――科学分野の潤沢な人材プール――を巧みに活かして成長を果たした企業である。[53] 会長のＥ・ハーヴィッツは、「創業まもない頃、私はよく『イスラエルは、ほかのどの国よりも、単位面積当たりの博士号の数が多い』と言っていた」と語っている。[54] 外国市場に参入し、ジェネリック医薬品の世界で最大の製薬会社に成長するにあたって、テバはハイアールと同じく、先進国市場の市場環境と競争に適応していく必要があった。

テバは、自社のケイパビリティを先進国市場でも発揮すれば年商一〇億ドルの企業になれると考え、グローバル化戦略の策定に着手した。それまでは段階的な成長目標を敷いてきたが、それを「一〇億ドル計画」へと進化させたのである。

地理的・文化的な近さを鑑みれば、国際事業の最初の舞台はヨーロッパが妥当と思われた。だが、ヨーロッパの制度環境からすると、むしろそれは適当ではなかった。価格統制が行われ、市場によって規制環境に大きくバラツキがあるヨーロッパは、テバが母国以外で最初の大きな一歩を踏み出す地としてはハードルが高い。それとは対照的に、アメリカにはジェネリック医薬品の自由化された単一の市場があった。

先進国市場では、新興国市場ほど広い「制度のすきま」には遭遇しないが、エマージング・ジャイアントとして成功した企業は、外国市場の制度環境に合わせてビジネスモデルを適応させている。アメリカほど大きくて競争の厳しい市場に参入するというのは、一九八〇年代のテバのような、新興国に拠点を置く比較的小規模な組織にとってはリスキーな試みだった。そこで、リスクの最小化と、新しい市場における知識・技術の獲得のため、化学製品を主体とするコングロマリット、W・R・グレース&カンパニーとの合弁事業の設立を目指した。

「当初のテバは、地元環境の理解を武器とする地元企業だった。イスラエルの医療制度は高度に発達しており、それがわれわれの競争優位だった。しかしアメリカに来たとき、『英語はわかっても、アメリカ人のことはわからない』と実感した」と、ハーヴィッツは話している。[55]

テバは、このパートナー契約をまとめるにあたり、テバのつぎ込めるあらゆるリソースを提供すると主張した。ただし、莫大な資本投入は不可能だ。同社北米事業の重役の一人は、当時を振り返って、こう語っている。

「テバは、小さな国の、吹けば飛ぶような会社だ……しかしハーヴィッツはなんと、合弁事業の株式五〇%のためにW・R・グレースが資本の九〇%以上を投入するという契約を成立させた。こんな契約を彼以外の誰がまとめられるだろう。……グレースは当時、わが社よりもはるかに大きな会社だった。ところが、その大企業のグレース氏が、ハーヴィッツと会うためだけに自ら出向いてくることもあった。グレース氏はお互いを対等に見ていた。それが、ハーヴィッツのもつ天賦の才能の一つだったのだ[56]」

アメリカの規制環境を学び、それを使いこなした点も、同国におけるテバの成功を大きく支えた。たとえば規制当局に申請し、ジェネリック医薬品メーカーの競合他社に先駆けて、一定期間にわたり独占的にジェネリック医薬品を生産する特別許可を得たこともある。また、展開する範囲の広さも成功の一因だった。テバがアメリカ市場に進出・拡大したのは、ちょうど同国で薬局チェーンが全国展開を始めた時期だったのだ。薬局チェーン側は、幅広い医薬品を扱うテバとの提携により、卸売業者や流通業者を中抜きして調達コストを削減することができた。テバが提供する大量発注割引や在庫管理能力も魅力だった。アメリカで成長中にあった薬局チェーンにとって、テバが「すきま」を埋める存在となったのである。

こうしてテバは、アメリカ市場のジェネリック医薬品会社のトップとして地位を確立することに成功した。二〇〇六年時点で、アメリカ人が一年間に消費するテバの錠剤は平均一〇〇個以上[57]。しかし、ジェネリック医薬品の収益は、大手製薬会社と比べれば微々たるものだった[58]。

ハイアールが高級家電でアメリカのトップブランドに挑んだのと同様、テバは、バリューチェーンの上流へ移行して新薬開発ビジネスに参入したいと考えた。しかしこの戦略は、特に研究開発とマーケティングという面において数々の困難を伴った。創薬業界は、ビッグ・ファーマと総称される数社に独占されていた。テバはジェネリック医薬品会社としては高い成功を収めていたとはいえ、そうした大手企業が有する莫大な研究開発予算には太刀打ちできない。また、創薬ビジネスのマーケティングには、ジェネリック医薬品の場合とは異なるアプローチが求められる。アメリカでテバの顧客となっていたのは、値段の高いブランド医薬品を、処方時にジェネリックと置き換えることのできる薬局の薬剤師だ。全国チェーンの薬局が発展したおかげで、アメリカにおけるテバの顧客基盤は一つにまとまっているも同然だった。しかし創薬ビジネスの場合、顧客は薬剤師ではなく医師である。医師にリーチするマーケティングは、薬剤師にリーチするマーケティングよりもはるかに多くの投資が必要だった。

テバは、こうした壁を回避して創薬ビジネスに参入するため、本来もっていたケイパビリティを活用できるニッチを特定することにした。研究開発費の面ではビッグ・ファーマと比べて不利だが、テバにはイスラエルの科学研究コミュニティとのつながりがある。自社で新薬開発を行わず、母国の科学コミュニティを研究チームとして確保することによって、競争劣位の縮小を図った。そして、マーケティングの面でもそれほど多額の投資を必要としない分野で新薬を開発。ハーヴィッツ会長は、テバのアプローチについて、次のように説明している。

ニッチというのは、通常は小さな商品を指す。われわれは、そうは思わなかった。われわれの弱点は、多額の予算を投じられないことではない。問題は、数万人、数十万人という医師にリーチするマーケティング力をもたないことなのだ。だから、（多発性硬化症を専門とする）神経科医というニッチな層を選んだ。……（該当する医師はアメリカで）一五〇〇人しかいない。一五〇〇人の専門医が相手なら、ビッグ・ファーマよりうまく交渉していくノウハウがある。専門家の数としてはイスラエルと同じだからだ。……その規模なら、やり方がわかる。[59]

テバの新薬第一号「コパキソン」は、多発性硬化症の治療薬として成功を収めた。二〇〇五年の売上は全世界で一二億ドルにのぼり、テバの営業利益に大きく貢献している。

　テバの創薬事業進出を受けて、ビッグ・ファーマ側も積極的にジェネリック・ビジネスを追求するようになった。競争に直面したテバは、ザインと同じく、自社のルーツこそが競争優位であると考えた。

「貧しいほうが、ジェネリック医薬品メーカーを経営しやすい。リッチな会社がジェネリック・ビジネスを行うのは、かえって難しいことなのだ。リッチがプアを演じることはできない。この法

図表 6-5　テバファーマスーティカル・インダストリーズ：グローバル化における制度的課題に対応する

直面した制度的課題	対応
先進国市場での現地知識が限られている。	**再現**：W・R・グレースと提携した。
大きな先進国市場で売り込んでいく能力が限られている。	**再現**：注目されていないニッチな製品セグメントにターゲットを絞った。
ビッグ・ファーマの研究開発力に対抗する力が限られている。	**再現**：イスラエルの研究開発機関との関係を活用した。

則を忘れず、お役所的な体質にならず、肥満体の企業文化にならなければ、われわれは成功していく」[60]

テバは事業のグローバル化を目指すにあたり、自社のビジネスモデルを活かせる制度環境をもった市場を探して、そこに適応した（図表6‐5参照）。そしてアメリカで地盤を確立するために、W・R・グレースとのパートナー契約を通じてケイパビリティを獲得。さらに高価値の創薬事業に手を広げるために、本来もっていた特権的リソース――イスラエルの研究コミュニティ――を活かし、その力で狙えるニッチにターゲットを定めた。その後はアイバックスやバー・ファーマシューティカルズといった大手を買収してビジネスを拡大している。二〇〇八～〇九年の世界的不況も、コスト削減の風潮によってジェネリック医薬品の魅力が増したおかげで、首尾よく乗り切るに至っている[61]。

先進国市場にビジネスモデルを適応する――ＩＣＩＣＩ銀行

ハイアールとテバは、ともに母国市場で培ったケイパビリティを活かしてグローバル戦略を開発した。母国である中国において、地元のニーズに製品を合わせる意欲と適応能力を強みとして成功したハイアールは、アメリカ市場でも、製品のローカル・セグメントを特定することによって足場を固めた。テバもアメリカで、母国に近い規模の市場を選んだ。さらに、イスラエルの研究機関を活用することによって、ビッグ・ファーマの莫大な研究開発予算に対抗した。これから紹介するインドのＩＣＩＣＩ銀行も、先進国市場のニッチを特定して海外進出を成功させた企業である。ＩＣＩＣＩは、外国市場の中で母国市場のケイパビリティが報われるセグメントを選び、初期はその領域に焦点を絞った。[62]海外に進出するインド企業のあとを追い、在外インド人（ＮＲＩ）のための送金システムなどシームレスな金融サービスを提供して、クロスボーダーな「制度のすきま」を埋めることによって、国際事業の確立に成功したのである。

ＩＣＩＣＩは、主にマイクロファイナンスを提供し、インド資本市場の「制度のすきま」を埋める資産運用サービスとして誕生した銀行だ。その後、大手のフルサービス型金融機関に発展し、コーポレート・バンキング、リテール・バンキング、保険、資産管理、ベンチャー・キャピタル、その他さまざまな金融サービスを扱うようになった。大手の銀行が幅広い支店ネットワークを広げる中で、ＩＣＩＣＩは、ＡＴＭやインターネット・バンキングなど他の流通チャネルに主眼を置いた。インド全体でＡＴＭが四〇台しか存在しなかった時期に、一日三台のペースでＡＴＭ設置を始めている。リテール・バンキング業務は成長したが、二〇〇一年の時点で、ＩＣＩＣＩの全事業に占める割合はまだ小さかった。母国の競合銀行が有する支店インフラには太刀打ちできなかったＩＣＩＣＩは、インドでもつ強みを国際市場で活かす道を模索した。

ＩＣＩＣＩは多くの理由から、ビジネスのグローバル化を急務と考えた。[63]第一の理由は、ＩＣＩＣＩの顧客であるインド企業が海外進出を進めていたことだ。顧客の維持・獲得のためには、その動きを追いかけていく必要があった。企業が海外に進出すれば、貿易金融、企業向け融資、投資銀行業務など、幅広いコーポレート・バンキング業務で新たな機会が生じる。ＩＣＩＣＩがインド国内で押さえていたのは競争の少ない領域だったが、その支配はきわめて不安定で、インドで勢力を広げつつある外資系銀行の前では脆弱だ。外資の競合銀行は、国内外双方の金融ニーズに対して、よりシームレスなサービスを提供していた。ＩＣＩＣＩが海外進出をサポートできなければ、顧客企業は外資系銀行に乗り換えてしまう。逆に言えば、ＩＣＩＣＩが顧客企業の国際業務をサポートすることができれば、既存の取引関係を深められると同時に、インドに進出してきた外資系銀行に対する防御策になるはずだった。

第二の理由は、国際事業の追求により、リスク分散と、新たな資本プールへのアクセスにつながること。インド市場への依存、特に国内企業への依存がもたらすカントリー・リスクと信用リスクの低減になると考えられた。

第三の理由は、海外に出れば外国市場のベストプラクティスに触れられること。その経験がＩＣＩＣＩ独自のケイパビリティ構築につながる。インドに進出してくる外資系銀行との競争で身を守る力がつく。

当時、すでに複数のインド国営銀行が海外展開をしていたが、いずれもたいした成功は収めていなかった。そうした銀行の海外支店には、現地のビジネス環境に不慣れなインド人行員が配置されていた。海外支店から新しいマーケティングや商品が生まれることも滅多になかった。ＩＴが活用されず、また貸付承認プロセスはインドを通すため、融資決定に時間がかかっていた。不良債権率が高く、国際業務の利益率は低く、結果的に海外支店の閉鎖率は高かった。

ＩＣＩＣＩのインドでの成功を支えたのは、国内企業へのサービスと、リテール・ビジネスにおける差別化——莫大な予算を投じた支店網構築ではなく、別の流通チャネルを活用したこと——だ。そこで、その成功をてこにするグローバル化戦略を策定。海外に事業を拡大したインド企業とＮＲＩをターゲットに、本国送金などの金融サービスを提供した。中東に住むブルーカラーから、アメリカやイギリス、その他の先進国に住む裕福な専門職に至るまで、印僑の数は一三〇カ国で二〇〇〇万人にのぼる。彼らがもつ資産は莫大で、彼らが行う本国送金はインドに流入する資本の大きな源泉だ。二〇〇一年には、海外直接投資（FDI）の三倍に相当する額がNRIからもたらされていた。NRIは、預金、投資信託、資産管理などの金融サービスを利用したり、短期帰国用あるいは投資用として住宅を購入するために不動産サービスを利用するなど、銀行にとって重要な顧客でもある。ICICIは、送金や不動産取引を支える取引支援制度としての役割と、インドへの投資を考えるNRIに情報・アドバイスを提供する制度としての役割を果たし、印僑をターゲットとしたクロスボーダーな資本市場の「すきま」を埋めた。国内でのブランド力があり、インドで経験を積んでいたICICIは、外資系銀行よりも有利な立場にあった。

こうしてICICIは、インドの大手国営銀行が失敗した領域で成功を収めた。成功を支えたのは、機敏な実行力と、新市場参入のために形成したパートナーシップだ。ICICIは、ターゲット市場の牽引役であり、なおかつインドでは地歩を築いていない機関との提携を模索した。そうした提携関係があれば、独力で行うよりも迅速かつ低コストに新しい市場に手を広げられる。新たなケイパビリティ構築と、ローカルな知識獲得の機会になる。それに、インドに手を広げていない外資系銀行とであれば、ベンチャー事業は共生関係になる。ICICIのブランドネームのおかげで、提携した銀行は、裕福なNRIを顧客にすることができるからだ。

海外進出先として選んだペルシア湾岸諸国では、まずドバイのエミレーツ銀行と提携。シームレス

図表6-6　ICICI銀行：グローバル化における制度的課題に対応する

直面した制度的課題	対応
先進国市場における支店ネットワーク構築には、コストの面でも制度の面でも制約が多い。	**再現：**現地の銀行と提携した。
先進国市場でブランドを構築する力が限られている。	**再現：**先進国市場に進出する法人顧客と在外インド人（NRI）にターゲットを絞った。

な資金移動を可能にする二重口座《デュアル・アカウント》——ドバイとインドに一つずつ口座を開く——を提供した。さらにイギリスのロイズＴＳＢ銀行とも手を組み、二重口座とシームレスな送金に加えて、ロイズの支店に住宅ローンなどＩＣＩＣＩのサービスデスクを置いた。

インドで築いたブランド力も、ＩＣＩＣＩの国際ビジネスを支えた。ＮＲＩ向けのメディアや地域イベントを通じて、印僑コミュニティごとのマーケティングを実施[64]。こうしてＩＣＩＣＩの国際業務は初年度から軌道に乗り、二〇〇五年には収益全体の一〇％を占めるまでになった。送金市場におけるＩＣＩＣＩのシェアは、二〇〇二年度は三％だったが、二〇〇五年度には一五％になった。インド国内におけるシェアも、二〇〇一年の一〇％から、二〇〇五年には三五％に伸びた。

ＩＣＩＣＩは先進国市場でのプレゼンスが限られていたうえに、二〇〇八〜〇九年の世界的金融危機でも海外事業に大きな打撃を受けた[65]。それでもなお、グローバル化に対するＩＣＩＣＩのアプローチは、エマージング・ジャイアントが母国のケイパビリティを活かせるニッチにサービスを提供してビジネスモデルを適応できることを例証している。ハイアールが受託製造契約を結び、テバがW・R・グレースと合弁事業を構成したのと同じく、ICIの組んだパートナーシップは、先進国の市場環境に参入する際の協働の重要性を示している（図表6 - 6参照）。

世界水準のケイパビリティを獲得する

エマージング・ジャイアントが母国市場の「すきま」を補完し、外国市場にスピーディに参入していくにあたっては、世界の制度を通じて世界水準のケイパビリティを獲得するという手段がある。たとえばザインは、セルテルという外国企業の買収を通じて一気にアフリカ市場に飛び込んだ。この買収により、情報分析とアドバイスを提供する制度の代用品として、セルテルという既存のブランド力を利用することができた。タタ・コンサルタンシー・サービシズ・イベロアメリカ（TCSI）は、新しい市場で地歩を築くにあたってCMMIでレベル5の認証を取得し、世界的な信用制度の力を利用した。ハイアールは、ドイツの出版物でブルーライン・ブランドの製品が高い評価を受けたことを踏まえ、ハイアール・ブランドで先進国市場に参入する時機が来たという自信を得た。そしてテバとICIは、どちらも先進国市場でパートナー契約を結び、その提携関係の力を借りて成功を収めている。

新興国企業のほうから外国の制度的仲介者を探す必要がない場合もある。経営コンサルティング会社や投資銀行など、先進国の市場仲介者の多くは、既存の多国籍企業のためだけでなく、新たなエマージング・ジャイアントのために「制度のすきま」を埋めることによって利益を得ようと、新興国市場に支店を出しているからだ。人材市場でも、たとえばアメリカのビジネススクールが、シンガポール、タイ、中国で教育プログラムを立ち上げている。新興国市場の企業にとっては、従業員に研修を与える機会が生まれ、多国籍企業の従業員に匹敵するスキルをもった人材を雇用できるようにもなる。つまり、確かなビジネスアイデアで世界トップクラスとなった新興国企業が、多国籍企業に近いレベルの資本や人材にアクセス可能になるというわけだ。ただし現実的には、規制や評判といった面で数々のハードルが立ちふさがるのではあるが。

一方、エマージング・ジャイアントが先進国市場から新たなケイパビリティを獲得する際に特に選ばれる手法は、海外の株式市場における上場と、外国企業の買収である。しかし、これから考察していくとおり、どちらの道も万能の解決策ではない。

海外での上場

新興国に拠点を置く企業が海外で上場すれば、母国の金融市場における「制度のすきま」や、その他の制限を回避する手段になる。[66] 南アフリカのサウス・アフリカン・ブルワリーズ（SAB、現在のSABミラー）は、母国の資本市場の状況などを理由に一九九九年に本社をロンドンに移し、ロンドン証券取引所に上場した。当時、SABの利益の半分以上は南アフリカで生じていたが、現地通貨であるランドの下落が続いていた。そこで世界の金融市場に目を向け、未発達の南アフリカ資本市場で資金調達を行うコストを回避したのだ。メキシコに拠点を置くセメント製造会社セメックスも同様である。他の新興国市場に拡大するにあたり、不利になるメキシコの資本市場を避け、一九九六年からスペインの子会社を通じて融資を確保した。そして米国預託証券（ADR）を利用してニューヨーク証券取引所で株式を流通。セメックスは母国市場におけるビジネス・ケイパビリティを活かし、主に母国と同じ発展途上国市場に参入していたが、その拡大のための資本は先進国市場で調達していたのである。(67)

しかし、先進国市場の制度を利用するにはコストがかかる。新興国でも一流企業でなければ、この選択肢は選びにくい。海外で上場するには、財務報告書の形式の見直しと、それに伴う社内構造の見直しが必要となり、大幅な変革と高いコストを伴う可能性がある。一流企業でない場合、海外で上場する際のコストはさらに厳しくなる。だが逆に言うと、成功すれば潜在顧客や生産要素を提供する企業からの信用を勝ち取ることができる。(68)

インフォシス・テクノロジーズやウィプロ・テクノロジーズなど、インドのソフトウェア業界を牽引する企業は、主に人材市場の確保と顧客にアピールする目的でアメリカの株式市場に上場した。上場すれば企業は従業員に対し、ドル建てのストックオプションを発行できる。競争の激しい世界市場で優秀なソフトウェア・プログラマーを確保するためには重要なポイントだ。また、ニューヨーク市場やNASDAQに上場すれば、厳しい開示要件やその他の規則の対象となるため、契約どおりに進まない市場に拠点を置く組織とそのビジネスに懸念を抱く潜在顧客に対して、信頼と安心を示すことができる。

インフォシスがNASDAQに上場した当時、同社はインドのソフトウェア開発会社の中でも最も資本を必要としない状態だったことが、われわれの研究でわかっている。インフォシスはその頃すでに世界水準のコーポレート・ガバナンスを確立し、業界の最前線にいた。実際のところ、インフォシスは海外で上場を果たすはるか以前から、この水準を満たしていた。一九九九年三月にNASDAQに上場した際には、外国企業向けの基準ではなく、アメリカの国内企業が上場時に求められる厳しい基準のほうを自主的に選んでいる[69]。インドのソフトウェア会社のこうした海外上場について、インド証券取引委員会のメンバーは、こう述べている。

「おそらく、最も資金調達の必要性に迫られていない産業が、最も積極的に世界の金融市場を目指した。……実際、こうした企業の多くが、調達した資本の使い道を考えあぐねている[70]」

こうした企業が世界の金融市場で上場を目指したのは、資金調達のためというより、主に信頼性の構築、従業員を引き留めるメカニズムの構築のためだった。

新興国に拠点を置く企業は、「制度のすきま」に押されて海外での上場を選ぶことが多いのだが、同時に、その「すきま」によって上場に伴うコストを強いられる。チリの電話会社コンパニーア・デ・テレフォノス・デ・チリ（CTC）は、一九九〇年にチリ企業として初めて米国預託証券（ADR）を発行したが、海外の機関投資家はチリから初めて登場した会社を評価するにあたり、その政治および経済的リスクを懸念した。CTCにとって、こうした機関投資家の認識を打ち砕くのは生易しい作業ではなかった[71]。ADR発行をまとめた同社幹部は、当時を振り返って「チリ内でも、外国の投資家にも、CTCについて理解を広めなければならなかった」と語っている。

「われわれの取り組みが、チリのコーポレート・セクター全体の役に立ったことは間違いない[72]」

ＣＴＣはチリ初のＡＤＲ発行を通じて、チリ企業の将来的なＡＤＲ発行の下地を作った。しかし、同国ビジネス界にとって「役に立った」面は、それだけではない。チリの資本市場で情報分析とアドバイスを提供する制度が広がり、金融仲介者の発展を促すことになったのだ。当初はニューヨークのアナリストがこのＡＤＲ発行に注目し、チリ企業の株式に対する関心が生まれたことで、チリ国内でもアナリストという職種が成長した。アメリカの投資家がチリ企業に関心を示すようになると、チリ人アナリストの需要も高まった。チリのアナリスト業界は模倣を通じて、また外国の金融分析テクニックやテクノロジーを取り入れて発展していった。先のＣＴＣ幹部は、「金融市場で入手できる情報の質が急激に向上した」と述べる。

「一九九〇年以前は、情報は主にクチコミか、国内の株式ブローカーが発行する紙のニュースレターで伝達されていた。チリの株式市場が国際化して、アナリストという存在がチリでも一般的になったのだ」[73]

海外M&A――タタ・モーターズ

新興国に拠点を置く企業にとって買収という選択は、一足飛びに新しい市場に参入し、バリューチェーンの上流にのぼる手段になる。だが、同時に数々の難問も突きつけられる。買収のために多額の債務を抱える場合も多いし、異なる企業文化を統合しなければならない。多国籍企業が新興国市場で競う際、またエマージング・ジャイアントが母国で競う際には「独力で競争するか、協働するか」の戦略的岐路に立たされるが、買収を行うにあたっても、これと似た戦略的岐路に立たされるのだ。海外に進出するエマージング・ジャイアントも、明確な目標をもち、関連するリスクを正しく評価して、買収の決断に臨まなくてはならない。

第5章で考察したタタ・モーターズは、母国市場であるインドでは商用トラック生産の第一人者であり、乗用車でもトップクラスだった。(74) タタの車は頑丈で信頼性が高く、インドの高速道路や郊外の道路で見かけないことはないというほど普及していた。これに加えて、地元の製品市場に対する深い知識をもっていた点が、タタの差別化要因だ。参入してくる外国企業に対抗する狙いもあり、エースやナノといった製品開発にも力を入れた。さらに縦の規模の構築――すなわち、より発展した市場の性質、競争、顧客について学び、世界水準のケイパビリティを構築するため、外国での地盤確立を目指した。買収はタタにとって、プレゼンスとケイパビリティをグローバル化するためのカギだった。

二〇〇〇年代初期のタタ・モーターズの国際事業に特別なグローバル戦略はなく、ただ多様な国に輸出販売を行っているだけだった。だがインド国内の景気が後退し、景気に左右されやすい商用トラックの販売に依存することの脆弱性を実感したタタ・モーターズは、事業多角化計画の一環として、より焦点を絞ったグローバル戦略を検討。製品市場を拠点とする他のエマージング・ジャイアントと同じく、母国市場で培ったケイパビリティを活かせる発展途上国市場をターゲットに選んだ。南アフリカ、韓国、そして中東の複数の市場で、自社ビジネスのサポートおよび成長促進を狙いとして、サービス、予備部品、ブランディングを取り巻くエコシステム全体の開発に力を入れた。

母国でエースを成功させたタタ・モーターズは、インド国外でもエースに似たアプローチを採用して、メルセデスや日本車など大手の多国籍企業との競争に臨んだ。顧客が外国ブランド車の高い維持費に不安を感じていることがわかったので、予備部品に戦略的な価格を設定。タタのトラックのライフサイクルコストを売りにできると考えたのである。かつてインドの小型商用車として市場を席巻していた三輪自動車に代わる存在としてエースを打ち出したときと同様に、顧客にこのバリュー・プロポジションを納得させる必要があった。タタ・モーターズの幹部は次のように述べている。

「『自分も出世したから、メルセデスの快適さを味わってもいい頃だ』と思っている人に、タタを勧める。タタなら、仕事で求める機能と個人的な願望の両方を満たすことができる、と。この手法を他国でも追求していくつもりだ[75]」

こうした高級路線を推進するべく、タタはインドよりも発展した市場での買収と提携を模索した。二〇〇三年にはMGローバーとの提携を通じてイギリスに進出したが、期待していたほどの売上はあがらなかった。しかし、その他の取り組みは実を結んでいる[76]。二〇〇四年には韓国の大宇商用車社を買収。大宇商用車は、タタ・モーターズより大型のトラックを生産していたため、この買収がタタのポートフォリオを補完することになった。「古典的な意味でのM&A、つまり規模の確保が主たる目的ではなかった」と、タタ・モーターズ幹部は述べている。「念頭にあったのは、(外国企業との)溝をいかに迅速に埋めるか、という点だ。その手段の一つが買収だった[77]」

同様に、二〇〇五年にはスペインのバス製造会社、イスパノ・カロセラの株式二一%を取得する。さらにイタリアのフィアットと提携したほか、イギリスに製品開発技術センターを設立して、世界水準の制度を〝借りた〟。

しかし中国とアメリカでは、制度環境の壁が参入を阻んだ。

「中国をあきらめたわけではない。だが、中国ではビジネスに対する制約的特徴が多く、退かざるを得ない状態だ。リターンが見込めないものに資金は投じられない。わが社はゼネラル・モーターズでもクライスラーでもない。二〇億ドルや三〇億ドルを投じる力があるわけではない。相当に用心深く、慎重にならなければならない[78]」

アメリカの顧客の高い要求レベルと、製造物責任法（PL法）の基準に応えるのも、また別の大きな壁だった。

「アメリカに参入する唯一の道は、M&Aを行うことだ。だから、チャンスがあれば積極的に検討するつもりだ[79]」

タタ・モーターズが先進国市場で大型の買収機会をとらえたのは、二〇〇八年のことだ。同年、アメリカのフォード・モーターからジャガーとランドローバーを二三億ドルで買収。これにより、先進国市場、特に西ヨーロッパおよびアメリカに通用するグローバルなブランド力、技術、流通チャネルにアクセスできるようになった。しかし、この買収が行われたのは、ちょうど世界的不況が先進国の自動車市場に打撃を与えていた時期だ[80]。ジャガーとランドローバーの損失により、タタは一〇億ドル以上をこの二ブランドに注入しなければならなかった[81]。信用格付けが下がり、買収のために受けた融資の借り換えに苦戦した。インドステイト銀行をはじめとする金融機関がタタ・モーターズのために債権を保証した時点で、一部が不履行になる寸前だった[82]。

二〇〇八～〇九年に起きた世界的金融危機と不況は、ある意味で特殊な環境だった。特に世界の自動車産業が受けた深刻な打撃は例外的なものだ。とはいえタタ・モーターズがたどった経緯は、エマージング・ジャイアントの大胆なグローバル化の試みがはらむリスクを示している。タタは母国市場の脆弱性を理由に国際的な地盤確立を目指したが、海外M&Aによってまた別の脆弱性が表面化した。新興国企業は、その脆弱性を正しく評価し、計算に入れていかなければならないのである。

海外M&A――ニコラス・ピラマル・インディア・リミテッド

エマージング・ジャイアントが、買収した企業、特に先進国市場から買収した企業を自社に統合する際にも、大きな壁が立ちふさがる。インドの製薬会社、ニコラス・ピラマル・インディア・リミテッド（NPIL）の例を考えてみよう。(83) 家族経営の繊維会社ピラマルが、オーストラリアの製薬会社ニコラス・ラボラトリーズのインド部門を買収して誕生した企業だ。自前の製造能力をもたない外国企業や新興企業を主な対象として、医薬品開発・生産のアウトソーシング・サービスを提供していた。

NPILは二〇〇五年、先進国市場の顧客へのアプローチを目指し、イギリスとカナダで事業展開していたアビシアを買収。アビシアがNPILのビジネスモデルと野望を完璧に補完してくれると考えたためだった。

だが、新興国に拠点を置く企業がこうした買収を行うと、往々にして、そこには緊張関係が生じる。どんな買収でも、企業風土の衝突は避けられない。国境を越える買収であればなおさらだが、著しく異なる市場環境から誕生した企業同士の場合、さらに深刻になる。アビシア幹部だった人物は、この二社の合併に際して生じた緊張関係を「インドの行動指向型スタイルと、イギリスのPLAN／DO／REVIEWスタイル」の衝突と表現している。(84) こうした買収は、従業員のアイデンティティの認識にも緊張を生む。先進国企業の従業員には、もとの会社（被買収企業）での経歴があるが、買収を行った新興国企業から見れば新入社員だ。企業が買収されると、その国ではいくらかの失業者が出やすいため、母国の市民としてのわだかまりもあるだろう。従業員が感じるこうしたストレスは、新興国企業が先進国企業を統合する取り組みを複雑で困難なものにしかねない。

海外M&A——TCL

中国の家電メーカーTCLは、フランスの家電メーカーであるトムソンを買収した。エマージング・ジャイアントが先進国企業を獲得した初期の例としては最大規模だったが、こうした買収にかかわる課題を浮き彫りにする事例でもある。(85) TCLのグローバル化の道のりは、その前半においては、同じく家電メーカーであるハイアールの経緯とよく似ていた。TCLは母国以外の新興国市場で合弁事業を立ち上げたほか、多くのエマージング・ジャイアントの例と同じく、製品市場の集約と流通、情報とアドバイスを提供する制度の「すきま」を埋めることによって差別化を果たしている。

TCL幹部は、ベトナムで展開した事業について、こう説明した。

「流通システムがまだ発達していなかったので、マーケティングと販売チャネルを独自に開発する必要があった。ベトナムと中国の違いを把握するため、市場調査も実施した。……こうした市場で手いっぱいだったので、アメリカやヨーロッパへの進出を検討する暇はなかった(86)」

ハイアールと同様、ＴＣＬは先進国市場の流通チャネルとの連携構築に苦戦した。二〇〇二年には、コスト増に耐えかねて製造を停止したばかりのドイツのテレビメーカー、シュナイダーを買収している。ブランドとデザイン――消費者から見える部分――を維持しつつ、残りの部分でコスト削減を行うことで、シュナイダーのビジネスが回復すると期待した。だが、この試みは失敗に終わった。ドイツで継続した一部の業務で生じる製造コストが高かったためだ。

ＴＣＬが先進国企業との提携に――より大きなターゲットを相手に――再挑戦したのは二〇〇四年のことだ。フランスのトムソンと提携し、ＴＣＬ-トムソン・エレクトロニクス（ＴＴＥ）を立ち上げた。この合弁事業で二社の製造資産を合わせ、世界最大のテレビメーカーを目指した。株式の六七％を保有したＴＣＬにとっては、世界にまたがる規模を確保するとともに、ヨーロッパにおけるトムソン・ブランドと、アメリカでトムソンが所有するＲＣＡというブランドを活用する機会を一気に手中に収めたのである。

当時、この買収が分岐点となって、国際舞台を目指す新興国企業が増加すると見られていた。ＴＴＥ幹部は、「わが社は、中国にとって一つの分水嶺になるはずだ」と述べている。「成功すれば、中国のあらゆる企業があとに続こうとするだろう。だがわれわれが苦戦すれば、あとに続く者はいない」[87]

ＴＴＥは、液晶ディスプレイやプラズマディスプレイにかかるコストの高さを懸念し、ブラウン管テレビの製造でサプライチェーンのコスト削減と効率性アップに力を入れた。同社幹部は、ＴＴＥ事業に対するＴＣＬの見解について、こう説明している。

「中国企業は今も技術面で遅れている。だが、われわれの最大のアドバンテージは、融通性と手際のよさだ。トムソンはその点で少々遅いので、ＴＣＬのもつ融通性をＴＴＥに注入し、強い組織に変えていく方法を見極めなければならない。すでにわれわれの低コスト構造をトムソンに持ち込んだ。効率のよいＴＣＬのサプライチェーンをトムソンに導入できるかどうか、それはこれからの課題だ(88)」

しかし、まずはヨーロッパにおけるコストの高さ、言葉の壁、中国人従業員とヨーロッパ人従業員の給与体系の違いが、ＴＴＥ事業の足を引っ張った(89)。さらにテレビ市場の需要が、ＴＴＥの避けていた液晶ディスプレイとプラズマディスプレイ中心にシフトしたため、かなりの損失が生じた。ＴＴＥは設立から三年も経たないうちに、ヨーロッパの事業拠点のほとんどを閉鎖すると発表している(90)。この失敗は教訓的な前例となった。あるアナリストは、「多くの企業にとって海外進出は、選択するものではなく、避けて通れないものだ。だが、世界水準の専門技術や世界規模の販売チャネルをもたない場合、グローバルな組織運営がいかに難しいか、過小評価する企業が少なくない」と指摘する。

「成功者になるのは簡単だと思うかもしれないが、実はそうではないのだ(91)」

世界で急成長を果たしたいエマージング・ジャイアントにとって、買収は魅力的な道に思える。イスラエルのテバ、クウェートのザイン、二〇〇四年にアメリカのＩＢＭのＰＣ部門を買収した中国のレノボなど、成功している企業も多い。だが、新興国に拠点を置く企業が、特に先進国に拠点を置く企業を買収する場合、その多くは予想するよりもはるかに困難であり、明確な目標や確かな補完性をもつビジネスモデル、そして相当にこまやかな配慮が求められるのである。

エマージング・ジャイアントの海外進出

エマージング・ジャイアントは、母国と似た構造の市場でビジネスモデルを再現したり、先進国の市場環境に適応するなどして、国境を越えて事業を拡大していくことができる。母国市場で何らかのバリュー・プロポジションを確立したあとであれば、世界の制度を利用してケイパビリティを獲得することも可能だ。製品市場に関する知識を武器にする新興国企業の場合、まず他の新興国市場を狙い、次に先進国市場を目指すことで成功しやすい。要素市場に関する知識を武器にする企業の場合は、まず先進国市場の顧客を追求し、次に似たような要素市場の特徴をもち自国のモデルを再現できる新興国を探して、そこで事業を確立しケイパビリティを増強する。新興国企業が先進国市場に参入して、世界を牽引する多国籍企業との熾烈な競争に立ち向かうには、その市場ならではの競争環境・制度環境に適応しなければならない。国際市場で競うためのリソースや能力を身につけるには、これまでとは異なる新しいケイパビリティ・ジャイアントの獲得も必要だ。

本書は一部のエマージング・ジャイアントの例を紹介したが、成功したエマージング・ジャイアントはほぼ例外なく、こうした戦略を複数組み合わせている。母国市場で培ったケイパビリティを他の新興国市場に広げて横の規模を確保しつつ、先進国市場に踏み込んで縦の規模と学びを得る、といった具合だ。たとえばＩＣＩＣＩ銀行は事業の国際化にあたり、中東の市場と、イギリスやカナダの先進国市場をターゲットにした。本章ではハイアールのアメリカ進出に主眼を置いて考察したが、同社は中東および東南アジアの新興国市場でも、さらに大規模なビジネスを築いている。

グローバル化の道のりは、エマージング・ジャイアントにとって決して単純なプロセスではない。市場の選択一つをとっても難しい。ハイアールがインドで経験したように、どの市場が参入しやすいか、確実にわかるとは限らない。新興国に拠点を置く企業が、多国籍企業と同じような地盤を築くとの難しさと、母国市場における成長機会を鑑みれば、グローバル化には慎重になったほうがいい場合も多い。どうしても母国市場の外で、それも母国よりも進んだ市場で成功を目指すのであれば、それだけの実行力が必要不可欠だ。

エマージング・ジャイアントは、本来もっていたケイパビリティと、新しく参入する市場の状況を考慮に入れることによって、世界で地歩を確立する（ツールキット6 - 1参照）。多くの例では、グローバルビジネスの基盤として、まずはニッチの特定・活用に成功している。多国籍企業が新興国市場でビジネスを確立する際と同じく、エマージング・ジャイアントが外国の——特に、母国より発展した——市場に深く入り込むためには、制度環境や競争環境に適応し、新たなケイパビリティを獲得しなければならない。新興国市場で成功した先進国企業には、積極的に実験していく意欲があった。多国籍企業への転身に成功したエマージング・ジャイアントも同じだ。

エマージング・ジャイアントが成長とグローバル化を制していくためには、多彩なケイパビリティの開拓が必要となる。また、母国市場での台頭を可能にした起業家的精神を維持しつつ、上層部のみならず一般従業員の間にもグローバルな考え方《マインドセット》を根づかせなくてはならない。どんな企業にも競争優位を維持するイノベーションが必要だが、エマージング・ジャイアントが高付加価値製品やプロセスを追求していく際も、イノベーションの開発と管理が必要不可欠だ。

また、資本の源泉はもちろんのこと、国内外で幹部を含めた世界レベルの人材を獲得しなければならないし、その人材を管理・活用するためのリーダーシップのパイプラインを築かなければならない。外国市場で事業を確立または買収すれば、エマージング・ジャイアントにとっては新たに大きな価値が得られるが、世界で競争していくにあたって、必ずしも世界に出る必要があるわけではない。新興国に拠点を置く企業の多くは、積極的に母国の外へ出ることなく、世界クラスの企業となっている。だが、そのリソース構築とケイパビリティ増強のため、世界の制度を利用している場合が多い。

本章で紹介した例が示すように、世界の制度はケイパビリティ構築の助けになる。こうした制度にアクセスするためには、母国市場で確固たるバリュー・プロポジションを築き、高い水準の経営とコーポレート・ガバナンスを確立していなければならない。そのために組織改革を行うならば、それは多国籍企業に対抗できるポジションを得るための絶好の準備になるだろう。たとえ小さな改善であっても、新興国市場では大きな差別化の源泉となりうる。効率性を最大化し、優れたビジネス手法を促進する目的で企業構造の見直しに力を入れれば、消費者、サプライヤー、投資家から信頼が得られる。それは競争優位の一助になる。ザイン・グループのCEOは、自社の方針についてこう語っている。


わが社は、とても小さな国で生まれた。貧困と腐敗、独裁政治と人権の欠如といった言葉で語られる地域で誕生した会社だ。この国から世界的な企業——社会全体の一部となる人間的な企業を輩出するというのは、われわれの夢なのだ。われわれにとって「グローバル」とは、そういうことを意味する。実現すれば全世界が母国になる。人間らしいビジネスをして、理念と理想を掲げて使命を追求していけば、それだけ業績もあがる。世界の偉大な企業の歴史を振り返れば明らかだ。どの企業も理念と理想、倫理と道徳規範に優れ、人類の役に立つことを目指していた。だからこそ、商業的にも競争的にも偉大な会社になっているのだ。(92)

TOOL KIT 6-1

ツールキット6-1

海外に進出するエマージング・ジャイアントのためのチェックリスト

1. 自社の評価

A ビジネスモデル

・自社のビジネスモデルの核は何か。

B 母国市場の状況

・「制度のすきま」によって、主にどのような制約に直面しているか。

2. 機会の評価

横の規模を広げるためには、ビジネスモデルをどのように新しい市場（特に母国以外の発展途上国）

に拡大できるか。

他の市場（特に先進国市場）で事業を行うことによって、いかに母国の市場環境を補完する縦の規模を確保できるか。

母国市場の「制度のすきま」を補完するために、どんな世界的ケイパビリティを先進国市場から借りることができるか。

・**製品市場**：ブランディングおよび広告を行う仲介者、知財保護の制度
・**資本市場**：海外での上場、国際的なプライベート・エクイティ
・**労働市場**：世界トップレベルのビジネススクールや大学を出た人材

自社が本来もっているケイパビリティ、国内での機会、外国の競合他社の状況を鑑みて、今海外に出るべきか、あとにするべきか。

第7章　勃興する世界

ニュースで新興国市場の名前を目にしない日はない。企業や投資ファンドの戦略について、新興国市場の存在に触れずに語ることはできなくなった。新興国経済の自由化、成長、発展によって大勢の人々が貧困を脱し、企業や投資家にとって新しくも魅力的な市場が生まれた。その多くはすでに世界でも最大規模の経済圏となり、この先数十年の世界経済を左右する重大なカギを握っている。アメリカ、ヨーロッパ、日本を飲み込む現在の経済危機も、西欧の多国籍企業や投資家にとって成長の源泉となりうる新興国市場の魅力をいっそう高める要因だ。

このような経済圏の台頭を指摘するのは重要かつ興味深い作業ではあるが、それだけでは実用的ではない。企業がこうした経済圏で戦略を策定し、首尾よく事業を運営していくにあたっては、新興国市場の途上性——市場構造にはびこる「制度のすきま」の存在——を理解して、それに対応していく必要性がある。本書の目的は、これらを明らかにすることだ。起業機会として「すきま」を埋めていく場合も、先進国市場から新興国市場に進出する場合も、新興国市場で事業を興す場合も、あるいは新興国市場から多国籍企業となることを目指す場合も、企業はその市場の制度環境に戦略をマッチさせていかなければならない。

起業家、先進国市場に拠点を置く多国籍企業、母国市場でのポジショニングや多国籍企業への転身を図る新興国企業。それぞれにとって、新興国市場の構造がもつ意味合いは異なってくる。しかし、いずれの場合でも、第一のステップとして、企業は自らが経営または投資していく新興国市場の制度環境をじっくりと検証しなければならない。第2章およびツールキット2 - 1で、調査すべき「すきま」を数多く指摘した。新興国経済では、製品市場にも、労働市場にも、資本市場にも「すきま」が存在する。異なる新興国市場には異なる「すきま」の組み合わせがある。政治、歴史、文化が「制度のすきま」の性質と根深さを形成し、増長している。企業は、こうした力が制度環境の決定に果たす役割を理解しなくてはならないのだ。

第3章で考察したとおり、「すきま」を特定するプロセスは、「すきま」を埋めるビジネスチャンスの発見につながる。「制度のすきま」は、新興国市場に進出する企業にコストを強いるため、それを埋める事業は価値を生む。先進国市場はさまざまな仲介者に支えられている。仲介者のほとんどは民間セクターの機関だ。情報分析とアドバイスを提供する制度、集約と流通を担う制度、取引を支援する制度、信用の裏付けを行う制度、規制する制度、仲裁・審判を行う制度が、先進国の製品市場、資本市場、労働市場で行われる取引を円滑に動かしている。新興国市場でこうした仲介者の役割を果たしている現地企業および外国企業は、市場にとって欠かせない重要な存在となる。

起業家と企業にとっての第一歩は、市場仲介者の分類を頼りに、まずは「すきま」を埋める機会を特定することだ。そして仲介をベースとするビジネスで機会に踏み出すならば、次に挙げる問いを検討しておかなければならない。

・**どのセグメントにリーチできるか……**理論的には、「制度のすきま」は起業家に膨大な機会を与えてくれる。機会は競争も呼ぶ。インドのブルー・リバー・キャピタルは、サービスが行き届いていないセグメント——ミドルクラスに相当する家族経営企業、一介の起業家が始めた企業——を特定することによって、他のリスクキャピタル提供会社との差別化を図った。本書に登場する多くの例と同じく、このセグメントに存在する「制度のすきま」が、ブルー・リバーにとって機会の源泉になった。このターゲット層に応えるため、ブルー・リバーは自社の投資プロセスを見直し、自社の事業を支える形で自ら「すきま」を埋めていった。

・**仲介をベースとするビジネスを現地の市場環境にいかに適応させるか……**アルゼンチンのオークションサイト、デレマテ・ドット・コムがたどった経緯は、仲介ビジネスのコンセプトを先進国から新興国市場に移転する難しさを物語っている。デレマテはアメリカのオークションサイトであるイーベイのモデルを再現しようとしたが、そのモデルは、デレマテ誕生当時のアルゼンチンでは未発達だった市場制度の上に築かれていたため、アルゼンチンの実情に沿った適応が必要だった。

・関連する仲介ビジネスにも手を広げ、バリューチェーンの上流にのぼるには、どうしたらいいか……仲介を行うビジネスモデルは、関連する別の仲介ビジネスにも拡大できる。中国の貿易会社、利豊は、中国の工場と西欧の企業の取引を支援するブローカーとして誕生し、その後さまざまな仲介機能に手を広げて、クライアントに付加価値のあるサービスを提供することで、バリューチェーンの上流へと移行を果たした。

・「すきま」を埋めようとすれば、どのような既得権益が立ちふさがるか。あるいは、自社はどの既得権益を侵すことになるのか……仲介者は、市場環境を改革することによって押しのけてしまう可能性のあるステークホルダーに注意しなければならない。ドイツのメトロキャッシュアンドキャリーは、インドに卸売業を持ち込んだ際、この問題に直面した。「すきま」に何も存在していないわけではない。既得権益を守ろうとする存在から、世論や政治を利用した反撃を受ける場合もある。

先進国で誕生した多国籍企業にとっては、「制度のすきま」のせいで、新興国市場でのビジネスモデルの再現を妨げられるかもしれない。新興国の国内企業にとっては、発展する力や参入してくる多国籍企業と競争する力を奪われるかもしれない。「すきま」によって企業は戦略的岐路に立たされる。外国企業も国内企業も立たされる岐路は同じだが、ルーツが異なり、競争優位の源泉が異なるために、選択肢も異なってくる（図表7－1参照）。

第4章で考察したとおり、成熟市場に拠点を置く多国籍企業は、自社が本来有するコア・ケイパビ

図表 7-1　「制度のすきま」に対応する

戦略的岐路	先進国の多国籍企業の選択肢	新興国を拠点とする企業の選択肢
再現か、適応か	・既存のビジネスモデルを再現し、グローバルなブランド力、信頼性、ノウハウ、人材、経済力など、相対的優位を活用する。 ・ビジネスモデル、製品、組織のほうを、「制度のすきま」に適応させる。	・先進国市場のビジネスモデルを模倣する。 ・ローカルな知識、ケイパビリティ、「制度のすきま」を切り抜ける力を活用して、適したビジネスモデルを構築する。
独力で競争するか、協働するか	・独力で競争する。 ・現地企業との提携や合弁事業の形成を通じて、「制度のすきま」を切り抜けるケイパビリティを獲得する。	・独力で競争する。 ・多国籍企業との提携や合弁事業の形成を通じて、先進国市場から、「制度のすきま」を回避するケイパビリティを獲得する。
市場環境を受容するか、改革を試みるか	・市場環境を甘受する。 ・自社事業を支える形で「制度のすきま」を埋める。	・市場環境を甘受する。 ・自社事業を支える形で「制度のすきま」を埋める。
参入するか、待つか、撤退するか	・「制度のすきま」があっても、その市場に参入する、またはとどまる。 ・別の場所に機会を求める。	・「制度のすきま」があっても、母国市場でビジネスを構築する。 ・自社のケイパビリティが母国で報われない場合は、早期に母国市場を離れる。

リティ――世界水準の資本、リソース、技術、人材にアクセスする力――を基盤として、新興国市場での戦略を築くことができる。だが、現地市場に適応せずにこうしたケイパビリティを発揮しようとすれば、往々にしてグローバル・セグメントにしかリーチすることができない（図表7-2で、新興国市場の市場セグメントの特徴を確認していただきたい）。

GMは中国に参入した際、ビュイック・ブランドで同国の富裕層にターゲットを絞り、世界水準のビジネスモデルの再現に成功した。そのうえで、他の市場セグメントにもリーチするため、ビジネスモデルの適応に取り組んでいる。ロレアルも世界水準の品質とブランド力を活かして成功しているが、そこに至るまでにはローカル・セグメントを狙おうとして失敗した経緯があった。

新興国市場に進出した多国籍企業がグローバル・セグメントという安全圏から出ようとすれば、より大きな機会、より大きな課題が生じる。新興国市場で、グローバル・セグメント以外の市場環境に挑む方法は一つではな

図表 7-2　新興国市場の市場セグメント

セグメント	グローバル	台頭しつつあるミドルクラス		ローカル	ボトム
求める価格	世界水準	世界水準	現地水準	現地水準	最も安い価格
求める品質	世界水準	世界水準	世界水準	現地水準	最も低い品質
求める特性	世界水準	現地水準	現地水準	現地水準	最も特性の少ない製品
有利になるのは……	**多国籍企業**	**競争**	**競争**	**国内企業**	**国内企業**

い。ビジネスモデルの変更、財・サービスの変更、組織の変更。しかし、新興国市場の「制度のすきま」が原因で——たとえば、商品を現地向けに適応させようにも、第三者の市場調査会社やデザイン会社が存在しないので——適応というプロセスは困難となり、コストを強いる可能性がある。また、新興国という点では同じであっても、異なる市場では異なる適応が必要となるため、子会社同士の連携も難しい。

新興国市場における再現の限界と適応の難しさを鑑みれば、合弁事業といった形で現地企業と提携するなど、協働によってローカルな知識を獲得し、「制度のすきま」をうまく切り抜けていく道も検討しなければならない。多くの場合、協働は新興国市場に参入するにあたって避けることのできない〝入場料〟だが、このパートナーシップこそが「制度のすきま」を制するための最善の道ともなる。マイクロソフトは独力でソフトウェアを中国に適応させ、同国の市場に進出しようとしたが、ビジネス確立に成功したのは現地の関係各社と協働し、中国のソフトウェア産業の発展に貢献してからのことだった。GEヘルスケアも、世界水準を満たす高性能な医療機器を新興国で製造するため、新興国市場のサプライチェーン・パートナーと密接に連携する必要があった。両社ともパートナーシップを通じて現地に対応するケイパビリティを獲得したが、同時に技術とグローバル・スタンダードを新興国市場に持ち込むことによって、パートナー企業のために「すきま」を埋める役割も担った。

適応と協働では十分でない場合、自社事業を支える形で「すきま」を埋めるという道も検討できる。マクドナルドは、アメリカに匹敵するファストフードの品質をロシアでも提供するため、サプライチェーンの「すきま」を埋める投資に力を入れた。モンサントは、ブラジルでのビジネスを破綻させかねない知的財産権の侵害に直面し、世界の市場の制度を〝借りて〟、市場に変化を促した。「制度のすきま」を埋めることは困難でコストを強いる可能性があるので、多国籍企業はその新興国市場の重要性や「すきま」がビジネスを蝕む範囲、そして制度環境を改革する自社の力について十分に検討しなければならない。

適応もできず、パートナー企業との協働によって巧みにくぐり抜けることもできず、自らの力で埋めることも難しいほど根深い「制度のすきま」に直面した場合は、撤退するか、別の機会に焦点を移してもいい。多国籍企業なら、進出する市場を選ぶ余裕もある。「すきま」のせいで持続力のあるビジネス構築が望めない場合や、「すきま」を埋めるのに莫大な投資が必要な場合、特定の市場を回避する、または制度環境が変わるまで待機するというのが、多国籍企業にとって賢い戦略となるだろう。ホーム・デポは、チリとアルゼンチンの「すきま」の前では母国のビジネスモデルを再現できないと判断して、一部の市場からは撤退を決め、のちに協働を通じてコストを低減し、発展途上国経済に事業を拡大する道を選んだ。

待つことは代償を伴うかもしれない。ホーム・デポは中国への参入を控えて待っていたが、その間に競合他社が大きな地歩を確立し、ローカルな知識を獲得した。特に先行者優位が重要視される産業において、待機というのは難しい選択だ。マイクロソフトは中国で、知的財産権に関する厳しい「すきま」に直面したが、それでも同国に踏みとどまった。自社のソフトウェアをスタンダード・プラットフォームにすることに成功すれば、長期的な価値を得られると期待したからだ。金融危機やその他の危機に直面し、新興国市場から撤退した多国籍企業もあった。しかしテトラパックのように、多国籍企業が市場の長期的なポテンシャルを見極め、世界水準のケイパビリティという相対的優位を活用して、危機のさなかでも新興国市場と対峙していった例もある。

一方、新興国市場の国内企業は、「制度のすきま」の中で発展してきたというルーツがあるために、こうした戦略的岐路における選択肢も異なっている。先進国のビジネスモデルを踏襲し、事業構築を目指した例もある。だが、成功したエマージング・ジャイアントの多くは、母国の制度環境に合わせた戦略を考案・実行した。多国籍企業の場合と同じく、適応の方法は一つではない。タタ・モーターズは、市場調査、ディーラー、サービスネットワーク、自動車ローンといった制度の「すきま」を克服し、真に現地に合った商品（エース）を生み出した。インドＩＴ業界の大手数社も、母国の労働市場の「すきま」に適応する能力を活かして、エマージング・ジャイアントへと成長している。

外国との競争に直面しながらも、「制度のすきま」が原因で世界水準のケイパビリティにアクセスできない新興国企業には、外国企業と協働するという道もある。インドのバーティ・エアテルやトルコのドウシュ・グループが組んだパートナーシップの成功例を見れば、新興国に拠点を置く企業が協働関係を通じて、母国では得られないケイパビリティを獲得する経緯が理解できる。資本や技術だけではない。外国企業と手を組めば、発達した品質保証制度の存在しない新興国市場では非常に貴重なもの、すなわち信頼性も構築できる。

「制度のすきま」はエマージング・ジャイアントにとって障壁だが、その「すきま」を埋める取り組みは、国内外のライバルに対して差別化と競争優位の強力な源泉となりうる。中国における流通およびアフターサービスへの投資を通じて成功を収めたハイアールの例は、新興国に拠点を置く企業が

「すきま」を埋めることによって差別化できることを物語っている。

また、新興国企業にとって撤退という選択肢は多国籍企業ほど容易ではないが、別の場所の機会に目を向けることは可能だ。母国市場の中で投資すべきセグメントを選別し、制度環境によって発展を妨げられている特定のセクターへの参入は待ってもいいだろう。創業から比較的まもないうちに母国市場から撤退し、成功した企業もある。インドのソフトウェアおよびITコンサルティング会社の数社は、人材市場における確かなケイパビリティ——人材を特定し、訓練し、管理する能力——を伸ばしていたが、インドの顧客市場が十分に発達していなかったため、そのケイパビリティが報われなかった。そこで初期段階では、アメリカをはじめとする先進国市場で顧客を追求する道を選んでいる。

新興国市場の制度環境は、そのほかにもさまざまな形で、グローバル化の道のりを決定する。第6章で紹介したように、母国市場のビジネスモデルと似た制度環境をもつ別の市場に拡大——つまり、他の新興国市場でビジネスモデルを再現——したり、ルーツを活かして先進国市場に適応するといった形で、事業構築に成功したエマージング・ジャイアントもあった。たとえばザインには、未発達の製品市場の「すきま」を制して顧客にリーチする能力があったため、その力を活かせる新興国市場にターゲットを絞って、通信事業者の大手に成長した。ザインがサハラ以南のアフリカでハードおよびソフト・インフラへの投資を通じて事業成長を支えた手法は、ハイアールが中国で競争優位を築いた方法と同じだ。タタ・コンサルタンシー・サービシズの場合は、当初は他のインドIT企業と同じく先進国市場の顧客をターゲットに選び、のちに新興国市場の労働市場に存在する「すきま」を制する力を活用して、ラテンアメリカに営業拠点を開いた。

先進国市場に進出して、あるいは先進国市場で企業を買収して、こうした経済圏での知名度を確保したエマージング・ジャイアントもある。ハイアール、テバファーマスーティカル・インダストリーズ、ICICI銀行の事例からは、新興国に拠点を置く企業が先進国の市場環境に適応しようとする際にぶつかる壁が見えてくる。先進国に拠点を置く多国籍企業が新興国市場に進出する場合と同じく、新興国企業が先進国市場に出る際も、安全圏の外に踏み出してビジネスをしなければならないのだ。先進国市場について学ぶ〝授業料〟は決して安くはないが、母国市場で多国籍企業との熾烈な戦いに対抗する力、要求の厳しくなる顧客ニーズに応える力を身につけることができる。海外での上場やM&Aも、エマージング・ジャイアントとしてグローバル化するための二大ツールだが、いくつかの例で解説したとおり、新興国市場を拠点とする組織の隅々までグローバル・スタンダードとケイパビリティを行き渡らせて根づかせるのは、難しく時間のかかる任務だ。

新興国市場におけるアクション・アイテム

本書で示した枠組みと、さまざまな企業の例から、新興国市場の内外で事業を行う企業が実践すべき主な活動項目《アクション・アイテム》が浮かび上がってくる。

ビジネスモデルを新興国市場に合わせられるかどうか試す

新興国市場でビジネスを行うすべての企業にとって、「制度のすきま」は、ビジネスモデルを妨害し、行き詰まらせ、さらには弱体化させかねない存在だ。こうした壁に直面して、新興国市場から撤退あるいは回避する道を選ぶ企業もある。一方で、新興国市場の機会は絶大であるがゆえに逃せない、遅れをとるわけにはいかないと判断した企業は、「制度のすきま」が突きつける壁を分析し、対応していく必要がある。

新興国市場は厳しい。戦略が最初からうまくいく可能性はきわめて低い。どんな企業であっても、その国の固有事情に戦略を合わせられるかどうか、実験していかなければならない。そのためには組織全体に、実験に対するオープンな姿勢を根づかせる必要がある。ザインはワン・ネットワークで、マイクロソフトはフォンプラスで、新興国市場での実験に成功している。

ビジネスを成長パートナーと位置づける

自らを成長パートナーと位置づけ、市場の発展にも貢献するビジネスを構築することで新興国市場での成功を勝ち取った企業は、国内外を問わず存在している。これも手法はさまざまだ。従来ながらのCSR（企業の社会的責任）を進化させる場合もあれば、自社ビジネスを支える形で、あるいは単独のプロジェクトとして、「制度のすきま」を埋める場合もある。

マイクロソフトは中国ソフトウェア産業の発展に投資し、同国における自社事業を支えた。ザインはアフリカ諸国に雇用と税収をもたらし、政府との関係や事業の基盤を固めていった。同様に、タタ・コンサルタンシー・サービシズはウルグアイで雇用創出に貢献し、インドからウルグアイに入国する従業員のビサが短期間で取得できるようになった。タタ・グループは母国において、タタ・スチールの城下町であるジャムシェードプルで従業員のために学校や病院などの公共的なサービスを提供し、「すきま」を埋めている。メトロキャッシュアンドキャリーのビジネスは、そもそも新興国市場の食品サプライチェーンの「すきま」を埋め、無駄を排し、税収に貢献する取引を増やすものだったが、バンガロールでは根強い反対の声を打破することができなかった。それでも、成長パートナーとなるべく努力する、あるいは成長パートナーと見られるように努力するというのは、新興国市場における企業、特に先進国から参入した多国籍企業を助ける強みになる。

野心と謙虚のバランスをとる

先進国に拠点を置く多国籍企業も、エマージング・ジャイアントも、野心と謙虚の絶妙なバランスが重要だ。新興国市場の膨大な機会に乗じたい多国籍企業は、その機会を完全に活かすだけのローカルな知識とケイパビリティをどれだけもっているか、慎重に判断しなければならない。市場をセグメントに分け、入念に野心と能力の足並みをそろえることができれば、高い代償を支払わずに済むだろう。新興国市場の制度環境にかかわる自社のケイパビリティを正しく把握するという点でも、新興国市場における自らのポジションという面でも、多国籍企業は謙虚に考えなくてはならない。マイクロソフトのインド部門会長のラビ・ベンカテサンは、こう説明している。

「一般的に言って、新興国市場はきわめて慎重に扱うべき存在だ。こうした国々が発展途上である理由は、何年も植民地にされてきたためだ。そのせいで、外国人に対する独特の疑いや不信感がある。中国では間違いなくそうだ。インドもしかり。その他の多くの国でも同じだろう。人々は国際化や発展の恩恵を望むが、一方で『自分たちは搾取されている』と感じるのは嫌がる[1]」

新興国に拠点を置く企業も、特にグローバル化のアプローチを検討するにあたっては、自らのケイパビリティと野心のバランスをとらなくてはならない。テバファーマスーティカルが、海外に進出すれば年商一〇億ドルを達成できると想定したのは、エマージング・ジャイアントならではの大胆さを象徴している。テバ会長のハーヴィッツの見解を聞こう。

「イスラエルでは多くの企業が同じ道をたどる。違いを生むのは個性ではない。『敷かれたレールの上を歩むのであれば、われわれはずっとイスラエルの小さな会社のまま、何に対しても影響力をもてないままだ』という認識があるかどうかだ。何かを成し遂げたいなら、ほかとはまったく違うことを試さなくてはならない。わが社が行ったのは、当時において、ほかとは大きく異なることだった[2]」

最も大胆にグローバル化を目指した新興国企業の一つ、インドのタタ・グループも、そのグローバル化の試みにおいて組織的な試練を体験した。同社幹部は私たちのインタビューに応じ、こう説明している。

われわれは誕生したばかりで、集団としての失敗の蓄積がない。インドが急成長し、わが社の業績も堅調であるため、年間成長率が一〇%程度の多国籍企業に勤めていたら考えるようなリスクを考えない。リスクと野心のバランスを見ようとしない。どれくらいのスピードで進められるか。どんな組織能力をもっているのか。未経験のものを人々にどれだけ試させられるか。わが社の人材の多くは優秀だが、国際事業における経験が非常に限られている。人材が余っているわけ

ではないのだから、彼らに新しい仕事をさせるか、次に備えて待機させておくか、バランスをとらなければならない。(3)

新興国市場に進出しているすべての企業が、自らのケイパビリティに照らして制度環境を分析していく必要がある。多国籍企業も新興国企業も、新興国市場にどれだけ踏み込めるのか、経営能力と範囲を正しく評価しなければならない。新興国企業の場合は、グローバル化に対してどれだけ野心的になれるのか、正しく評価する。ＴＣＬの例が示しているとおり、新たな市場環境への大胆な参入や、買収を通じて大きく異なる企業風土を統合しようとする試みは、きわめて過酷なものとなる可能性もあるのだ。

新興国市場が本来もっているリスクを評価する

新興国市場の存在は、主に成長と機会というテーマで語られることが多い。だが、この楽観的姿勢はいとも簡単に消え失せる――汚職、契約の不履行、搾取、その他さまざまなリスクが企業を脅かすからだ。新興国市場に先天的に備わるこうしたリスクを前に、企業は何をすべきか。撤退する、目標を下げて真っ向勝負を避ける、代行業者など別の機関を挟むことで表舞台へ出ないといった選択肢がある。監査やコンプライアンスなど、腐敗を防止するメカニズムを自ら構築することもできるだろう。

インフォシスとタタ・グループは、インドに蔓延する腐敗の中で、あえて自社に高い基準を課した。一方、ドイツのコングロマリットであるシーメンスは二〇〇八年に、汚職事件の和解のため、アメリカとドイツの当局に一三億六〇〇〇万ドルの支払いをしなければならなかった。この例が物語っているとおり、多国籍企業であっても、高い基準を維持しなければ新興国市場で行うビジネスだけではなく、もっと広範囲の事業に支障が出る。[4] 二〇〇九年半ばには、一二〇以上の企業が連邦海外腐敗行為防止法（FCPA）の違反を疑われ、米国司法省の捜査対象になったと報じられている。[5] こうした問題の解決を促すため、コンプライアンスに特化した監査法人——本書の分類で言うならば、信用の裏付けを行う制度——が続々と誕生した。[6]

多くの新興国市場に積極的に進出したエマージング・ジャイアント、ザインのCEOだったサッド・アルバラックは、汚職問題に関する自社の取り組みについて、こう説明している。

われわれはいかに生き延びるか。多くの偉大な企業が、母国の汚職や腐敗の問題から生き延びている。われわれもそれを目指すのだ。われわれにとってのチャレンジとは、最も倫理的な形で、最も高い水準と道徳規範に沿ってビジネスを遂行する方法を見極めることだ。この点は決してあきらめない。世界を目指すからこそ、進む道は選ぶ。世界には二二〇以上の国と地域がある。どこかの国で、腐敗したビジネス手法が求められるとしたら、われわれはその国から手を引く。そこではビジネスを行わない。それを繰り返して、直接か間接かを問わず、いかなるレベルの汚職も求められない場所のみを受け入れていく。[7]

新興国市場の未来

新興国市場の物語は、これで完結ではない。この躍動する経済圏と、そこでビジネスを行う企業の戦略は、この先も進化を続けていく。では、今後の問い、そして今後の研究対象となるであろうポイントは、何か。それは、先進国企業を通じて、または世界で存在感を高めるエマージング・ジャイアントを通じて、新興国市場のために作られたビジネスモデルが先進国市場へどの程度まで移転していくか、という点だ。

本書の多くの例が示しているとおり、新興国市場は大きく成長し、イノベーションと実験を行う最大のフィールドとなった。新興国市場で生まれたアイデアやビジネスモデルが、先進国市場の産業にも影響を与えていくだろう。インドの自動車会社マヒンドラ・アンド・マヒンドラは、二〇一〇年までに低コストのディーゼル式ピックアップ・トラックをアメリカに投入する予定だ。[8] タタの小型自動車ナノも、遠からずアメリカに上陸するだろう。[9] 先進国に拠点を置く多国籍企業と、エマージング・ジャイアントのパートナーシップが太いパイプとなって、アイデアが市場環境をまたがって移転する。たとえばGEとガランティ銀行は、お互いから多くを学び合っている。

もう一つ、重要な問いがある。エマージング・ジャイアントは、成長し、世界に出て、バリューチェーンの上流を目指すにあたり、組織に生じるひずみを制御していくことができるのか。組織全体にグローバルな考え方《マインドセット》を根づかせる、人材を管理する、リーダーシップのパイプラインを作る、イノベーションを開発・管理する、買収した企業を統合する……、いずれも新興国企業にとって大きな課題だ。

二〇〇八〜〇九年に発生した金融危機と不況の影響で、新興国市場が世界経済に果たす役割はますます重要になったと言われる。苦戦する多くの先進国経済にとって、一部の新興国市場は、成長と機会が残存する希望の地となった。だがこの危機によって打撃を受け、成長の軌道を大きく分断された発展途上国経済もある。それでも、新興国市場が重要である点は変わらない。企業幹部、政策立案者、そして一般市民も、こうした市場をよりよく理解していかなければならない。本書で紹介したフレームワークと具体例により、その第一歩を提示したつもりである。

School Publishing, 2006), 8.

87 Charls Zhao, president, TCL Thomson Enterprise, quoted in ibid., 1.

88 Li Yuguo, quoted in ibid., 12.

89 Evan Ramstad, "East Meets West in TV Sets: Huge Sino-French Venture Is Still Tuning the Relationship," *Wall Street Journal*, November 26, 2004, A7.

90 Andrew Edgecliffe-Johnson, Adam Jones, and Justine Lau, "TCL Forced to Close Units in Europe," *Financial Times*, November 1, 2006; Justine Lau, "Poor Reception for China's Global Push: TCL's Problems Exemplify the Difficulties for Mainland Companies Desperate to Expand Abroad," *Financial Times*, November 3, 2006.

91 Randy Zhou, analyst, Bank of China International, quoted in Justine Lau, ibid.

92 Saad Al-Barrak, presentation at Harvard Business School.

第7章

1 Ravi Venkatesan, "Ravi Venkatesan, Chairman, Microsoft India," video, product number 9-708-804 (Boston: Harvard Business School Publishing, 2007).

2 Eli Hurvitz, chairman, Teva Pharmaceutical Industries, "Teva Pharmaceutical Industries, Ltd.," video, product number 9-708-806 (Boston: Harvard Business School Publishing, 2007).

3 Alan Rosling, executive director, Tata Sons, interview with authors, April 2007.

4 Daniel Schäfer, "Siemens to Pay €1bn Fines in Effort to Close Bribery Scandal," *Financial Times*, December 16, 2008, 17.

5 Dionne Searcey, "U.S. Cracks Down on Corporate Bribes," *Wall Street Journal*, May 26, 2009, A1.

6 Ibid.

7 Saad Al-Barrak, "Zain (MTC) Pre-Class," video, product number 9-709-803 (Boston: Harvard Business Publishing, 2008).

8 Alan Ohnsman and Vipin V. Nair, "Mahindra will Help India Beat China to U.S. Auto Market (Update1)," Bloomberg.com, June 17, 2009, http://www.bloomberg.com/apps/news?pid=20601109&sid=aU7hSULUYEX8. 次の資料も参照。Nick Kurczewski, "Mahindra Says Wait and See," *New York Times*, June 28, 2009, Automobiles, 10.

9 "Tata's Nano Is Headed to U.S.," *Detroit Free Press* (Freep.com), June 11, 2009, http://www.freep.com/article/20090611/BUSINESS01/906110384/1014/BUSINESS01/Tata+s+Nano+is+headed+to+U.S.

Journal of Economics 87 (1973): 355-374. 次の資料も参照。Asher Blass and Yishay Yafeh, "Vagabond Shoes Longing to Stray: Why Foreign Firms List in the United States," *Journal of Banking and Finance*25, no. 3 (2001): 555-572.

69 Tarun Khanna and Krishna G. Palepu, "Globalization and Convergence in Corporate Governance," 491-492.

70 Jayanth Verma, quoted in Tarun Khanna and Krishna G. Palepu, "Globalization and Convergence in Corporate Governance," 492.

71 チリの資本市場の開発とエンプレサCAPに関する議論は次の資料に基づく。Tarun Khanna and Danielle Melito Wu, "Empresas CAP," Case 9-798-053 (Boston: Harvard Business School Publishing, 1998); and Tarun Khanna, "Empresas CAP—1994, Teaching Note," Note 5-701-038 (Boston: Harvard Business School Publishing, 2001).

72 Jaime Charles, quoted in Tarun Khanna and Danielle Melito Wu, "Empresas CAP," Case 9-798-053, 6.

73 Ibid.

74 次の資料に基づく。Tarun Khanna, Krishna G. Palepu, and Richard J. Bullock, "House of Tata: Acquiring a Global Footprint," Case 9-708-446 (Boston: Harvard Business School Publishing, 2008), 10-14.

75 Ravi Kant, managing director, Tata Motors, quoted in ibid., 11.

76 "MG Rover Mulls Tata Indica Diesel Sourcing Too," *Business Standard*, September 17, 2003, http://www.tata.com/tata_motors/media/20030917_indica.htm; and "Tata's Grand Vision," *Autocar Professional*, January 15, 2006, http://www.tata.com/tata_sons/-media/20060115.htm.

77 Ravi Kant, managing director, Tata Motors, quoted in Khanna, Palepu, and Bullock, "House of Tata: Acquiring a Global Footprint," 11.

78 Ibid., 12.

79 Ibid.

80 "The New People's Car," *The Economist*, March 28, 2009, 73-74.

81 Joe Leahy and John Reed, "UK Carmakers Prove Heavy Burden," *Financial Times*, May 22, 2009, 14.

82 Ibid.; and "The New People's Car," *The Economist.*

83 ここに挙げた例は次の資料を参照した。Michel Anteby and Nitin Nohria, "Michael Fernandes at Nicholas Piramal," Case 9-408-001 (Boston: Harvard Business School, 2008).

84 Ian Grundy, former head of business development in Europe, Japan, and India for Avecia and then NPIL head of European business development, quoted in ibid., 8.

85 TCLの例は次の資料を参照した。Tarun Khanna, Felix Oberholzer-Gee, and David Lane, "TCL Multimedia," Case 9-705-502 (Boston: Harvard Business School Publishing, 2006).

86 Terry Yi, president of TCL overseas business unit, quoted in Tarun Khanna, Felix Oberholzer-Gee, and David Lane, "TCL Multimedia," Case 9-705-502 (Boston: Harvard Business

50 Fong, "Chinese Refrigerator Maker Finds U.S. Chilly."

51 Ibid.

52 Li Pan, quoted in Tarun Khanna, Krishna G. Palepu, and Ingrid Vargas, "Haier: Taking a Chinese Company Global," Case N2-706-401.

53 次の資料に基づく。Tarun Khanna, Krishna G. Palepu, and Claudine Madras, "Teva Pharmaceutical Industries, Ltd.," Case 9-707-441 (Boston: Harvard Business School Publishing, 2006); and Tarun Khanna and Krishna G. Palepu, "Teva Pharmaceutical Industries, Ltd., Teaching Note," Note 5-708-419 (Boston: Harvard Business School Publishing, 2007.)

54 Eli Hurvitz, chairman, Teva Pharmaceutical Industries, "Teva Pharmaceutical Industries, Ltd.," Video 9-708-806 (Boston: Harvard Business School Publishing, 2007).

55 Eli Hurvitz, presentation at Harvard Business School, September 26, 2006.

56 Elon Kohlberg, quoted in Tarun Khanna, Krishna G. Palepu, and Claudine Madras, "Teva Pharmaceutical Industries, Ltd.," Case 9-707-441, 8.

57 Eli Hurvitz, "Teva Pharmaceutical Industries, Ltd.," video.

58 Ibid.

59 Ibid.

60 Eli Hurvitz, quoted in Tarun Khanna, Krishna G. Palepu, and Claudine Madras, "Teva Pharmaceutical Industries, Ltd.," Case 9-707-441, 13.

61 "Generic Drugmakers Teva and Barr Show Earnings Resilience amid Economic Downturn," Associated Press Newswires, November 6, 2008.

62 次の資料に基づく。Tarun Khanna and Ramana Nanda, "ICICI's Global Expansion," Case 9-706-426 (Boston: Harvard Business School Publishing, 2005); Tarun Khanna, "ICICI's Global Expansion, Teaching Note," Note 5-707-483 (Boston: Harvard Business School Publishing, 2007); and Lalita Gupte and Bhargav Dasgupta, presentation at Harvard Business School, September 26, 2005.

63 このセクションは次の資料に基づく。Bhargav Dasgupta, who spearheaded ICICI's international business, presentation at Harvard Business School, September 26, 2005.

64 ICICI Bank, presentation at Harvard Business School, September 26, 2005.

65 Nandini Lakshman, "Credit Chatter Snares India's ICICI Bank: Despite Nasty Rumors, the Bank's Health Is Good, But Anxieties About the World Economy and Future Loans Cast a Dark Shadow," *BusinessWeek.com*, October 1, 2008.

66 Tarun Khanna and Krishna G. Palepu, "Globalization and Convergence in Corporate Governance: Evidence from Infosys and the Indian Software Industry," *Journal of International Business Studies*35 (2004), online publication date October 21, 2004.

67 次の資料を参照。Pankaj Ghemawat and Jamie L. Matthews, "The Globalization of CEMEX," Case 9-701-017 (Boston: Harvard Business School Publishing, 2004).

68 これは、経済学者マイケル・スペンスが2001年にノーベル経済学賞を受賞した際のシグナリング理論である。次の資料を参照。Michael Spence, "Job Market Signaling," *Quarterly*

27 Ibid.

28 Ibid.

29 Ibid.

30 Chu and Herrero, "Tata Consultancy Services Iberoamerica," 8.

31 Ibid., 9.

32 Gabriel Rozman, presentation at Harvard Business School.

33 Ibid.

34 Tata Consultancy Services, http://www.tcs.com/worldwide/s_america/locations/5x5/Pages/default.aspx.

35 Gabriel Rozman, presentation at Harvard Business School.

36 Gabriel Rozman, quoted in Thomas L. Friedman, "Latin America's Choice," *New York Times*, June 21, 2006.

37 Gabriel Rozman, presentation at Harvard Business School; and Tata Consultancy Services, http://www.tcs.com/worldwide/s_america/locations/5x5/Pages/default.aspx.

38 Gabriel Rozman, presentation at Harvard Business School.

39 Tata Consultancy Services, http://www.tcs.com/worldwide/s_america/locations/5x5/Pages/default.aspx.

40 Theresa Bradley, "Offshoring Booms in Latin America as Crisis Pushes Companies to Cut Costs—Closer to Home," Associated Press Newswires, April 12, 2009.

41 Tarun Khanna, Krishna G. Palepu, and Ingrid Vargas, "Haier: Taking a Chinese Company Global," Case N2-706-401 (Boston: Harvard Business School Publishing, 2005); and Tarun Khanna and Krishna G. Palepu, "Haier: Taking a Chinese Company Global, Teaching Note," Note 5-707-459 (Boston: Harvard Business School Publishing, 2006).

42 Mei Fong, "Chinese Refrigerator Maker Finds U.S. Chilly," *Wall Street Journal*, March 18, 2008.

43 Michael Jemal, "Michael Jemal, CEO, Haier America," Video 9-707-801 (Boston: Harvard Business School Publishing, 2006).

44 Jeannie J. Yi and Shawn X. Ye, *The Haier Way: The Making of a Chinese Business Leader and a Global Brand* (Dumont, New Jersey: Homa & Sekey Books, 2003), 205-225; and Michael Jemal, "Michael Jemal, CEO, Haier America."

45 Michael Jemal, "Michael Jemal, CEO, Haier America."

46 Ibid.

47 Ibid.

48 Ibid.

49 Nicholas P. Heymann, appliance industry analyst, Prudential Securities, quoted in Michael Arndt, "Can Haier Freeze Out Whirlpool and GE?" *BusinessWeek Online*, April 11, 2002.

5 国連貿易開発会議（UNCTAD）がまとめた、こうした市場に拠点を置く企業上位50社（時価による資産評価でのランキング）では、グローバリゼーションの程度と規模における相関関係は2006年時点で0.4だった。Khanna and Palepu, "Emerging Giants: Building World-Class Companies in Developing Countries"（「新興国市場で成功する企業の条件」）を参照。

6 Tarun Khanna and Ayesha Khan, "Crossing Borders: Notes on a Middle Eastern Journey Through Africa," Case 1-708-477 (Boston: Harvard Business School Publishing, 2008); Saad Al-Barrak, "Zain (MTC) Pre-Class," Video 9-709-803 (Boston: Harvard Business School Publishing, 2008); Saad Al-Barrak, "Zain (MTC) Post-Class," Video 9-709-805 (Boston: Harvard Business School Publishing, 2008).

7 Haitham Al Khaled, COO, Zain (MTC) Middle East quoted in Khanna and Khan, "Crossing Borders: Notes on a Middle Eastern Journey Through Africa."

8 Saad Al-Barrak, "Zain (MTC) Pre-Class."

9 AMEinfo.com, "African Leaders Keen to Attract More Middle East Investment," press release, November 25, 2007, http://www.ameinfo.com/139706.html.

10 "Africa—Telecoms, Mobile and Broadband Overview and Analysis," Paul Budde Communication Pty Ltd., 2007.

11 Saad Al-Barrak, CEO, Zain Group, presentation at Harvard Business School, May 1, 2008.

12 Saad Al-Barrak, "Zain (MTC) Post-Class."

13 Saad Al-Barrak, presentation at Harvard Business School.

14 "Out of Africa—Mobile Telecoms," *The Economist*, December 9, 2006, 67-68.

15 Saad Al-Barrak, "Zain (MTC) Post-Class."

16 Ibid.

17 Ibid.

18 Ibid.

19 Saad Al-Barrak, presentation at Harvard Business School; and Saad Al-Barrak, "Zain (MTC) Pre-Class."

20 Saad Al-Barrak, "Zain (MTC) Pre-Class."

21 Saad Al-Barrak, presentation at Harvard Business School.

22 Saad Al-Barrak, "Zain (MTC) Post-Class."

23 Ibid.

24 Ibid.

25 Michael Chu and Gustavo Herrero, "Tata Consultancy Services Iberoamerica," Case 9-705-020 (Boston: Harvard Business School Publishing, 2005), 5.

26 Gabriel Rozman, CEO, Tata Consultancy Services Iberoamerica, presentation at Harvard Business School, September 25, 2006.

56 このセクションは次の資料に基づく。Tarun Khanna and Krishna G. Palepu, "Globalization and Convergence in Corporate Governance: Evidence from Infosys and the Indian Software Industry," *Journal of International Business Studies*35, no. 6 (November 2004): 484-507.

57 このセクションは次の資料に基づく。Tarun Khanna and Krishna Palepu, "Why Focused Strategies May Be Wrong for Emerging Markets, *Harvard Business Review*, July-August 1997, 41-51"(「集中戦略はなぜ新興市場で機能しないのか」)、Tarun Khanna and Krishna G. Palepu, "The Right Way to Restructure Conglomerates in Emerging Markets," *Harvard Business Review*, July-August 1999, 125-134; and Tarun Khanna, "Local Institutions and Global Strategy," Note 702-475 (Boston: Harvard Business School Publishing, 2002).

58 Ramón Opulencia, quoted in Belen Villalonga and Raphael Amit, "Ayala Corporation," Case 9-207-041 (Boston: Harvard Business School Publishing, 2007), 6.

59 Villalonga and Amit, ibid.

60 Tarun Khanna, Krishna G. Palepu, and Ingrid Vargas, "Globe Telecom," Case 9-704-505 (Boston: Harvard Business School Publishing, 2004).

61 John A. Quelch and Anna Harrington, "Samsung Electronics Co.: Global Marketing Operations," Case 9-504-051 (Boston: Harvard Business School Publishing, 2008).

62 Raymond J. Fisman and Tarun Khanna, "Facilitating Development: The Role of Business Groups," *World Development*32, no. 4 (April 2004): 609-628.

63 Tarun Khanna, Robert Pekannen, and Michael Yoshino, "Sime Darby Berhad (A)—1995," Case 9-797-017 (Boston: Harvard Business School Publishing, 2001).

64 Ibid.

65 Tarun Khanna and Yishay Yafeh, "Business Groups in Emerging Markets: Paragons or Parasites?" *Journal of Economic Literature* 45, no. 2 (June 2007): 331-372.

66 次の資料を参照。Tarun Khanna, "At Home, It's Not Just Profits That Matter: The Case for National Ownership," 8.

第6章

1 本章の一部は次の資料に基づく。Tarun Khanna and Krishna G. Palepu, "Emerging Giants: Building World-Class Companies in Emerging Markets," Note 9-703-431 (Boston: Harvard Business School Publishing, 2005); and Tarun Khanna and Krishna G. Palepu, "Emerging Giants: Building World-Class Companies in Developing Countries," Harvard Business Review, October 2006, 60–69（「新興国市場で成功する企業の条件」)。

2 Tarun Khanna, Krishna G. Palepu, and Richard J. Bullock, "House of Tata: Acquiring a Global Footprint," Case 9-708-446 (Boston: Harvard Business School Publishing, 2008), 3-4.

3 Ibid., 5.

4 Ishaat Hussain, finance director, Tata Sons, interview with author, April 2007.

School Publishing, 2008); Rakesh Khurana, Simon Johnson, and Gina Carioggia, "Taking Charge at Doğuş Holding (A)," Case 9-402-009 (Boston: Harvard Business School Publishing, 2002); and "Doğuş Group: Weighing Partners for Garanti Bank," Video 9-709-807 (Boston: Harvard Business School Publishing, 2008).

36 Garanti Consolidated Financial Statements, 2005H1, June 30, 2005, http://www.garantibank.com/download/investor_relations/investor/pre_ifrs_h1_05.pdf; BRSA Earnings Presentation, July 22, 2005, www.garantibank.com/download/investor_relations/presentations/brsa_pres_05_q2.pdf.

37 ING Sector Review Turkish Banks, December 3, 2004.

38 Piraye Kuranei, "Foreign Banks Poised to Invest in Turkish Banking Sector," Mondaq Business Briefing, March 2, 2005; "Fortis to Acquire Turkey's Disbank," Reuters News, April 12, 2005.

39 Ferit Şahenk, chairman, Doğuş Group, interview with author, April 10, 2008.

40 Ibid.

41 Ibid.

42 Ferit Şahenk, "Doğuş Group: Weighing Partners for Garanti Bank," video.

43 Ibid.

44 Ibid.

45 Ferit Şahenk, interview with author. 著者が行ったインタビューから。

46 Ferit Şahenk, presentation at Harvard Business School.

47 Ferit Şahenk, interview with author.

48 Ibid.

49 Ferit Şahenk, "Doğuş Group: Weighing Partners for Garanti Bank," video.

50 ハイアールの例は次の資料に基づく。Tarun Khanna, Krishna G. Palepu, and Ingrid Vargas, "Haier: Taking a Chinese Company Global," Case N2-706-401 (Boston: Harvard Business School Publishing, 2005); and Tarun Khanna and Krishna G. Palepu, "Haier: Taking a Chinese Company Global, Teaching Note," Note No. 707-459 (Boston: Harvard Business School Publishing, 2006).

51 浸透率の数字は次の資料から。Graham Ormerod, G. K. Goh Research, "Guangdong Kelon: A White Good Comeback Play," August 29, 2003, available from The Investext Group, http://www.investext.com.

52 Andrew Browne, "Haier Group Never Says 'No,'" Reuters News, December 9, 1997.

53 Pamela Yatsko, "To Serve and Profit: A Chinese Fridge-Maker Wows Customers with Service," *Far Eastern Economic Review*, October 17, 1996.

54 http://www.gome.com.hk/businessoverview.php.

55 Russell Flannery, "Watch Your Back: China's Haier Got So Good at Selling Appliances Abroad That It Underestimated the Threat at Home," *Forbes*, April 23, 2007, 104.

15 Marcos Lutz, chief commercial officer, Cosan, quoted in "Cosan's Strategy for Future Growth."

16 Ibid.

17 Cosan, "Strategy and Competitive Advantages."

18 Ibid.

19 Kenneth Rapoza, "Brazil Sugar Cos Taking Steps to Improve Labor Conditions," *Dow Jones International News*, April 11, 2007.

20 "Cosan's Strategy for Future Growth," *Ethanol Statistics*.

21 Cosan, "Strategy and Competitive Advantages."

22 Antonio Regalado, "Corporate News: Ethanol Maker Buys Exxon's Brazil Outlets," *Wall Street Journal*, April 25, 2008, B4.

23 Cosan, "Strategy and Competitive Advantages."

24 Jonathan Wheatley, "Cosan Buys Filling Station Chain for $826m," *Financial Times* (FT. Com), April 24, 2008.

25 Paulo Diniz, chief financial officer, Cosan, quoted in Regalado, "Corporate News: Ethanol Maker Buys Exxon's Brazil Outlets."

26 Regalado, ibid.

27 Marcos Lutz, quoted in "Cosan's Strategy for Future Growth."

28 バーティ・エアテルの例は次の資料に基づく。Tarun Khanna, Krishna G. Palepu, and Ingrid Vargas, "Bharti Tele-Ventures," Case 9-704-426 (Boston: Harvard Business School Publishing, 2004); and Tarun Khanna and Krishna G. Palepu, "Teaching Note: Bharti Tele-Ventures," Teaching Note 5-707-467 (Boston: Harvard Business School Publishing, 2007). Data converted from data at the Bharti Airtel Web site, http://www.airtel.in/wps/wcm/connect/About%20Bharti%20Airtel/bharti+airtel/investor+relations/overview/.

29 Sunil Mittal, quoted in Indranil Ghosh, "Casting a Wide Net," *Business India*, April 3, 2000, 54.

30 "Another First for the Leader," *Business India*, June 1, 1998; Amy Louise Kazmin, "Why Phones Are Ringing for Sunil Mittal," *BusinessWeek*, December 27, 1999.

31 Sunil Mittal, quoted in Indranil Ghosh, "Casting a Wide Net"から引用。

32 Pulak Prasad, managing director, Warburg Pincus, quoted in Khanna, Palepu, and Vargas, "Bharti Tele-Ventures," Case 9-704-426.

33 Sunil Mittal, quoted in Henry Sender, "Bharti's Stock Price May Not Show Potential," *Wall Street Journal Europe*, April 30, 2002.

34 Dalip Pathak, quoted in Manjeet Kripalani, "Private Equity Pours into India," *BusinessWeek*, June 20, 2005, http://www.businessweek.com/print/magazine/content/05_25/b3938158_mz035.htm?chan=gl.

35 次の資料を参照した。Tarun Khanna, Krishna G. Palepu, and Richard J. Bullock, "Doğuş Group: Weighing Partners for Garanti Bank," Case N9-709-401 (Boston: Harvard Business

Pak Argentina, presentation at Harvard Business School, September 12, 2007.

60 Alex Anavi, presentation at Harvard Business School.

61 Ibid.

62 Ibid.

63 Ibid.

第5章

1 本章の一部は次の資料に基づく。Tarun Khanna and Krishna G. Palepu, "Emerging Giants: Building World-Class Companies in Emerging Markets," Note 9-703-431 (Boston: Harvard Business School Publishing, 2005); and Tarun Khanna and Krishna G. Palepu, "Emerging Giants: Building World-Class Companies in Developing Countries," Harvard Business Review, October 2006, 60–69（「新興国市場で成功する企業の条件」）。

2 次の資料を参照。Tarun Khanna, "At Home, It's Not Just Profits That Matter: The Case for National Ownership," *International Herald Tribune*, February 22, 2006, 8.

3 Krishna G. Palepu and Vishnu Srinivasan, "Tata Motors: The Tata Ace," Case N2-108-011 (Boston: Harvard Business School Publishing, 2008).

4 Ravi Kant, managing director, Tata Motors, presentation via teleconference to Harvard Business School, September 26, 2007.

5 Jonathan Wheatley, "Brazil Prepares to Grow the Next World Fuel—Moves to Increase the Proportion of Ethanol in Petrol Would Generate a Surge in Sugar Demand, Writes Jonathan Wheatley," *Financial Times*, March 9, 2006, 7.

6 Cosan, "Strategy and Competitive Advantages," http://www.cosan.com.br/en/ir.

7 Ibid.

8 Ibid.

9 "Cosan's Strategy for Future Growth," *Ethanol Statistics*, www.ethanolstatistics.com, December 10, 2007.

10 Antonio Regalado, "Deals and Dealmakers: Cosan Raises $1.05 Billion in Trading Debut on NYSE," *Wall Street Journal*, August 17, 2007, C5.

11 Antonio Regalado, "Cosan to List Stock in Bid for Growth," *Wall Street Journal*, June 26, 2007, C12.

12 Marcos Paulo, stock analyst with Banco Fator, quoted in ibid.

13 Antonio Regalado and Grace Fan, "Sugar Rush: Ethanol Giants Struggle to Crack Brazil Market: Family Owners Hesitate to Sell Out to Big Players; Visit from Google Guys," *Wall Street Journal*, September 10, 2007, A1.

14 Marc McCarthy, Bear Stearns, quoted in ibid.

43 Marc Onetto, who served as vice president of GEMS's global supply chain, quoted in Tarun Khanna and James Weber, "General Electric Medical Systems 2002," Case 9-702-428 (Boston: Harvard Business School Publishing, 2002), 8.

44 Ibid.

45 Reinaldo Garcia, head of GEMS Europe, quoted in ibid., 11.

46 Chih Chen, head of GEMS China, quoted in ibid., 14-15.

47 Joe Hogan, "Joe Hogan, President & CEO, GE Healthcare," Video 9-708-801 (Boston: Harvard Business School Publishing, 2007).

48 Mike Jones, who served as GEMS's global business and market development manager, quoted in Khanna and Weber, "General Electric Medical Systems 2002," 11.

49 Jena McGregor, "GE Plans a Big Health-Care Push: To Spark Growth, the Conglomerate Will Spend $6 Billion on Lower-Cost Equipment for Underserved Markets," *BusinessWeek.com*, May 7, 2009.

50 マクドナルドの例は、Tarun Khanna, Krishna G. Palepu, and Jayant Sinha, "Strategies That Fit Emerging Markets," Harvard Business Review, June 2005, 63–76（「制度分析で読み解くBRICs攻略法」）を参照。ニラージ・カジとマックス・ヤコウブが調査助手を務めた。次の資料も参照。George Cohon with David Macfarlane, *To Russia with Fries* (Toronto: McClelland & Stewart, 1997).

51 Ferit Şahenk, chairman, Doğuş Group, "Doğuş Group: Weighing Partners for Garanti Bank," Video 9-709-807 (Boston: Harvard Business School Publishing, 2008).

52 モンサントの例は次の資料を参照した。 David E. Bell and Mary Shelman, "Monsanto: Realizing Biotech Value in Brazil," Case 9-507-018 (Boston: Harvard Business School Publishing, 2006).

53 Rick Greubel, president, Monsanto Brazil, quoted in ibid., 8.

54 Greg Lucier, CEO, GEMS-IT, "General Electric Medical Systems" Video 9-703-904 (Boston: Harvard Business School Publishing, 2003).

55 Ravi Venkatesan, "Ravi Venkatesan, Chairman, Microsoft India."

56 Chuck Elias, head of The Home Depot China, quoted in Frederik Balfour with Brian Grow, "Home Depot: One Foot in China," *BusinessWeek*, May 1, 2006, 44-45, http://www.businessweek.com/print/magazine/content/06_18/b3982066.htm?chan=gl.

57 Balfour with Grow, ibid.

58 Vivian Wai-yin Kwok, "Home Depot Buys China Clone," *Forbes.com*, December 13, 2006, http://www.forbes.com/2006/12/13/home-depot-china-markets-emerge-cx_vk_1213markets01.html?partner=email; and Balfour with Grow, "Home Depot: One Foot in China."

59 次の資料に基づく。Tarun Khanna, Krishna G. Palepu, and Gustavo Herrero, "Tetra Pak Argentina," Case 9-708-402 (Boston: Harvard Business School Publishing, 2007); and Alex Anavi, Tetra Pak senior vice president for business development and previously head of Tetra

18, 2009, http://www.time.com/time/magazine/article/0,9171,1896626,00.html. Model introduction figure from same article.

28 Timmons, "In Overhaul, G.M. May Look to Its Far-Flung Arms."

29 ロレアルの考察は次の資料に基づく。Christina Passariello, "Beauty Fix: Behind L'Oréal's Makeover in India: Going Upscale—When Cheap Shampoo Didn't Sell, Company Tapped Rising Class," *Wall Street Journal*, July 13, 2007, A1.

30 Alain Evrard, quoted in Passariello, "Beauty Fix: Behind L'Oréal's Makeover in India: Going Upscale—When Cheap Shampoo Didn't Sell, Company Tapped Rising Class."

31 Tarun Khanna, *Billions of Entrepreneurs: How China and India Are Reshaping Their Futures—and Yours* (Boston: Harvard Business Press, 2008), 22-23.

32 Tarun Khanna and Prithwiraj Choudhury, "Microsoft in China and India, 1993-2007," Case 9-708-444 (Boston: Harvard Business School Publishing, 2007).

33 Amy Yee, "Cisco Invests in Lavish Campus to Lure the Local Talent," *Financial Times*, January 25, 2008, 4.

34 Peter Löscher, CEO, Siemens, quoted in Richard Milne, "Siemens Too White, German and Male, Says Chief," *Financial Times*, June 25, 2008, 18.

35 Ravi Venkatesan, chairman, Microsoft India, "Ravi Venkatesan, Chairman, Microsoft India," Video 9-708-804 (Boston: Harvard Business School Publishing, 2007).

36 Thomas Hübner, CEO, Metro Cash & Carry "Metro Cash & Carry," Video9-707-812 (Boston: Harvard Business School Publishing, 2007).

37 マイクロソフトの例は次の資料を参照した。Tarun Khanna and Prithwiraj Choudhury, "Microsoft in China and India, 1993-2007," Case 9-708-444 (Boston: Harvard Business School Publishing, 2007); Tarun Khanna, "Microsoft in the People's Republic of China—1993" Case 9-795-115 (Boston: Harvard Business School Publishing, 1995); Khanna, "Microsoft in the People's Republic of China—1993 & 2005 Update," Note 5-796-072 (Boston: Harvard Business School Publishing, 2005); Khanna, "Microsoft in the People's Republic of China: 2005 Update," Case Supplement 706-429 (Boston: Harvard Business School Publishing, 2005); and Khanna, "Microsoft in the People's Republic of China: 1998 Update," Case Supplement 797-107 (Boston: Harvard Business School Publishing, 2001).

38 Sarah Schafer, "Microsoft's Cultural Revolution: How the Software Giant Is Rethinking the Way It Does Business in the World's Largest Market," *Newsweek*, June 28, 2004, 36.

39 Ravi Venkatesan, "Ravi Venkatesan, Chairman, Microsoft India."

40 Ibid.

41 Ibid.

42 Tarun Khanna and Elizabeth Raabe, "General Electric Healthcare, 2006," Case 9-706-478 (Boston: Harvard Business School Publishing, 2006); and Tarun Khanna and James Weber, "General Electric Medical Systems 2002," Case 9-702-428 (Boston: Harvard Business School Publishing, 2002).

Jack Ewing, "Nokia Brings the Web to Emerging Markets," *BusinessWeek*, November 4, 2008, http://www.businessweek.com/globalbiz/content/nov2008/gb2008114_268373.htm.

6 *Nokia in 2008: Review by the Board of Directors and Nokia Annual Accounts 2008*, 2.

7 Tarun Khanna and Krishna G. Palepu, "Multinationals as Global Intermediaries," Note 9-703-428 (Boston: Harvard Business School Publishing, 2002), 15.

8 CEIC中国情報データベースに掲載されている、中国交通部が1998年1月12日に発表したデータ（1997年12月時点）をもとに、本書の著者らが計算した。

9 "Investing in China: Testing GM's Shock Absorbers," *The Economist*, May 1, 1999, 64.

10 Peter Wonacott, "China's Buick Infatuation: The Stodgy American Auto Is a Prerevolutionary Icon for Booming Middle Class," *Wall Street Journal*, July 22, 2004, B1.

11 Rick Wagoner, "Carmakers Are Vying to Meet China's Needs," *Financial Times*, November 4, 2003, 19.

12 Rahul Jacob, "Inside Track: Racing Start for Buicks in China," *Financial Times*, April 25, 2000, 18.

13 "Investing in China: Testing GM's Shock Absorbers," 64.

14 Raymond Bierzynski, quoted in Gordon Fairclough, "Chinese Cadillac Offers a Glimpse of GM's Future," *Wall Street Journal*, November 17, 2006, B1.

15 Fairclough, ibid., B1.

16 Ibid.

17 "Investing in China: Testing GM's Shock Absorbers," 64.

18 http://www.gmchina.com/english/corporate_info2/company_operations_sgm.jsp.

19 http://www.gmchina.com/english/corporate_info2/company_operations_patac.jsp.

20 http://www.gmchina.com/english/corporate_info2/company_operations_gmw.jsp.

21 http://www.gmchina.com/english/corporate_info2/company_operations_gmacsaic.jsp.

22 http://www.gmchina.com/english/corporate_info2/company_gmchina.jsp.

23 ウィリアム・C・デュラントの言葉は次の資料から引用。Alfred P. Sloan, Jr., edited by John McDonald with Catharine Stevens, *My Years with General Motors* (New York: Doubleday, 1963), 303（有賀裕子訳『GMとともに』ダイヤモンド社）。

24 Gordon Fairclough, "Passing Lane: GM's Chinese Partner Looms as a New Rival—Learning from Detroit, Shanghai Automotive Pushes Its Own Cars," *Wall Street Journal*, April 20, 2007, A1.

25 ゼネラル・モーターズの2007年の年次報告書（16、47）のデータから算出。

26 Heather Timmons, "In Overhaul, G.M. May Look to Its Far-Flung Arms," *New York Times*, June 3, 2009, http://www.nytimes.com/2009/06/04/business/global/04overseas.html?emc=eta1.

27 Nick Reilly, president, GM Asia-Pacific, quoted in Bill Powell, "The Other GM," *Time*, May

38 Ibid., 109.

39 Ibid., 110.

40 Ibid.

41 Danny Lau, Li & Fung executive director of sales, quoted in Jason Booth, "Value Creators: Outsell, Outlast, Outclass—Going the Last Mile—Li & Fung Takes Its Middleman Role to Extremes," *Asian Wall Street Journal*, December 14, 2001, W5.

42 Bruce Einhorn, with Aili McConnon, "How Not to Sweat the Retail Details: Hong Kong's Li & Fung Takes On All the Manufacturing Headaches for Big Brands," *BusinessWeek*, May 25, 2009, 52.

43 William L. McComb, CEO, Liz Claiborne, quoted in ibid., 52.

44 Ibid., 52; Frank Longid and Wing-Gar Cheng, "Li & Fung Seeks 'Major' Deal to Meet 3-Year Targets (Update 1)," Bloomberg, May 13, 2009, http://www.bloomberg.com/apps/news?pid=email_en&sid=aO8EqIqt9h0E.

45 MCCの例は次の資料に基づく。Tarun Khanna, Krishna G. Palepu, Carin-Isabel Knoop, and David Lane, "Metro Cash & Carry," Case 9-707-505 (Boston: Harvard Business School, 2007); and "Metro Cash & Carry," Note 5-707-464 (Boston: Harvard Business School, 2007); and Thomas Hübner, James Scott, and Michael Wiedman, "Metro Cash & Carry," Video 9-707-812 (Boston: Harvard Business School Publishing, 2007).

46 James Scott, regional operating officer, Metro Cash & Carry Asia, "Metro Cash & Carry," video.

47 Michael Wiedman, general manager, Metro Cash & Carry International, ibid.

48 Thomas Hübner, CEO, Metro Cash & Carry, ibid.

49 James Scott, regional operating officer, Metro Cash & Carry Asia, ibid.

50 Ibid.

第4章

1 本章の一部は、Tarun Khanna, Krishna G. Palepu, and Jayant Sinha, "Strategies That Fit Emerging Markets," Harvard Business Review, June 2005, 63–76（「制度分析で読み解くBRICs攻略法」）に基づく。

2 Procter & Gamble, 2004 Annual Report, 33; Procter & Gamble, 2008 Annual Report, 43, www.pg.com.

3 Martin Fackler, "In India, a New Detroit," *New York Times*, June 26, 2008, 1.

4 Ericsson Annual Report 2008, 15.

5 "Nokia Unveils Four New Devices and Local Email Solution Aimed at 'Replacement Buyers' in Emerging Markets," Nokia, press release, April 2, 2008, http://www.nokia.com/A4971206;

Harvard Business School Publishing, 2002).

20 Ibid., 3, 5-6.

21 Ibid., 7.

22 Ibid., 11.

23 Alec Oxenford, CEO, Deremate.com, presentation at Harvard Business School, April 23, 2003.

24 Ibid.

25 Ibid.

26 Roger Kenney, CFO, Deremate.com, quoted in Rukstad and Collis, "Deremate.com: Building a Latin American Internet Auction Site," 12.

27 Oxenford, presentation at Harvard Business School.

28 Ibid.

29 Ibid.

30 F. Asis Martinez-Jerez, "MercadoLibre.com," Case 9-106-057 (Boston: Harvard Business School Publishing, 2007), 3; Shane Romig, Dow Jones Newswires, "Mercadolibre Tightens Grip on Lat Am Mkt Amid Online Boom," September 10, 2008.

31 Romig, "Mercadolibre Tightens Grip On Lat Am Mkt Amid Online Boom"; "Argentina: La Nacion launches demotores.com.ar," *La Nacion*, August 16, 2006.

32 Oxenford, presentation at Harvard Business School.

33 利豊の例は次の資料を参照した。Joan Magretta, "Fast, Global, and Entrepreneurial: Supply Chain Management, Hong Kong Style," *Harvard Business Review* OnPoint, product number 2020 (Boston: Harvard Business School Publishing, 2002); Joan Magretta, "Fast, Global, and Entrepreneurial: Supply Chain Management, Hong Kong Style: An Interview with Victor Fung," *Harvard Business Review*, September-October 1998, 102-114; Antony St. George, Carin-Isabel Knoop, and Michael Y. Yoshino, "Li & Fung: Beyond 'Filling in the Mosaic': 1995-1998," Case 9-398-092 (Boston: Harvard Business School Publishing, 1998); F. Warren McFarlan, William C. Kirby, and Tracy Yuen Manty, "Li & Fung 2006," Case 9-307-077 (Boston: Harvard Business School Publishing, 2007); Bang-yan Feng, *100 Years of Li & Fung: Rise from Family Business to Multinational* (Singapore: Thomson Learning, 2007); and Tarun Khanna and Krishna G. Palepu, "Emerging Giants: Building World-Class Companies in Emerging Markets," Note 9-703-431 (Boston: Harvard Business School Publishing, 2005).

34 Victor Fung, quoted in Joan Magretta, "Fast, Global, and Entrepreneurial: Supply Chain Management, Hong Kong Style: An Interview with Victor Fung," 104.

35 Ibid., 105, 106.

36 Ibid., 104.

37 Ibid., 108.

Publishing, 2005).

2 次の資料を参照。Tarun Khanna, "Local Institutions and Global Strategy," Note 9-702-475 (Boston: Harvard Business School Publishing, 2002).

3 John Joseph Wallis and Douglass C. North, "Measuring the Transaction Sector in the American Economy, 1870-1970," in *Long-Term Factors in American Economic Growth*, ed. Stanley L. Engerman and Robert E. Gallman (Chicago: The University of Chicago Press, 1986), 121.

4 Tarun Khanna, Rakesh Khurana, and Krishna G. Palepu, "Russell Reynolds Associates, 1999," Case 9-100-039 (Boston: Harvard Business School, 2001); and Tarun Khanna, "Russell Reynolds Associates, 1999: Teaching Note," Note 5-701-115 (Boston: Harvard Business School Publishing, 2001).

5 Steve Scroggins, managing director (head of Asia-Pacific operations), "Russell Reynolds Associates," Video 9-701-804 (Boston: Harvard Business School Publishing, 2001).

6 Heidrick & Struggles International, Inc., "Heidrick & Struggles Opens Office in Chongqing, China," press release, PRNewswire-FirstCall, November 28, 2006, http://phx.corporate-ir.net/phoenix.zhtml?c=91196&p=irol-newsArticle&ID=936669&highlight=.

7 Heidrick & Struggles International, Inc., "Heidrick & Struggles and Jobkoo Form Strategic Partnership to Reinvent Career Management Platform," press release, GlobeNewswire, February 24, 2009, http://finance.yahoo.com/news/Heidrick-amp-Struggles-and-pz-14458625.html.

8 Kevin Kelly, CEO, Heidrick & Struggles, quoted in Robert G. Eccles and David Lane, "Heidrick & Struggles International, Inc.," Case 9-408-066 (Boston: Harvard Business School Publishing, 2008), 14.

9 ブルー・リバー・キャピタルの例は次の資料に基づく。Krishna G. Palepu, Tarun Khanna, and Richard J. Bullock, "Blue River Capital," Case 9-708-448 (Boston: Harvard Business School Publishing, 2007); and Shujaat Khan, managing director, Blue River Capital, presentation by teleconference at Harvard Business School, October 12, 2007.

10 Khan, presentation by teleconference at Harvard Business School.

11 Ibid.

12 Khan, quoted in Palepu, Khanna, and Bullock, "Blue River Capital," 8.

13 Khan, presentation by teleconference at Harvard Business School.

14 Khan, quoted in Palepu, Khanna, and Bullock, "Blue River Capital," 8.

15 Ibid.

16 Ibid.

17 M. Chandrasekaran, quoted in Palepu, Khanna, and Bullock, "Blue River Capital," 9.

18 Khan, quoted in ibid., 7.

19 デレマテの例の一部は次の資料を参照した。Michael G. Rukstad and David Collis, "Deremate.com: Building a Latin American Internet Auction Site," Case 9-702-454 (Boston:

6 Eric Bellman, "The Infomercial Comes to Life in India's Remotest Villages: Traveling Salesman Mr. Sharma Sings, Jokes to Spread Gospel of Global Consumerism," *Wall Street Journal*, June 10, 2009, A1.

7 "Company profile," Ctrip.com, http://pages.english.ctrip.com/webhome/purehtml/en/footer/CompanyProfile.html.

8 Capital IQ, https://www.capitaliq.com/main.asp.

9 Ibid.

10 George A. Akerlof, "The Market for 'Lemons': Quality Uncertainty and the Market Mechanism," *Quarterly Journal of Economics* 84, no. 3 (August 1970): 488-500（幸村千佳良、井上桃子訳「『レモン』の市場：品質の不確実性と市場メカニズム」『ある理論経済学者のお話の本』ハーベスト社）。

11 経済学者はこれを「逆選択（adverse selection）」の問題と呼ぶ。

12 Khanna and Palepu, "Why Focused Strategies May Be Wrong for Emerging Markets."

第２章

1 本章の一部は次の資料に基づく。Tarun Khanna and Krishna G. Palepu, "Spotting Institutional Voids in Emerging Markets," Note 106-014 (Boston: Harvard Business School Publishing, 2005).

2 このパラグラフは次の資料に基づく。Tarun Khanna, "Local Institutions and Global Strategy," Note 702-475 (Boston: Harvard Business School Publishing, 2002).

3 ４種類のフレームワークと「『制度のすきま』特定のツールキット」は、Tarun Khanna, Krishna G. Palepu, and Jayant Sinha, "Strategies That Fit Emerging Markets," Harvard Business Review, June 2005, 63–76（「制度分析で読み解くBRICs攻略法」、『ハーバード・ビジネス・レビュー』2006年5月号）から引用。

4 C. K. Prahalad and Allen Hammond, "Serving the World's Poor, Profitably," Harvard Business Review, September 2002, 48-57（「第三世界は知られざる巨大市場」、『ハーバード・ビジネス・レビュー』2003年1月号）を参照。

5 このセクションは次の資料に基づく。Tarun Khanna, Krishna G. Palepu, and Kjell Carlsson, "Why Study Emerging Markets," Note 706-422 (Boston: Harvard Business School Publishing, 2007).

第3章

1 本章の一部は次の資料に基づく。Tarun Khanna and Krishna G. Palepu, "Spotting Institutional Voids in Emerging Markets," Note 9-106-014 (Boston:Harvard Business School

12 Fareed Zakaria, *The Post-American World* (New York: W.W. Norton & Company, 2008)（楡井浩一訳『アメリカ後の世界』徳間書店）。

13 2009年4月時点で、ニューヨーク証券取引所（NYSE）に上場している企業のうち、モルガン・スタンレー・キャピタル・インターナショナル（MSCI）の新興市場指数に含まれる国を拠点とする企業は168社。NYSEの資料（http://www.nyse.com/about/listed/lc_ny_region.html）を参照のこと。2009年1月時点でMSCI新興市場指数に含まれていた国は24カ国（アルゼンチン、ブラジル、チリ、中国、コロンビア、チェコ共和国、エジプト、ハンガリー、インド、インドネシア、イスラエル、ヨルダン、韓国、マレーシア、メキシコ、モロッコ、ペルー、フィリピン、ポーランド、ロシア、南アフリカ、台湾、タイ、トルコ）である。2008年には、『フォーブス』誌が毎年集計する長者番付に載った1125人の富豪のうち300人が、この24カ国在住であった。2001年の番付では538人中わずか83人、1987年には141人中たった13人だった。次の資料を参照。Luisa Kroll, ed., "The World's Billionaires," *Forbes*, March 5, 2008, http://www.forbes.com/2008/03/05/richest-people-billionaires-billionaires08-cx_lk_0305billie_land.html. 次の資料も参照。"The World's Richest People," *Forbes*, July 9, 2001, 110-124; and Harold Seneker, "The World's Billionaires," *Forbes*, October 5, 1987, 82.

14 次の資料に基づく。Tarun Khanna and Krishna Palepu, "Why Focused Strategies May Be Wrong for Emerging Markets," *Harvard Business Review*, July-August 1997, 41-51（「集中戦略はなぜ新興市場で機能しないのか」、DIAMONDハーバード・ビジネス・レビュー編集部訳『経営戦略論』ダイヤモンド社）。

15 本書では、「新興（emerging）」と「発展途上（developing）」という言葉を同じものとして用いて、多彩な取引上の問題、すなわち「制度のすきま」をもつ経済圏を指している。

第1章

1 本章の一部は次の資料に基づく。Tarun Khanna and Krishna Palepu, "Spotting Institutional Voids in Emerging Markets," Note 106-014 (Boston: Harvard Business School Publishing, 2005); and Tarun Khanna, Krishna Palepu, and Kjell Carlsson, "Why Study Emerging Markets," Note 706-422 (Boston: Harvard Business School Publishing, 2007).

2 Thomas L. Friedman, *The World Is Flat: A Brief History of the Twenty-First Century* (New York: Farrar, Strauss & Giroux, 2005)（伏見威蕃訳『フラット化する世界』日本経済新聞出版社）。

3 Amarchand & Mangaldas & Suresh A. Shroff & Co., quoted in Kian Ganz, "India Special Report: Hard Court Battle," *The Lawyer*, June 8, 2009, http://www.thelawyer.com/india-special-report-hard-court-battle/1000999.article.

4 Ibid.

5 Tarun Khanna and Krishna Palepu, "Why Focused Strategies May Be Wrong for Emerging Markets," *Harvard Business Review*, July-August 1997, 41-51（「集中戦略はなぜ新興市場で機能しないのか」）。

原　注

はじめに

1　「はじめに」の一部は次の資料に基づく。Tarun Khanna, Krishna Palepu, and Kjell Carlsson, "Why Study Emerging Markets," Note 5-706-422 (Boston:Harvard Business School, 2007).

2　David Oakley, "Emerging Market Equities Outperform West," *Financial Times* (FT.com), June 7, 2009.

3　"Emerging-Market Indicators," *The Economist*, January 8, 1994, 102.

4　"Economic and Financial Indicators," *The Economist*, January 6, 2007, 81.

5　"The World This Week," *The Economist*, January 8, 1994, 5.

6　"The New World Order: Back to the Future," *The Economist*, January 8, 1994, 21.

7　*The Economist*, January 8, 1994, 52.

8　*Standard & Poor's Global Industry Surveys*, "Computers: Hardware: Asia," October 2006, 20.

9　アントワン・ファン＝アフトマールが、この造語を生んだ。次の資料を参照。Antoine van Agtmael, *The Emerging Markets Century: How a New Breed of World-Class Companies Is Overtaking the World* (New York: Free Press, 2007), 1-6. フランクリン・テンプルトン・インベストメンツ社のマーク・モビアスが、新興国市場への株式投資のパイオニアとなった。

10　競争が激しく技術的な変化も大きい市場経済では、混乱の中から一般的に多くの雇用が生まれるため、海外へのアウトソーシング（「オフショアリング」と言われる）は、過去、そしておそらく現在でも、アメリカをはじめとする先進国市場の大幅な失業率悪化には結びついていない。とはいえ、経済学者アラン・ブラインダーが言うように、先進国の労働市場に影響を及ぼす力はあるようだ。新興国市場では、熟練労働者の確保は難しいが、サービス業など熟練したスキルを必要としない労働者であれば確保しやすいため、先進国経済圏のさまざまなサービス産業に多くの面で影響を与えると考えられる。また、新興国市場へのオフショアリングは、先進国経済圏の教育システムと社会のセーフティネットの仕組みに大きな影響を与える可能性がある。新興国を含めた労働市場で競っていける若者を育てなければならないし、競争で敗れた人々をサポートしなければならないからだ。次の資料を参照。Alan S. Blinder, "Offshoring: The Next Industrial Revolution?" *Foreign Affairs*, March/April 2006, http://www.foreignaffairs.org/20060301faessay85209/alan-s-blinder/offshoring-the-next-industrial-revolution.html.

11　Dominic Wilson and Roopa Purushothaman, *Dreaming with BRICs: The Path to 2050*, Goldman Sachs Economics Paper No. 99, October 1, 2003.

著訳者紹介

タルン・カナ　(Tarun Khanna)

ハーバード・ビジネススクールのホルヘ・パウロ・レマン記念講座教授。新興国市場における戦略と国際ビジネスについて研究し、教壇に立つ。数多くの企業・NGOの役員を務めているほか、アジアの新興企業数社のメンター役も務める。2007年には世界経済フォーラムの「ヤング・グローバル・リーダー」に、2009年には国際経営学会（AIB）フェローに選ばれている。

クリシュナ・G・パレプ　(Krishna G. Palepu)

ハーバード・ビジネススクールのロス・グレアム・ウォーカー記念講座教授および国際開発部の上級副学部長。アジア、ヨーロッパ、ラテンアメリカにおける同校の国際活動を統括。新興国市場での企業戦略を中心に研究し、グローバルCEO養成などの講義を行う。また、コンサルタントや役員として多くの新興国企業の経営に携わっている。

上原裕美子（うえはら・ゆみこ）

1976年生まれ、筑波大学第二学群比較文化学類卒業、翻訳者。主な訳書に『Small Giants 事業拡大以上の価値を見出した14の企業』（アメリカン・ブック＆シネマ）、『集合知の力、衆愚の罠』（英治出版）、『夢をかなえる10の質問にあなたは「YES」で答えられるか？』（辰巳出版）などがある。

新興国マーケット進出戦略

「制度のすきま」を攻める

2012年2月1日　1版1刷

著　者　タルン・カナ

クリシュナ・G・パレプ

訳　者　上原裕美子

発行者　斎田久夫

発行所　日本経済新聞出版社

http://www.nikkeibook.com/

東京都千代田区大手町1-3-7　〒100-8066

電話 03-3270-0251（代）

印刷　三松堂／製本　大進堂

Printed in Japan　ISBN978-4-532-31776-8